KB038872

강요된 소멸

Enforced Decline

The path of local revitalization for enhancing gross national happiness

강요된

국민총행복을 위한
지역재생의 길

박진도 지음

차례

3장
지역을 살리는 농정 혁신 가이드라인

4장
농어민이 행복해야 국민이 행복하다: 농정대전환을 위한 농정개혁 과제

여는 글

고인돌을 걸머메고 나와라!

캄캄하다! 도무지 앞이 보이질 않는다. 현재 우리 사회가 앞으로 나아가고 있는 모습에 관하여 어떠한 이념적 태도를 취하든지 간에 앞이 캄캄하다는 이 느낌만은 국민 대다수가 공감하지 않을 수 없는 시대에 우리는 살고 있다. 이것은 우리 정부의 행태에 관해서 느끼는 절망감일 뿐 아니라, 우리를 둘러싸고 있는 국제적 환경에 대해서도 비슷한 감정을 느끼지 않을 수 없다는 게 대다수가 공유하는 현실이다.

과연 일본 정부는 핵 폐수를 인류 생존의 공통 기반인 태평양 바다에 내버려야만 할까? 우리가 먹고 있는 김이나 멸치는 과연 안전한가? 세계인들은 바다와 관련된 모든 식품이 자기 몸에 들어와 방사능을 내뿜고 있다는 사실로부터 자신만은 면제되고 있다고 기만하는 것으로 문제는 해결될 수 있을까? 과연 러시아와 우크라이나는 저렇게 피 터지게 계속 싸워야만 할까? 이스라엘과 하마스는 서로가 양보 없는 대결의 극단으로 치달아야만 할까? 북한의 조국통일범민족연합(범민련) 해산, 통일 폐기 정책은 과연 바람직한 남북관계의 결론일까? 불행한 대결의 장으로 우리 조선의 대륙도 휘말려 들어가고 있는 것이 아닐까?

고경(古經)의 연구 때문에 정치적 문제에 관해 깊은 연마를 할 수 없다 해도, 떠도는 정보를 취합해 볼 때 우리가 살고 있는 세계는 여태까지 내가 체험한 어느 시대보다도 더 깊은 위기의식을 우리에게 안겨주고 있다는 것은 부인하기 어려운 사실인 것 같다. 이런 거대한 비극적 운명은 나의 힘이 미치지 못하는 해프닝이라는 생각에 미치게 되면 나는 그냥 주저앉아 엉엉 울고 싶은 감정에 휩싸이고 만다. 도대체 울 수밖에 더 할 일이 뭐가 있겠나?

이렇게 우울한 절망감에 싸여 있을 때 소빈 박진도 선생으로부터 전화가 왔다.

"지역소멸이란 사기꾼들의 조작적 허위에 불과하다는 책을 한 권 썼는데, 서문을 써주셔야 하겠습니다."

"제가 타인의 책에 서문을 안 쓴다는 것은 잘 알고 계시지 않습니까?"

"그래도 써주실 거라고 믿고 이렇게 전화드렸습니다."

일단 거절은 해놓고 뒤돌아 생각해 보니 아무래도 소빈 선생의 책은 내가 꼭 서문을 써드려야 할 것 같았다. 소빈의 말은 내가 하고 싶은 말이고, 또 내가 해야만 하는 말이기 때문이었다. 소빈과 나는 특정한 학문의 깊이를 공유하는 벗은 아니다. 소빈과 나는 행동을 같이하는 벗이다. 소빈의 말은 나의 행동이어야 하고, 나의 말은 소빈의 행동이어야 한다. 이 세상에 태어나서 이렇게 행동을 공유하는 벗을 만나기는 참으로 어려운 일이다. 나는 고전학자로서 확연한 의식을 가지고 있기 때문에 사회적 행동도 학문을 통해서만 한다. 그래서 행동을 같이하는 친구를 만나기는 거의 불가능하다. 고전의 세계에 나처럼 깊고 넓게 들어와 있는 사람을 만나기는 거의 불가능하기 때문이다.

내가 소빈을 벗으로 생각하는 제1의 이유는 아주 단순한 것이다. 소빈 박진도는 대인(大人)이기 때문이다. 대인이라는 것은 사이즈가 크다든가, 몸무게가 많이 나간다든가, 인격이 고매하다든가, 성인의 품격이 있다든가 하는 것을 의미하지 않는다. 대인의 조건은 단 하나다! 대인은 우환(憂患)을 가지고 있는 사람이다. 우환이란 근심·걱정(Sorge)을 의미한다. 그런데 자기 개인의 미래에 관한 근심을 가지고 있는 자를 대인이라고 부르지는 않는다. 송대의 유학자 범중엄의 말에 "천하의 근심을 앞서 근심하고(先天下之憂而憂), 천하의 즐거움은 후에 즐거워한다(後天下之樂而樂)"이라는 말이 있는데, 우환이란 바로 천하 사람들의 근심을 자기 근심으로 삼는 비천민인(悲天憫人)의 마음이다.

소빈이 걱정하는 농산어촌 문제라는 것은 우리나라의 국운과 관계되는 가장 중요한 문제인데, 이상하게도 대다수의 국민이 그것이 "가장 크루시얼(crucial)한 문제"라고 생각하지 않는 문제, 그래서 전혀 개인의 영달과는 관계없는, 정계에서도 아무도 거들떠보지 않는, 그래서 표 계산과는 관계없는 그런 문제다. 그런데 소빈은 평생을 그렇게 소외받는 문제에 온 생애를 바쳐왔다. 나는 소빈의 그러한 순결성을 높게 사는 것이다. 그것이 이(利)를 가져다주지 않기 때문에 그의 순결성은 더더욱 보장되는 것이다. 세상 물정에서 보자면 소빈은 바보같이 보인다.

그러나 세인의 이러한 기만성 사태와는 달리 이 지구상의 모든 사람이 소빈이 문제시하고 있는 문제를 외면하지 못한다. 사실 세상 사람들은 농산어촌 문제가 북한의 핵미사일보다 더 무서운 사태라는 것을 잘 알고 있다. 핵전쟁이 터지면 다 같이 죽을 터이니까 큰 고통은 없을 것이다. 그러나 식량문제는 기나긴 삶의 과정에 엄청난 스트레스와 고난을 안겨준다. 사람들은 이러한 문제의 중요성을 매우 잘 알고 있다. 그런데 모두 이런 문제에 돌입하여 지혜를 짜다 보면 다 "어떻게 되겠지 ……" 하고 나자빠진다.

한 정권의 승패의 문제는 '어떻게 되겠지'로 넘어갈 수 있겠지만, 식량문제, 농산어촌의 지역문제는 '어떻게 되겠지'로 넘어갈 수 없다. 오늘 당장 내가 먹는 밥상에서 문제될 뿐 아니라, 국가의 대계가 되돌아올 수 없는 패망의 길을 가게 된다. 국가 성립의 3요소인 영토, 국민, 주권의 모든 영역에 결정적인 영향을 끼친다.

이스라엘·팔레스타인 분쟁은 내가 어떻게 해볼 수 있는 문제가 아니지만, 우리나라의 농산어촌 문제는 우리가 바짝 정신만 차리면 해결할 수 있는 문제다. 최소한 바람직한 개선의 여지가 충분히 있는 국가의 대사다.

더 이상 내가 많은 말을 해야 할 필요가 없다고 느낀다. 내가 해야 할 말들은 모두 소빈의 말이고 이 책에 들어 있기 때문이다. 내가 할 수 있는 유일한 말은 이것이다.

"이 땅의 사람들이여! 소빈의 유쾌한 반란에 동참하라! 일어나라! 고조선의 영령들이여! 고인돌을 걸머지고 나와라!"

2024년 2월 23일 밤
낙송암에서
도올 김용옥

책을 펴내며

20대 초에 농촌문제 연구에 뜻을 세우고 50년이 지났다. 그리고 50대 초에 창립한 지역재단이 올해로 20주년을 맞이했다. 그렇게 세월을 보내며 내 나이 70세를 넘겼다. 질풍노도와 같은 20대에는 혁명의 밀알이 되기를 소망했고, 50대에는 지역을 바꾸는 일꾼들의 뒷바라지가 나의 소명이라고 생각했다. 70대인 지금 나의 역할은 농촌문제, 지역문제에 대한 연구와 실천의 도달점을 부끄럽지만 세상에 고백하고 논의를 확장하는 것이라 생각한다.

책 제목을 '강요된 소멸'이라고 정했다. 지방의 인구감소와 고령화가 급속히 진행되고 지역이 심각한 위기에 처한 것은 사실이지만, '지방소멸'이라는 말에 동의할 수 없다. 백가쟁명식 '지방소멸' 대응책이 쏟아지고 있지만, 도움은커녕 '지방소멸'을 가속할 것 같다. 지방은 소멸하는 것이 아니라, 국가와 자본에 의해 소멸당하고 있다. 이 사실을 인정하는 것에서 출발해야 해결의 실마리가 보인다.

살면서 가장 중요한 것은 자신이 하고 싶은 일과 할 수 있는 일을 잘 구별하고, 그것을 어떻게 실천할 것인지를 스스로 깨닫는 것이다. 나는 근 50년 세월을 농촌문제, 지역문제에 천착해 왔다. 진정성은 있었나, 최선을 다했나를 나에게 물어본다. 무엇보다 중요한 것은 과연 농촌과 지역 발전의 목적과 방향을 올바르게 제시하고 그에 알맞은 연구와 실천을 해왔는가 하는 점이다. 오늘의 농촌과 지역의 현실을 보면 긍정적으로 답하기 어렵다.

이 책은 그동안의 연구와 실천의 결과물이자 반성문이다. 세상 사람들과 머리를 맞대어 함께 고민하기 위해 이 책을 펴낸다. 그렇지만 이 글의 내용이 전혀 새로운 것은 아니다. 나는 그동안 여러 매체를 통해 다양하게 의견을 개진해 왔다. 특히 2021년 1월부터 2022년 12월까지 ≪한국농정≫에 월 1회 연재한 "소빈 박진도의 가보세"가 이 책의 주요 소재가 되었음을 밝힌다. 나에게 매월 30매에 달하는 긴 원고를 쓰도록 강권(?)하고 인내심을 갖고 연재를 지속하도록 한 ≪한국농정≫의 고(故) 심증식 편집국장에게 감사한다. 그리고 ≪오마이뉴스≫에 연재한 "지역을 바꾸는 사람들"을 통해 만난 13명의 현장 활동가에게서 이 책의 소재와 용기를 얻었다.

이 책은 에세이집도 아니고, 전문적인 학술서도 아니다. 내용은 지역 위기와 지역재생이라는 다소 무거운 주제를 다루지만 최대한 평이하게 서술하여 많은 사람이 읽을 수 있도록 노력했다. 그래서 본문에는 참고문헌이나 각주와 같은 딱딱한 표현은 삼갔다. 지역의 문제는 지역민만의 문제가 아니다. 지역 위기, 기후 위기, 불평등 위기, 먹을거리 위기를 극복하고 더불어 행복한 국민총행복 사회로 나아가기 위해서는 국민이 지역의 문제를 나의 문제로 인식해야 한다. 책의 부제를 '국민총행복을 위한 지역재생의 길'이라고 정한 이유다. 이 책을 통해 3농(농어촌, 농어업, 농어민)이 우리의 일상에서 멀리 떨어진 섬이 아니라 바로 이웃임을 깨닫는 사람이 많이 늘어나길 기대해 본다.

이 책을 쓰면서 참으로 많은 고마운 분들의 얼굴이 떠올랐다. 학부 시절부터 가르침을 주신 정영일 서울대학교 경제학과 명예교수님,

크리스찬아카데미 농민중간집단 교육을 통해 실천적 연구에 눈을 뜨게 한 이우재 선생님, 크리스찬아카데미에서 만나 내가 지금까지 초심을 잊지 않도록 붙들어 맨 고 정광훈, 고 권종대, 문경식 등 농민운동가 동지님들. 도쿄대학 유학 시절, 연구자의 참모습을 일깨워 주신 고 사에키 나오미(佐伯尚美) 경제학부 교수님, 지난 20년간 지역재단을 함께 해온 박경 목원대학교 교수, 허헌중 상임이사, 유정규 상임이사, 서정민 실장, 장수명 한국교원대 교수, 그리고 국민총행복전환포럼의 김현희 사무총장과 포럼 식구들. 이들이 있었기에 지금의 내가 있다. 특히 코로나 시국에 찬바람을 맞으며, '국민총행복과 농산어촌 개벽대행진'을 이끌어주신 도올 김용옥 선생님께 큰 가르침을 받았다. 도올 선생께서는 과분한 「여는 글」까지 써주셨다. 모든 분들에게 깊이 머리 숙여 감사드린다.

마지막으로 어려운 출판 상황에도 출간을 흔쾌히 맡아주신 한울엠플러스(주)의 김종수 사장님과 윤순현 부장님, 편집에 힘쓴 최진희 팀장님에게 감사드린다. 그리고 나와 함께 국민총행복전환포럼에서 일한 맹민현 연구원 님과 이미경 희망제작소 연구원 님은 초고를 세심하게 읽고 책 전체의 내용과 흐름을 잡아주었다. 참으로 고마운 일이다. 일일이 거명하지 않지만, 수많은 연구자와 현장 활동가에게 도움을 받았다. 모두에게 감사하고 에너지가 남아 있는 한 현장에 뿌리내린 실천적 연구를 게을리하지 않을 것을 스스로 다짐한다.

프롤로그

농촌 연구 50년, 지역재단 20년

'지방소멸론'에 반대한다

'지방소멸', '대한민국 소멸'이 허위이듯이 결코 일어나지 않는다. 그런데 있을 수도 없고, 있어서도 안 될 무시무시한 말이 너무 쉽게 사람들의 입에 오르내린다.•

누가 왜 '지방소멸'을 말하는가

'지방소멸론'은 일제(日製) 불량 수입품이다. '지방소멸론'은 자극적인 언어로 충격을 주고, 대책 마련을 촉구하기 위한 일종의 충격 요법이라 할 수 있다. 그런데 '지방소멸론'을 과연 선의(?)로만 받아들일 수 있을까. 불량 수입품이 제대로 검증도 되지 않은 채 삽시간에 우리나라의 정계, 관계, 언론계, 학계의 베스트셀러가 되었다. 왜 이런 일이 일어났을까. 그만큼 우리나라의 수도권 인구 집중과 지방의 인구 위기, 특히 농어촌 지역의 인구 위기가 소멸이 운위될 만큼 심각하기 때문이다. 그러나 그것만으로는 오늘의 현상, 이 일종의 신드

• 지방과 지역의 사전적 의미는 다르다. 지방이 수도권 이외의 지역이라면, 지역은 자연적 또는 사회적·문화적 특성에 따라 일정하게 나눈 지리적 공간이다. 그러나 현실에서는 충청 지방 혹은 충청 지역처럼 혼용한다. 이 책에서는 보통의 관례에 따라 지방과 지역을 구분하지 않고 혼용했다.

롬을 모두 설명할 수 없다.

정부의 각 부처는 '지방소멸 대응'을 앞세워 각종 대책을 수립해 자기 부처 예산을 늘린다. 국회의원과 자치단체장은 '지방소멸'을 빌미로 자기 지역(구)에 한 푼이라도 예산을 더 끌어온다. 언론은 이들의 나팔수가 되어 사람들의 관심을 끌어 장사한다. 교수와 연구자, 컨설턴트 등 이른바 전문가들은 물 들어올 때 노 젓듯이 정부 프로젝트에 참여하여 벌어들이는 돈이 쏠쏠하다. 그런데 중앙 부처 공무원, 국회의원, 지자체장, 전문가, 이들은 지방이 소멸해도 하나도 아프지 않은 사람들이다. 이런 사람들이 지방소멸 정책을 수립하고 시행하니 백약이 무효다. 물론 이들 가운데 진정으로 지방소멸을 염려하고 아파하는 사람들이 없는 것은 아니다. 그러나 그들은 극히 소수이고, 큰 흐름은 '지방소멸팔이'다.

지방은 소멸하는 것이 아니라 소멸당하고 있다

정작 '지방소멸'로 가장 커다란 고통을 당하는 지역민들은 '지방소멸'이라는 말을 입에 올리기조차 싫어한다. '지방소멸'은 그곳에 살고 있는 지역민을 무시하는 말이기 때문이다. 특히 자기 지역을 사람 살 만한 곳으로 만들기 위해 온 힘을 다하고 있는 지역리더를 모독하는 치명적인 말이다. 소멸할 동네에서 헛심 쓰고 있다는 조롱으로도 들린다.

지역의 인구가 감소하고 고령화가 진전되면서 지역의 활력은 급속히 떨어지고 있다. 분명 지역의 위기다. 그렇지만 지방은 소멸하고 있는 것이 아니라, 소멸당하고 있는 것이다. 그동안 지방 살리기라는 이름으로 얼마나 많은 대책을 수립하고 예산을 투입했는가. 그런데 왜 지방이 소멸된다는 말인가. 도시에 사람을 끌어들이는 힘이 있고, 젊은이들이 재미없고 일자리도 부족한 자기 동네보다는 대도시를 더 선호하는 경향이 있다고 해서 '지방소멸'이 일어나지는 않는다. 인구가 감소한다고 지방이 소멸하는 것은 아니다. 남아 있는 사람끼리 행복하게 살면 된다. 인구가 줄어도, 농촌적 삶의 양식에 만족하고 새로운 길을 열어가는 사람들이 증가한다면 '활기찬 과소'라 할 만하다.

그런데 왜, 무엇이 문제인가. 오늘날 수도권과 지방의 격차는 자연스러운 현상이 아니라 재벌 대기업과 수도권을 중심으로 한 경제성장 정책의 결과다. 말하자면 국가가 지방 사람들을 수도권으로 내몰고 있는 것이다. 지역정책도 지역민의 행복을 위한 정책이 아니라 중앙과 자본을 위한 지역개발 정책으로 추진되어 왔다. 자본의 관심을 끌지 못한 지역은 지역개발 정책에서 아예 소외되었다. 지역개발이 많이 추진된 지역에서는 지역 주민은 밀려나고 자본이 그 자리를 대신 차지했다. 이는 진보 정부, 보수 정부 가릴 것 없다. 지방분권과 균형 발전을 노래한 지 오래지만, 사태는 나날이 악화하고 있다. 보수적인 사람들 때문이 아니다. 내 주위에 진보를 칭하는 학자들이 많다. 그러나 그들의 머릿속에는 대한민국은 있어도 지역은 없다.

쏟아지는 '지방소멸' 대책, 과연 효과 있나

'지방소멸' 대책이 쏟아진다. 지방시대와 기회발전특구, 지방소멸대응기금, 메가시티, 압축도시, 지자체 통합, 중핵도시, 네트워크, 소규모 관광단지, 생활인구, 관계인구, 워케이션(worcation), 농촌유토피아, 스마트팜 ……. 대책이 차고 넘친다. 지역 위기가 심각하니 뭔가 대책을 세우지 않으면 안 된다. 그런데 이들에게 묻고 싶다. 이런 대책으로 자신들이 말하는 '지방소멸'을 막을 수 있다고 생각하는가. 다시 말해 '지방소멸'의 본질인 수도권 인구 쏠림을 막을 수 있는가. 내놓는 대책을 보면 오히려 지방소멸을 가속하는 것들이다.

지방, 그곳에서 행복하게 살고 있는 사람이 있으면 지방은 소멸하지 않는다. '지방소멸', '지역개발'을 팔아 중앙과 자본을 살찌울 것이 아니라, 지역에 살고 있는 사람을 행복하게 하는 데 온 힘을 다하라.

지역은 무엇을 원하는가. 일을 해야 하는 데 일자리가 없다. 아이를 낳아야 하는 데 병원이 없다. 물건을 사야 하는 데 돈이 없고, 교통수단이 없다. 이웃한 도시에 가려고 해도 대중교통이 마땅치 않다. 지역에서 전국 회의를 개최하면 사람들은 싫어한다. 서울에서 하면 가기도 더 편하고, 간 김에 볼일도 볼 수 있으니 말이다. 학교가 문을 닫아 아이를 멀리 통학시켜야 한다. 태양광, 화력발전소, 원자력발전소, 송전탑, 산업단지 등으로 환경이 파괴되고 불안해서 못 살겠다. 수입 농산물 때문에 농산물 가격이 폭락하고, 농자재 가격이 폭등해 농사도 짓기 어렵다. 얼마 안 되는 수입으로 도시 사는 지주에게 임차료를 지불해야 한다. 지자체는 예산 한 푼 더 얻기 위해 정부세종청사로 출퇴근해야 하고, 힘들게 얻은 돈이지만 마음대로 쓸 수 없다.

패러다임과 지역정책의 전환이 필요하다

'지방소멸'을 막기 위해서는 무엇보다 우리가 그동안 '지방을 소멸시켜 왔다'는 것을 인정하고 반성해야 한다. 이것이 출발점이다. 인구가 급격히 감소하고 있다. 인구감소보다 더 심각한 문제는 인구의 수도권 쏠림이다. 서울공화국과 재벌공화국으로 상징되는 경제성장 지상주의에 대한 통렬한 반성이 필요하다. '지방소멸'을 외치기 전에 자신이 경제성장 지상주의의 포로가 되어 있다는 사실부터 자각해야 한다. 국민행복을 위해서는 성장주의에서 벗어나야 하고, 성장주의에서 벗어날 때 지역의 문제도 해결될 수 있다. 지역정책은 지역민의 행복이라는 관점에서 대전환이 필요하다.

국민이 행복하려면 농민이 행복해야

나는 한국전쟁 중에 강원도의 반농·반어촌 마을에서 태어났다. 그 무렵 대부분의 농어촌이 그랬듯 내가 살던 마을도 참으로 가난했다. 하루 세 끼를 먹지 못하는 사람이 많았고, 어부들은 목숨을 걸고 고기잡이하러 나갔다. 어린 나는 우리 동네 사람들이 잘살았으면 좋겠다는 바람을 가졌다. 철이 들면서 우리 동네만 못사는 게 아니라 나라 전체가 가난하다는 것을 알게 되었다. 이것이 내가 대학에서 경제학과를 선택한 이유다. 대학 입시 면접에서 "경제학을 공부해 우리나라를 가난에서 벗어나게 하고 싶다"고 말해 면접관 교수들의 웃음을 자아냈던 모습이 떠오른다.

농업경제학을 고집한 이유

"왜 하필 농업경제학이냐?"

내가 대학교에 입학하던 1970년에 우리나라는 가난한 농업국가였다. 당시 1인당 국내총생산(Gross Domestic Production: GDP)은 254달러(2022년 3만 2236달러), 전체 인구 가운데 농가인구는 46%(2022년 4.2%), 전체 취업자 가운데 농림어업 취업자가 50.4%(2022년 5.4%)였다. 우리나라가 가난에서 벗어나기 위해서는 농업이 발전해야 하고 농민이 잘살아야 했다. 경제학도가 농업에 관심을 갖는 것은 자연스러운 일이었다. 나는 대학 2학년 때 학내 잡지 ≪상대평론≫에 일제 강점기의 소작 문제에 관한 소논문을 발표한 이래 대학원에서 줄곧 농업경제 연구에 매진했다. 유학을 비롯해 전공을 바꿀 몇 차례 기회가 있었지만, 다른 분야에는 한눈팔지 않고 '전업농' 경제학을 고집했다. 휜 소나무가 선산을 지킨다.

솔직히 고백하자면 나는 농업경제학자가 아니었다. 농과대학을 나온 것도 아니고 농업생산에 대해서 잘 모르니 말이다. 학생들과 매학기 빠짐없이 농활을 하고, 텃밭을 조금 일구어본 것 외에는 농사 경험도 없다. 내 강의를 듣는 모든 학생에게 강의 과목에 관계없이 명강의(?)를 듣는 조건으로 2박 3일 혹은 3박 4일의 농활을 강력히 권장했다. 초기에는 "경제학과에서 웬 농활이냐?"라는 반발도 없지 않았다. 나는 길게 농활의 의의를 설명하고, "너나 나나 다 밥 먹고 산다"는 말로 마무리했다. 덕분에 다양한 농사 체험을 할 수 있었다.

농업보다는 농민이 나의 주된 관심사였다. 대학원 석박사 논문은 모두 '농민층 분해'에 관한 것이었다. 전통사회에서 동질적이었던 농민들이 자본주의 시장경제에 포섭되면서 어떻게 서로 다른 계층으로 나뉘는지를 연구했다. 나는 초기에는 정통 마르크스 경제학의 영향을 받아 지주와 소작농, 부농과 빈농 등 농민층 내부의 계급적 분해를 연구했다. 그러나 농업기계화·시설화·현대화 등으로 농업 경영 규모가 커지면서 농가 간에 계층 분화는 진행되었지만, 농민층 내부의 고용-피고용(착취-비착취) 관계가 전개되지는 않았다. 반면에 국가와 자본에 의한 농업 지배가 심화되면서 농업 외부의 자본과 국가에 의한 농민 수탈이 주된 모순으로 전화한 것을 알게 되었다. 그때부터 국가의 농업정책을 주로 연구했다.

농촌경제와 지역경제로 관심의 범위를 넓히다

농업경제를 연구하면서 관심 영역을 농촌경제와 지역경제로 넓혀갔다. 농업은 농민이 경제적 삶을 영위하기 위한 가장 중요한 토대이지만, 농민이 잘살기 위해서는 농업뿐 아니라 농민들의 삶의 공간인 농촌이 발전하지 않으면 안 된다. 농촌이 경제, 사회문화, 환경을 아우르는 삶의 공간으로 발전해야 한다. 농업은 농촌경제의 기간산업으로 가장 중요하지만, 농업만으로는 농촌경제가 유지될 수 없다. 농업을 기반으로, 다양한 일자리가 창출되어야 한다. 농업의 6차 산업화와 서비스경제가 발달해야 한다. 농촌은 고립된 공간이 아니다. 도시와 깊은 연관 속에서 존립한다. 농촌이 발전하기 위해서는 도시와 상생해야 한다. 그렇지만 연구 영역을 무한정 확대할 수 없으므로, 농촌과 직접적 혹은 밀접한 관계에 있는 시·군 범위의 지역문제를 주로 고민했다.

연구와 함께 실천활동을 병행하다

나는 연구만 한 것이 아니라, 실천적 연구자의 삶을 추구했다. 대학 은사이신 서울대학교 정영일 교수님을 모시고 1993년 농정연구포럼을 만들고 이것을 2001년 농정연구센터로 확대해 6년간 초대 소장을 맡았다. 농정연구센터는 주로 농업, 농촌, 식품 관련 분야의 정책을 연구하는 일종의 싱크탱크였다. 우리는 좋은 정책을 많이 제안했지만, 받아들여지는 것은 거의 없었다. 그 이유는 지엽 말단적인 개선이 아니라 농정의 근본적인 전환을 요구했기 때문이다. 정치권과 관료 심지어 학계의 기득권자들이 변화를 거부했고, 우리는 그것을 이겨낼 힘이 없었다. "목마른 사람이 샘을 판다"고 하듯이 농촌 현장이 스스로 기존 질서를 극복할 힘을 갖춰야만 했다. 나는 지역리더의 중요성을 새삼 깨달았다. 내가 말한 지역리더란 '지역의 문제를 스스로 고민하고 해결하기 위해 노력하는 사람 혹은 조직'을 말한다. 이러한 지역리더가 학습하고 연대하고 실천할 수 있도록 뒷바라지하기 위해, 2004년 "지역을 바꾸어 세상을 바꾼다"는 거창하고 겁 없는 캐치프레이즈를 내걸고 (재)지역재단을 창립했다.

3농은 우리 사회에서 외로운 섬 같은 존재

그러나 농어업, 농어촌, 농어민 3농의 현실은 나의 기대와는 달리 나날이 나빠졌다. 농업과 농촌의 발전을 위해 많은 사람이 각자의 위치에서 최선을 다해 노력했음에도 역부족이었다. 물론 과거에 비하면 농사짓기도 수월해지고 농민들의 물질적 생활은 놀랄 만큼 향상되었다. 그런데 왜 농민들은 농촌을 떠날까, 왜 농촌은 아이 울음소리가 끊겨 자연 양로원으로 변해갈까. 심지어 '지방소멸'이라는 말이 매스컴이나 정치권에서 태연하게 이야기된다. 도시와 농촌 간의 격차로 인해 사람들이 농촌을 떠나면서 생활 서비스가 악화되어 예전보다 더 살기 힘들어졌다. 농업 경영비는 빠르게 증가하는데, 농산물 가격은 제자리걸음이다. 작은 규모의 농사로는 살 수가 없어 규모를 키우다 보니 빚이 엄청나게 늘어난다. 농민들은 미래에 대한 희망을 잃어가고, 3농에 대한 사회적 인식은 거의 최악이다. "농자천하지대본(農者天下之大本)"은 아득한 옛이야기다. 언론매체에 기고하다 보면, 비농업계 신문은 글 제목에 '농(農)' 자가 들어가는 것을 싫어한다. 독자들이 외면한다는 이유에서다. 슬프지만 현실이다. 3농은 우리 사회에서 외로운 섬과 같은 존재다.

농업과 농촌, 경제성장 지상주의의 희생양이 되다

왜 이렇게 되었을까? 1960년대의 개발독재 이래로 우리 사회를 지배한 이데올로기는 경제성장 지상주의다. '경제는 무한히 성장하며', '경제가 성장하면 모든 것이 해결될 것이니', '경제성장을 위해서는 다른 것들은 희생해도 좋다'는 일종의 도그마다. 경제성장 지상주의에 의하면 농업과 농촌은 경제성장을 위해 희생해야 하는 대상이다. 물론 국가가 일부러 농촌을 희생시킬 리는 없지만 경제성장을 위해 한정된 자원을 대도시와 공업화에 편중하다 보니 결과적으로 농촌이 희생된 것이다. 과거에 장남을 공부시키기 위해 동생들을 학교에 보내지 않거나 공장에 보내 희생시킨 것과 같다.

경제성장은 GDP의 증대로 측정한다. 농림어업은 일반적으로 경제성장 초기에는 기여도가 높지만, 경제가 성장함에 따라 GDP에서 차지하는 비중이 작아질 뿐 아니라 성장에 대한 기여도가 낮아진다. 성장주의적 시각에서는 1960~1970년대 경제성장 초기에는 공업화를 위한 농업의 역할인 값싼 식량과 노동력 제공, 공업화를 위한 시장과 자본 조달 등에만 주목할 뿐 농업발전에는 관심이 없었다. 경제성장으로 도시와 농촌, 농업과 공업의 격차가 확대되었지만, 여전히 농업과 농촌에 대한 투자는 소홀했다. 1990년대 이후 이른바 세계화의 흐름 속에 농산물 시장은 급속히 개방되었다. 경쟁력이 약한 우리 농업이 쇠퇴하면서 농민과 농촌의 삶은 급격히 악화되었다.

경제는 성장했으나 행복하지 못한 대한민국

농업과 농촌을 희생하면서까지 경제성장에 힘을 쏟아부은 덕에 우리나라는 오늘날 일인당 국민소득이 3만 달러를 훌쩍 넘는 세계 10위권의 경제대국으로 성장했지만, 국민들은 행복하지 않다. 나는 2010년 7월부터 3년간 충남발전연구원(현 충남연구원) 원장으로 파견 근무했다. 이 무렵 충청남도는 2000년대 10년 동안 연평균 9%의 놀라운 성장을 달성했다. 전국 평균의 2~3배에 달하는 높은 성장이다. 그런데 이런 사실을 말하면 대부분의 도민들은 알지 못할 뿐 아니라 "시방 무신 소리여" 하며 의아한 반응을 보였다. 수도권 재벌 대기업이 진출한 아산과 천안, 당진, 서산 등 소수의 지역에 성장이 한정되고 성장의 과실이 그들에게 돌아갔기 때문이다.

‘가난하지만 행복한 나라’ 부탄을 만나다

‘성장과 행복’의 괴리에 나는 깊은 고민에 빠졌다. 이때 미국 컬럼비아 대학교의 경제학자 제프리 삭스(Jeffrey Sachs)의 글을 통해 ‘가난하지만 행복한 나라’ 히말라야의 작은 왕국 부탄을 만났다. 일인당 소득이 우리나라의 10분의 1도 되지 않는 나라가 대학까지 무상교육을 하고, 외국인 여행객에게까지 무상의료를 제공한다. 그 비결은 “국내총생산(GDP)보다 국민총행복(Gross National Happiness: GNH)이 더 중요하다”는 국정 철학이다. 연구원에 행복연구팀을 꾸리고, 2011년 10월 부탄을 방문하여 국민총행복 정책을 공부했다. 그 후 2년 주기로 관심 있는 동료들과 함께 부탄을 방문했다(2022년 10월 여섯 번째 방문). 2011년 11월 유엔 총회는 “행복은 인간의 근본적 목표이고, 보편적인 열망이다. 그러나 국내총생산(GDP)은 그 성질상 그러한 목표를 반영하지 않는다”고 선언하고, 특별결의를 통해 전체론적 발전(holistic development)을 위한 ‘행복’을 목표로 할 것을 권고했다. ‘부탄 방문을 함께해 온 동지들’이 중심이 되어 2018년 4월 200여 명의 오피니언 리더들과 함께 ‘국민총행복전환포럼’을 결성했다. 행복포럼은 창립 선언문에서 성장주의 시대와 결별을 선언하고 우리 사회의 목표를 국민총행복으로 전환할 것을 촉구했다.

경제성장주의에서 국민총행복으로 전환해야

내가 국민총행복전환포럼의 창립을 주도하자, 가까운 경제학 교수가 나에게 농반진반으로 말했다.

“박 교수님 드디어 탈농을 하셨군요.”

많은 경제학도들이 농업경제를 공부했지만, 산업화와 함께 농민들이 이농했듯이 경제학자들도 이농하여 전공을 바꾼 것을 빗대어 한 말이다. 나는 탈농을 한 것이 아니라 제1종 겸업농으로 진화한 것이다. 농업경제, 농촌경제, 지역경제를 여전히 주전공으로 하면서 행복경제를 부전공으로 받아들인 것이다. 그 이유는 간단하다. 경제학의 궁극적 목적이 경제성장이 아니라 사람을 행복하게 하는 것이라는 너무도 명백한 진리를 뒤늦게 깨우쳤기 때문이다. 우리나라는 경제성장과 행복의 괴리가 매우 큰 나라다. 농업과 농촌이 제 역할을 못해 지역이 쇠퇴하고 사람들이 수도권으로 몰리는 '서울공화국'의 주된 원인은 경제성장 지상주의다. 농업과 농촌이 제 역할을 하고 지역이 살아나야만 '서울공화국'을 무너뜨리고 국민이 행복해질 수 있다. 그러기 위해서는 우리 사회에 만연한 경제성장 지상주의와 성장 중독을 극복해야 한다. 그래서 우리는 포럼을 창립하면서 "우리 사회의 패러다임을 경제성장에서 국민총행복으로 '전환'하자"고 주창했다.

경제성장주의를 극복하지 못하는 한 농업·농촌의 미래는 어둡다. 그뿐만 아니라 우리 국민은 행복해질 수 없다. 경제성장은 로마클럽에서 1972년 출판한 『성장의 한계』와 1992년 이 책을 개정한 『한계를 넘어서』에서 지적했듯이 지구의 수용 능력을 넘어섰다. 그 결과 기후변화가 오늘날 인류의 앞날을 심각하게 위협하고 있다. 물질은 행복을 위한 수단이지 그 자체가 목적일 수 없다. 행복은 물질적 조건과 함께 사회문화적·정서적·생태적 필요의 조화로운 균형을 통해 달성될 수 있다. 그와 동시에 행복은 다른 사람과의 관계 속에서만 실현된다. 부탄 초대 민선 총리 지그메 틴레이(Jigmi Thinley)의 다음

말은 큰 울림을 준다.

> 행복은 한 사람이 다른 사람과 공유하지 않으면서 사적으로 혹은 개인적으로 얻을 수 있는 것은 아니다. 당신이 다른 사람의 행복에 이바지할 때, 당신 자신의 행복이 증진될 기회가 증대하고 그만큼 공동체 구성원으로서 사회적으로 책임성 있고 가치 있는 사람이 될 것이다.[1]

국민총행복을 위해서는 농업·농촌이 국민을 위한 삶터, 일터, 쉼터로서의 본래 기능을 다해야 한다. 농업과 농촌은 국민행복에 필수불가결한 건강한 먹을거리를 제공한다. 이뿐만 아니라 농업은 식량생산 이외에 농업생산에서 파생되는 경제적·사회문화적·환경적 기능 등 다원적 기능(multifuctionality)을 다양하게 수행한다. 일자리, 먹을거리, 환경, 문화, 경관, 공동체, 교육, 건강, 여가, 정서 안정 등 국민행복을 위한 필수불가결한 조건들이 충족되기 위해서는 농업·농촌의 다원적 가치가 충분히 발현될 수 있도록 발전해야 한다.

국민총행복과 농산어촌 개벽을 위한 전국대행진

2019년 4월부터 1년 동안 대통령직속 농어업·농어촌특별위원회의 위원장을 맡아 농정대전환을 위해 최선을 다했지만, 성공하지 못했다. 나 자신의 부족함이 가장 큰 원인이지만, 대통령이 외면하는 대통령 자문기구의 한계를 극복하지 못했다. 시민들과 농어민들에게 "농어민이 행복해야 국민이 행복하다"고 직접 호소하기로 했다. 2021년 10월부터 2022년 1월까지 도올 김용옥 선생을 모시고 뜻을 같이하는 각계각층의 인사들과 함께 전국 8개 도 18개 시·군을 순회하며 '국민총행복과 농산어촌개벽대행진'을 진행했다. 전국에서 2000여 명이 추진위원으로 참여하고 수많은 사람이 모여 '모두가 행복한 나라로 가는 농정대전환 3강·5략'을 함께 토론했다. 무엇보다도 농업과 농촌을 망치는 농업생산 보조금과 지역개발 보조금을 대폭 줄여, 농민에게는 공익기여지불을 확대하고, 농어촌 주민에게는 일인당 월 30만 원의 농산어촌 주민수당을 직접 지급하자는 주장에 대행진 참여자들은 큰 관심을 가졌다. 코로나 시국인데도 대행진과 민회에는 농민뿐 아니라 일반 시민 등 참으로 많은 사람이 참여했고 열기는 뜨거웠다.

대행진의 열기는 뜨거웠지만 세상을 흔들기에는 부족했다. 그해 20대 대선에서는 자유시장경제를 맹신하는 극단적 성장주의자가 승리했다. 경기침체가 길어지면서 최근에는 경제성장 지상주의가 더 기승을 부리고 있다. 무엇을 어떻게 해야 할까. 이 책은 그동안의 연구와 실천의 결과물이자 반성문이다. 세상 사람들과 머리를 맞대어 함께 고민하기 위해 이 책을 펴낸다. 좋게 말하면 화두를 던지는 것이다.

1장

지역은 소멸하지 않는다

농촌에서 사람이 사라지고 있다

시골 마을에 가면 흔히 듣는 말이 있다.

> "우리 동네에서 새로 태어난 아기 울음소리를 들은 게 언제인지 기억이 나지 않는다."
>
> "내가 벌써 칠십이 넘었는데, 동네에서 막내다."
>
> "지금 살고 있는 70~80대가 죽으면 10~20년 내로 우리 동네가 없어질 것 같다."

시골 마을은 저출생 고령화가 심각하다.

나는 1981년부터 약 40년간 충청남도의 두 마을을 대상으로, 약 5년 단위로 마을의 변화를 조사해 왔다. 농촌 마을의 저출생 고령화가 해를 거듭할수록 나날이 심각해지는 것을 지켜보노라면 마음이 아프다. 농촌 조사에 처음 나섰을 때에는 냉장고는 물론이고 흑백텔레비전이 있는 집도 별로 없었다. 자동차는 말할 나위없고 오토바이가 있으면 대단하게 보았고, 자전거조차 많지 않았다. 변변한 가전제품도 없었지만, 아이들은 많았다. 아이들이 쫓아다녀 조용히 조사를 할 수 없을 정도였다. 그래서 사탕으로 아이들을 달래가며 부모와의 조사를 마쳤다.

이제 대부분의 농촌 가정에는 컬러텔레비전, 냉장고, 세탁기는 기

표 1-1 농촌인구의 지속적 감소 추이

(단위 : 명, %)

구분	1970	1980	1990	2000	2010	2020
전체*	18,172,873	16,002,199	11,101,429	9,380,957	8,757,646	9,763,833
읍부	2,800,456	4,539,666	3,603,147	3,755,782	4,200,082	5,113,052
면부	15,372,417	11,462,533	7,498,282	5,625,175	4,557,564	4,650,781
전국	30,882,386	37,436,315	43,410,899	46,136,101	48,580,293	51,829,136
농촌 비율	58.8	42.7	25.6	20.3	18.0	18.8
읍부 비율	9.1	12.1	8.3	8.1	8.6	9.9
면부 비율	49.8	30.6	17.3	12.2	9.4	9.0

주: *는 읍부 + 면부 인구 합계다.
자료: 통계청, 국가통계포털.

본이고, 화물차를 포함해 차량 한두 대를 갖추고 있다. 그러나 이제 사탕을 줄 아이들은 없다. 가방에 사탕은 넣어 다니지만, 외로운 할머니, 할아버지와 소통하기 위해서다. 이것을 발전이나 진보라고 할 수 있을까?

공업화가 시작될 무렵인 1970년 우리나라 농촌에는 읍 인구 280만 명, 면 인구 1540만 명을 합해 약 1820만 명이 살았다(<표 1-1>). 나라 전체 인구는 3088만 명으로 58.8%에 달했다. 농촌인구는 1990년 1110만 명, 2010년 876만 명으로 급속히 감소하다가 2020년에는 전체 인구의 18.8%인 976만 명으로 늘어났다. 농촌과 지방 중소도시의 인구는 줄었으나, 수도권 인구는 1970년 전체 인구의 28.3%인 873만 명에서 2020년 50.2%인 2604만 명으로 늘었다(수도권 인구는 2023년 10월 말

기준 2602만 명으로 전체 인구의 50.7%).

농촌인구가 크게 감소하다가 최근 늘어나고 있다. 이를 어떻게 해석할 것인가. 귀농·귀촌이 늘어난 결과라고 해석하는 사람도 있지만, 이는 통계상의 착시 현상에 지나지 않는다. 우리나라는 농촌 지역과 도시 지역을 행정구역으로 구분한다. 즉, 동부(洞部) = 도시, 읍부(邑部) + 면부(面部) = 농촌으로 구분한다. 농촌 지역은 도시의 나머지 지역으로 파악되므로, 행정구역(읍·면·동)에 의한 구분은 농촌 지역의 정체성을 무시할 뿐 아니라 지역 간 불균형 성장과 양극화에 따라 별로 의미가 없어졌다. 예를 들어, 경상남도 양산시 물금읍 인구 12만 552명을 위시해 경기도 남양주시 화도읍과 광주시 오포읍은 인구가 10만 명이 넘어 웬만한 도시보다 크지만, 행정구역상으로는 여전히 농촌이다. 면의 경우에도 전라남도 순천시 해룡면의 인구는 5만 7093명이다. 한편 오지 지역의 읍·면 인구는 지역을 유지할 수 없을 만큼 감소했다. 강원도 영월군 상동읍은 인구 1002명에 지나지 않고, 철원군 근북면은 102명에 지나지 않는다.

인구의 흐름은 크게 보면, 수도권과 수도권에 인접한 중부권의 인구가 늘어난 반면에 영남권과 호남권이 감소했다(<그림 1-1>). 그리고 면 인구가 크게 감소한 반면에 수도권과 대도시 근교 농촌(읍과 면) 인구가 크게 늘어났다.

군 지역에서는 인구가 면 지역에서 읍 지역으로 이동한다. 생활 인프라 면에서 읍은 도시에 가깝다. 읍 지역과 도시 지역의 생활 인프라 차이보다 읍과 면의 차이가 훨씬 크다. 따라서 일반적으로 농촌문제라고 하지만, 인구가 급속히 감소하는 인구과소 면 지역이 더 심각

그림 1-1 수도권으로의 인구 집중 추이(2010~2023)

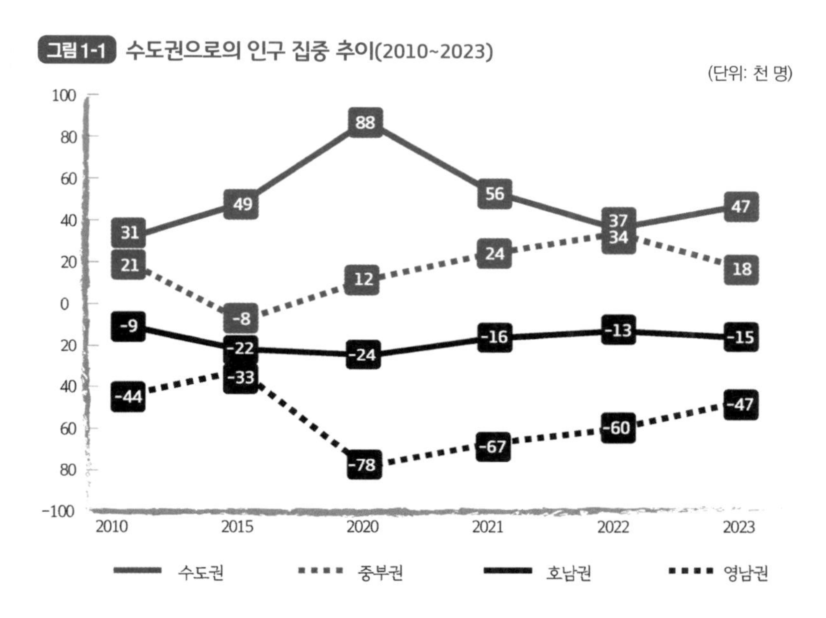

자료: 통계청, 국가통계포털.

하다. 대체로 인구가 3000명 이하로 내려가면 살아가는 데 필요한 학교, 병원, 쇼핑, 교통 등의 사회서비스가 제대로 공급되지 않는다고 한다.[1] 2016~2020년 사이 불과 4년 만에 인구 3000명 미만의 면이 545개에서 609개로 급격히 늘어났다. 면사무소조차 유지하기 어려운 인구 1000명 이하의 면도 28개에서 29개로 늘어났다.

농촌인구의 감소도 문제지만 그보다 더 심각한 게 농촌인구의 고령화다. 우리나라 전체로도 고령화 속도가 매우 빠른데, 농촌은 훨씬 심각하다. 나라 전체로 1970~2020년 사이에 65세 이상 인구는 3.1%에서 15.7%로 증가했고, 농촌에서는 4.2%에서 22.1%로 증가했다. 특히 심각한 것은 면 지역의 농촌 마을이다. 2020년 면 지역 전체 고령화 비율은 32.5%로 10명 중 3명 이상이 65세 이상인데, 마을 단위로는 50%를 넘는 마을이 태반이다.

전체 군 인구가 2020년 현재 6만 6000명이 넘는 충청남도의 제법 큰 B군의 인구감소와 고령화 실태를 살펴보자. B군의 인구는 1990년 11만 6888명에서 2000년 8만 3687명, 2010년 7만 5029명, 2020년 6만 6472명으로 감소하고 있다. 과거에는 인구 유출이 인구감소의 주된 원인이었는데, 최근에는 자연감소 인구수가 유출 인구수를 초과하고 있다. 2020년 B군의 인구 동향을 보면, 167명이 태어나고 900명이 사망했으며, 5341명이 전입하고 6014명이 전출했다. 인구의 자연감소 733명이 인구 순유출 673명보다 많다. 면 단위로 내려가면 인구의 자연감소는 더욱 심각하다. B군은 1개 읍과 15개 면으로 되어 있는데, 그 가운데 읍과 인근 큰 면을 제외한 나머지 14개 면 전체로 2020년에 43명이 태어난 반면에 595명이 사망했다. 아이가 1명도 태어나지 않은 면도 있고, 1명만 태어난 면이 3개, 가장 많이 태어난 면이 6명이다. 들어오는 사람보다 나가는 사람이 많고, 더욱이 태어나는 아이들은 없다. 남아 있는 노인들이 돌아가시게 되면 언젠가는 동네가 없어질지 모른다. '지방소멸'론 혹은 '지역소멸'론이 등장하는 배경이다.

'지방소멸' 망령이 출몰하다

'지방소멸'론의 원조는 일본이다. 일본의 지방소멸론은 우리나라에서 어떤 때는 지방소멸로, 어떤 때는 지역소멸로 표현되고 있다. 일본의 이와테현 지사와 총무대신을 지낸 마스다 히로야(增田寬也)는 2014년 5월에 일본 전체 1747개 시·정·촌(市町村: 일본의 기초자치단체)[•] 가운데 절반이 넘는 896개가 2040년까지 향후 소멸할 가능성이 높다는 「마스다보고서」[2]를 발표해 일본 열도를 충격에 빠뜨렸다. '지방소멸론'은 일본 매스컴에서 센세이셔널한 반향을 불러일으켰다.

우리나라에서는 한국고용정보원의 이상호 박사가 2015년에 마스다의 분석 방법을 차용(변용)하여 「한국의 '지방소멸'에 관한 7가지 분석」이라는 보고서에서 우리나라 228개 기초자치단체 가운데 79개가 '소멸위험지역'(2014년 기준)에 진입했다고 추정했다. 한국고용정보원의 조사에 따르면 소멸위험지역은 매년 급속히 늘어나(<그림 1-2>) 2023년 2월 기준 118개로 전국 228개 시·군·구의 절반(51.8%)이 넘는다(<표 1-2>).[3] 한국고용정보원의 보고서의 소멸위험지역은 소멸위험지수(20~39세 가임여성 인구수를 65세 이상 노인 인구수로 나눈 값)가 0.5 이하

• 일본의 행정구역은 광역자치단체인 도·도·부·현(都道府縣)과 기초자치단체인 시·정·촌으로 구성되어 있다. 일본의 광역자치단체는 총 47개로, 1개의 도(都), 1개의 도(道), 2개의 부(府), 43개의 현(縣)으로 이루어져 있다.

표 1-2 시·도별 소멸위험지역 시·군·구 분포(2023년 2월 기준)

(단위: 개, %)

	전국	부산	대구	인천	경기	강원	충북	충남	전북	전남	경북	경남
전체 시·군·구 수	228	16	8	10	31	18	11	15	14	22	23	18
소멸위험 진입	67	7	2	2	6	12	3	7	6	7	10	5
소멸고위험	51			1		4	5	5	7	11	10	8
소멸위험지역 소계	118	7	2	3	6	16	8	12	13	18	20	13
소멸위험지역 비중	51.8	43.8	25	30	19.4	88.9	72.7	80.0	92.9	81.8	87.0	72.2

자료: 이상호·이나경, 「지방소멸위험 지역의 최근 현황과 특징」, ≪지역산업과 고용≫, 봄 호(2023), 113쪽.

그림 1-2 시·군·구별, 단계별 지방소멸 추이

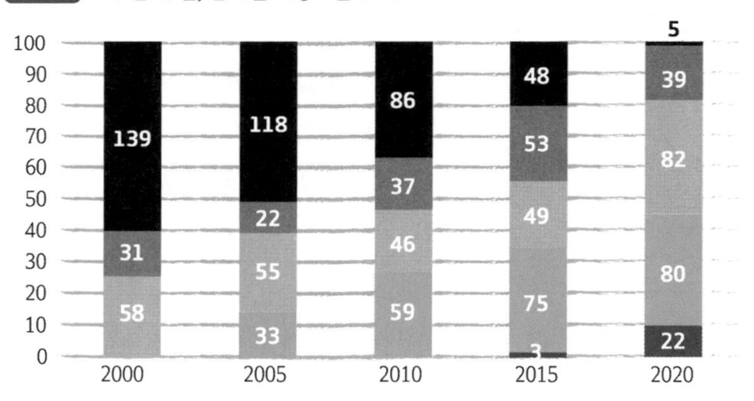

■ 소멸고위험(0.2 미만) ■ 소멸위험(0.2~0.5 미만) ■ 소멸주의(0.5~1.0 미만)
■ 정상(1.0~1.5 미만) ■ 소멸저위험(1.5 이상)

주: 자료에는 2000년 수치가 없어 추가했다.
자료: 이상호 외, 『지방소멸 위기 극복을 위한 지역 일자리 사례와 모델』(한국고용정보원, 2021).

인 지역을 말한다.•

한국고용정보원의 보고서가 사회적으로 커다란 반향을 불러일으킨 이후, 각종 미디어와 정치권 그리고 심지어 학계에서조차 '지방소멸' 혹은 '지역소멸'을 당연시하고 무비판적으로 받아들였다. 정부는 2021년 10월 인구감소지역 89개 시·군 기초자치단체에 대해 매년 1조 원씩 10년간 '지방소멸대응기금'을 지원하겠다고 발표했다(<표 1-3>). '지방소멸'이 드디어 정부 공식 문건에 등장한 것이다.••

한국산업연구원은 '지방소멸'을 인구 재생산력이라는 자연적 요인뿐 아니라 인구 이동이라는 사회적 요인의 관점에서 접근하고 있다. 2022년에 '인구 재생산력'보다 인구 이동을 유발하는 지역경제 선순환 메커니즘과 밀접한 관련성이 있는 지표 설정을 통해 K-지방소멸지수를 개발했다.[4]••• K-지방소멸지수에 의하면 전국 228개 지자체 가운데 50곳이 소멸우려지역(K지수 0.5~0.75 미만), 9개 지자체가 소멸위험지역(K지수 0.5 미만)이다.

'지방이 소멸한다'. 무슨 말인가. '지방'의 사전적 의미는 '한 나라의 수도 이외의 지역'이고 '소멸'은 '사라져 없어짐'이니, '지방소멸'

• 소멸위험지수가 낮을수록 소멸위험이 높다. 소멸저위험(1.5 이상), 정상(1~1.5 미만), 소멸주의(0.5~1.0 미만), 소멸위험(0.2~0.5), 소멸고위험(0.2 미만)으로 나눈다.

•• 연평균 인구증감률, 인구밀도, 청소년 순이동률, 주간 인구, 고령화 비율, 조출생률, 유소년 비율, 재정자립도 등 인구·재정 관련 8개 지표를 종합한 인구감소지수를 기준으로 89개 지역을 지정했다. 그리고 2022년 8월 관심지역 18곳을 추가 지정했다.

••• K-지방소멸지수는 지역경제 선순환 메커니즘을 반영한 4대 부문(혁신활동, 산업구조 고도화, 고부가가치 기업, 지역성장)을 선정하고 각 부문의 측정지표를 다음과 같이 설정했다. 혁신활동은 1인당 경상연구개발비, 산업구조 고도화는 전 산업 다양성 지수, 고부가가치 기업은 총사업체 대비 지식산업 비율, 지역성장은 일자리(1000명당 종사자 수), 소득(일인당 GDP), 인구(인구증감률)로 측정했다.

표 1-3 행정안전부의 인구감소지역 지정 결과(89개)

권역	개수	시·군·구
부산	3	동구 서구 영도구
대구	2	남구 서구
인천	2	강화군 옹진군
경기	2	가평군 연천군
강원	12	고성군 삼척시 양구군 양양군 영월군 정선군 철원군 태백시 평창군 홍천군 화천군 횡성군
충북	6	괴산군 단양군 보은군 영동군 옥천군 제천시
충남	9	공주시 금산군 논산시 보령시 부여군 서천군 예산군 청양군 태안군
전북	10	고창군 김제시 남원시 무주군 부안군 순창군 임실군 장수군 정읍시 진안군
전남	16	강진군 고흥군 곡성군 구례군 담양군 보성군 신안군 영광군 영암군 완도군 장성군 장흥군 진도군 함평군 해남군 화순군
경북	16	고령군 군위군 문경시 봉화군 상주시 성주군 안동시 영덕군 영양군 영주시 영천시 울릉군 울진군 의성군 청도군 청송군
경남	11	거창군 고성군 남해군 밀양시 산청군 의령군 창녕군 하동군 함안군 함양군 합천군
계	89	

(관심지역 18개) 대전 동구·중구·대덕구, 인천 동구, 부산 중구·금정구, 광주 동구, 강원 강릉시·동해시·속초시·인제군, 경기 동두천시·포천시, 경북 경주시·김천시, 경남 사천시·통영시, 전북 익산시

자료: 행정안전부 홈페이지.

이란 '수도권 이외의 지역'이 사라져 없어진다는 뜻이 된다. '지방소멸론'의 원조인 일본의 「마스다보고서」는 이것을 수도권 일극 집중에 의한 '극점사회(極點社會)의 도래'라 표현했다. 인구감소(저출생)와 수도권 집중으로 수도권 이외의 지방은 사라지고 수도권만 남는다는 말이다. 저출생과 수도권 집중은 우리가 일본보다 훨씬 심각하다.

우리나라는 수도권에 인구의 50.24%가 살고 있는데, 이는 일본의 30.12%보다 훨씬 높다. 2022년 우리나라의 출생률은 0.78명(일본은 1.26명)으로 세계에서 가장 낮다. 대체출산율(한 나라의 인구수가 유지되기 위해 필요한 합계출산율)이 대략 2.1명인 것을 고려할 때, 이대로 가면 언젠가 우리나라 자체가 소멸할 것이다. 서울의 출생률은 세계 역사상 가장 낮은 0.59명으로 전국 평균에도 훨씬 못 미친다. 수도권 인구 집중은 대한민국의 소멸을 가속할 것이다. '지방소멸론'대로라면 지방이 소멸하고 대한민국이 소멸할 것이다. 그렇지만 그런 일은 결코 일어나지 않는다.

'지방소멸'은 듣는 순간 섬뜩할 정도로 무시무시한 말이지만 그 논리는 매우 허술하다. 「마스다보고서」의 '소멸가능성도시'는 2010~2040년에 20~39세의 젊은 여성 인구가 50% 이상 감소할 시·정·촌을 말한다. 그리고 한국고용정보원의 보고서는 소멸위험지수(20~39세 가임여성 인구수를 65세 이상 노인 인구수로 나눈 값)가 0.5 이하인 지역을 소멸위험지역으로 파악하고, 소멸위험지수가 낮을수록 소멸위험이 높다고 한다.

한국과 일본의 '지방소멸론'은 모두 젊은 여성 인구감소에 주목하고 있다. 젊은 여성 인구와 출생률이 감소하면 인구감소는 피할 수 없다. 그렇지만 인구가 감소한다고 해서 지방자치단체가 소멸할 이유는 없고, 설사 행정 통합으로 지자체가 소멸한다고 해도 지방이 소멸할 이유는 없다. 그곳에 사람이 살고 있는 한 지방은 소멸하지 않는다. '인구감소 = 지방소멸'이라는 단순 논리에 놀아나서는 안 된다.

지역은 결코 소멸하지 않는다. 우리나라에 마땅한 연구가 없으니,

'지방소멸'의 원조인 일본의 조사 연구를 참조하자. 일본 국토성은 2015년에 '과소지역 등 조건불리지역 집락의 현황'을 조사했다.[5] 817개 시·정·촌의 6만 5440집락이 조사 대상이었다. 이는 일본 전체 시·정·촌의 약 47%, 전체 인구의 약 9.3%에 해당한다. 이 조사에서 10년 이내에 소멸(무거주화) 가능성이 있는 집락은 515개(0.8%), 언젠가는 소멸할 가능성이 있는 집락은 2,697개(4.1%)로 조사됐다. 흔히 감각적으로 생각하는 것보다 과소지역 등에서조차 집락이 소멸할 가능성은 높지 않다. 더욱이 이렇게 조사된 집락 가운데서도 실제로 소멸하는 집락은 훨씬 적을 것이다. 2010년 조사에서 10년 이내 무거주화 가능성이 있다고 한 452집락 가운데 5년 동안 실제로 무거주화한 집락은 41개로 9.1%에 지나지 않는다. 우리나라의 경우에도 산간 마을을 가면 곧 사람이 살지 않을 것 같은 곳이 적지 않지만, 실제로 마을이 사라지는 경우는 거의 없다.

이처럼 마을(집락)은 쉽게 소멸하지 않는 강인성을 보여준다. 하물며 기초지자체가 통째로 소멸하는 일은 일어날 수 없다. '지방소멸'은 상식적으로 봐도 말이 안 된다. 그리고 소멸해서도 안 된다. 국민정서와도 맞지 않는다. 한국과 일본 양국 모두에서 도시민 가운데 농촌에 가서 살고 싶은 사람이 많다. 한국농촌경제연구원의 '농업·농촌에 대한 2021년 국민의식조사 결과'에 따르면 도시민의 34.4%가 '은퇴 후 혹은 여건이 되면 귀농·귀촌할 생각이 있다'. 일본 내각부(2021)의 '농산어촌에 관한 여론조사'에 따르면 도시 지역 거주자 가운데 26.6%가 농산어촌 지역으로 이주하고 싶다고 했다. 도시민의 귀농·귀촌 의향이 우리나라가 일본보다 약간 높다. 실제로 매년 50만 명

가까운 사람이 귀농·귀촌(도시 근교의 읍면 포함)하고 있다. 자연과 공생하면서 인간답게 살고 싶다는 게 가장 커다란 이유다. 농촌의 여건이 나아지면 전원회귀(田園回歸)는 지금보다 더 활발해질 것이다.

농촌인구의 감소는 지금과 같은 사회경제구조에서 피하기 어렵다. 하지만 그곳에 사람이 살고 있는 한 소멸하지 않는다. 그럼 누가 농촌의 주인이 될 것인가. 떠날 사람은 떠나고 농촌에서 자기 삶을 구현하고 싶은 사람들이 남거나 새로 들어와서 살아갈 것이다. 농촌적 삶의 양식을 추구하는 사람들, 흙 만지기 좋아하고 아파트에 홀로 살기보다 이웃과 어울려 살고 싶은 사람, 고향으로 돌아가기를 원하는 사람, 도시의 치열하고 경쟁적인 삶보다 농촌에서 여유롭게 아이들을 키우려는 사람들일 것이다. 대도시 생활과는 다른 문화와 가치를 추구하는 사람들이 많다. 대도시의 삶이 나날이 각박해지는 현실을 보면 이러한 사람들은 늘어날 것이다. 아울러 이 책 3장부터 제시하듯이 주민자치가 실현되고, 사회서비스(교육, 의료, 교통, 주택 등)가 충실해지고, 농업공익기여지불과 농산어촌 주민수당이 지불된다면 농산어촌은 새로운 전기를 맞이할 수 있다.

일제 불량품,
지방소멸론

소멸할 수도 없고 소멸해서도 안 되는데, 왜 '지방소멸'을 말하는가. 지방 인구감소와 수도권 집중이 심각하기 때문일 것이다. 그렇지만 '지방소멸론'이 과연 수도권 집중과 지방쇠퇴의 심각성을 일거에 사회적으로 이슈화하여 지방을 살릴 대책 마련을 촉구하기 위한 순수한 의도에서 나온 것일까. '지방소멸론'의 원조인 「마스다보고서」는 정치적 산물이라는 점에 유의해야 한다. 아베 정권의 신자유주의적 지역정책(로컬 아베노믹스)을 강력하게 뒷받침하기 위해 '지방소멸'이라는 폭력적 언어로 일종의 충격요법을 사용한 것이다.

일본 정부는 2014년 9월 지방창생담당 장관을 신설하고, 아베 총리를 본부장으로 '마을·사람·일 창생본부(まち·ひと·しごと創生本部)'를 발족했다. '창생본부'를 중심으로 아베 정부는 '마을·사람·일 창생 장기비전'(장기비전)과 '마을·사람·일 창생 종합전략'(종합전략)을 수립하는 등 대책 마련에 나섰다.[6] '장기비전'은 첫째, 2060년에 1억 명 정도의 인구를 유지하기 위해 '도쿄 일극 집중'을 시정한다. 둘째, 2050년대에 실질 GDP 성장률은 1.5~2%대로 유지한다.

중앙정부는 '종합전략'을 5년마다 수립하고, 지방은 지역의 실정에 맞는 '인구비전' 및 '종합전략'을 수립하도록 했다. 일본 정부는 2015년 제1기 '종합전략'(2015~2019)에 이어 현재 2020년 제2기 '종합

전략'(2020~2024)을 수립하여 집행하고 있다.

일본의 '지방창생' 전략의 핵심 키워드는 '압축(거점)과 연결(네트워크화)'이다. 즉 '선택과 집중'의 원리에 따라 투자와 시책을 집중하여 '콤팩트 거점'의 '네트워크'를 형성한다는 것이다. 그 논리는 이렇다. 지방인구가 감소하는 최대 원인은 젊은 인구의 유출이다. 이를 막기 위해서는 '젊은이에게 매력 있는 거점도시'를 중핵으로 한 '새로운 집적구조'를 구축하는 것이 중요하다. 지방거점도시의 중심부에 '직·주·유·학(職·住·遊·學)'의 도시 기능을 집적(압축)한다. 지방 거점 중추 도시의 육성을 위해서는 '선택과 집중'이 필요하기 때문에, 투자와 시책을 여기에 집중해야 한다. '거점도시'(중추도시)를 육성하고, 거점도시와 거점도시를 연결하고, 거점도시와 주변 지역을 연결하는 것이다.

지방도시에는 '콤팩트 시티'를 형성한다. 시청 등을 중심으로 한 '시내 중심지(街中)' 기능을 재정비하고, '시내 중심지'와 주변부를 연결하는 지역공공교통네트워크 체계를 일체적으로 추진한다. 집락에는 지역을 지키는 보루가 될 '작은 거점'을 형성한다. 상점이나 진료소 등의 일상생활에 꼭 필요한 시설·기능이나 지역 활동을 행할 장소를 '걸어서 움직일 수 있는 범위'에 집약한다. 동시에 '작은 거점'을 주변 집락과 연결한 디맨드 버스(demand bus: 기본 노선 이외에도 이용객의 호출에 따라 일정 지구 내를 운행하는 버스) 등을 충실하게 하여 인구감소하에서도 지속가능한 지역 만들기를 추진한다.

일본의 지방창생정책은 다음과 같은 비판을 받고 있다.

첫째, 지방과 지역 주민의 삶의 관점이 아니라, 중앙정부와 자본의 시각에서 작성된 것이다. 이는 1억 인구 유지와 실질 GDP 성장률

1.5~2%대 유지라는 '장기비전'의 목적에서 잘 알 수 있다. 지방의 인구감소로 인해 지역민의 삶이 악화하는 것을 안타까워하고 그에 대한 대책을 수립하기 위한 것이 아니라, 인구감소로 인한 일본경제의 성장 잠재력 하락을 막는 것이 '지방창생'의 목적이다.

둘째, 지방에 대한 중앙정부의 재정 부담을 줄이려는 속셈 또한 숨기지 않고 있다. '지방소멸론'은 "언젠가는 소멸할 시·정·촌에 인프라 정비 등 공공투자를 하는 것은 세금 낭비다. 모든 시·정·촌을 구제할 수는 없다"는 여론을 유도하고 있다. 총무성의 지방제도조사회는 2013년 6월 제30차 답신에서 "시·정·촌이 일률적으로 주민의 일상생활에 필요불가결한 행정 서비스를 자기 완결적으로 풀세트로 제공하는 것은 지속가능하지 않다. 시·정·촌의 자주적 합병이나 기초자치체 간의 광역연계를 추진하여, 향후 지방 중추 거점도시를 중핵으로 도시 기능, 생활 기능을 확보하는 것이 중요하다"고 했다.

셋째, 지방창생이 제기한 '선택과 집중'에 의한 지역개발 방식은 새로운 것이 아니다. '선택과 집중'에 의한 중추도시의 육성과 네트워크화라는 개발 방식은 이미 제2차 전국종합개발계획(1969)에서 제시된 것이다. 즉, 제2차 계획은 "중추 관리 기능의 집적과 …… 전국적인 네트워크를 정비하고, 이 네트워크에 연계하여, 각 지역의 특성을 살린 산업개발을 계획하고 …… 그 지역이 비약적으로 발전하여 점차 그 효과가 전 국토에 미쳐 전 국토의 균형 잡힌 이용이 될 것"이라고 했다. 제2차 계획 이래 '선택과 집중'에 의한 중추·중핵도시의 육성과 네트워크화는 일본의 국가 균형 발전과 지역개발의 중심 흐름으로 이어지고 있다. '지방소멸론'은 '선택과 집중'이라는 일본 정부의 지금까지의 지역개발 정책에 기름을 부은 꼴이다.

넷째, '지방창생' 정책 이후 일본의 도쿄 일극 집중과 지방 인구감소가 심화하고 있다는 점에서 실패한 정책이다. '선택과 집중'에 의한 중추도시의 육성과 네트워크화라는 개발 방식에 따라 1999년부터 2010년에 걸쳐 헤이세이 대합병(平成大合併)을 추진했다. 헤이세이 대합병으로 2093개의 시·정·촌이 588개로 합병되어, 일본의 시·정·촌은 3258개에서 2023년 현재 1718개로 대폭 감소했다.

'압축(거점)과 연결(네트워크화)'에 기초한 중핵거점도시 정책은 나아가서 광역경제권 형성 정책(간사이 연합)으로 발전했다. 그리고 그것은 광역권 경제를 넘어 도쿄(東京)-나고야(名古屋)-오사카(大阪) 대도시권(총인구 6,818만 명)을 신칸센으로 연계하는 초광역권 경제(super-mega region)라는 극단으로 치닫고 있다.

'지방창생' 정책에도 불구하고 지방 인구감소와 도쿄권 집중(지방소멸)은 심화하고 있다. 2020년 국세조사에 의하면 도쿄권(1도 4현)의 인구는 2015년 조사에 비해 4.1% 증가한 반면에 전국 47개 광역 지자체(都道府縣) 가운데 38개 광역 지자체는 인구가 감소했다. 일본 경제는 성장력을 회복하지 못하고 악화 일로에 있다. 수도권 일극 집중 완화와 경제성장이라는 일본 정부의 '지방창생'은 실패로 끝날 가능성이 높다.

다섯째, '지방소멸론'에 입각한 지방창생은 기민정책(棄民政策)이다. 일본의 많은 시·정·촌은 지방창생 정책이 "'소멸가능성도시' 가운데 상당수를 중앙정부의 정책 대상에서 '잘라 버리기(切り捨てる)' 위한 인위적 시책(棄民政策)"이라고 크게 반발했다. 대합병한 광역 지자체의 중심 시가지에 투자를 집중하는 콤팩트 시티(압축도시) 구상은 주변 농산촌 주민의 유출을 촉진할 것이라고 비판한다. '작고 빛나는(小さくて輝く) 자치체 포럼'은 "소규모 자치체일수록 주민 한 사람 한 사람의 생명과 생활을 중시한 섬세한 지역 만들기가 가능하다"고 주장한다.

여섯째, 지방의 문제를 인구감소 대책으로 접근하는 것은 한계가 있다. 도쿄대학교 경제학부의 명예교수 진노 나오히코(神野直彦)는 "인구라는 말은 인간을 양으로 파악하는 것이다. 인간이 목적이 아니라 수단인 사회가 되면 인간은 몰개성의 인구로 된다. 인구를 타깃으로 한 정책은 인간을 노동력, 병력이라는 수단으로 보는 것이다. 시장주의에 기초한 도시 재생은 대실패로 끝났다. 자연환경과 지역문화를 재생해야 하고, 인간을 '수단'으로 보는 '사업국가'로부터 인간의 '삶'을 최상위에 두는 '인간국가'로 나아가야 한다"고 했다.[7]

개발주의 지역정책의 파탄

한국 정부의 지방(지역)정책의 큰 틀은 국토종합개발계획에 의해 수립되었다. 일본의 전국종합개발계획에 영향 받은 바가 크다. 그동안 제1차 국토종합개발계획(1972~1981)을 시작으로 제5차 계획(2020~2040)까지 다섯 차례의 계획이 수립되어 집행되어 왔다.[8]

제1차 계획은 경제의 능률성을 중시하는 거점 개발(據點開發) 방식을 채택했다. 제2차 계획(1982~1991)은 국토의 균형 개발을 기본 이념으로 하고, 광역 통합 개발 방식(4대 지역경제권)을 도입했다. 제3차 계획(1992~2001)은 지방 분산형 국토 골격을 형성하여 국토 공간의 균형성을 추구했다. 제4차 계획(2001~2020)은 지역별 경쟁력 고도화를 통해 수도권의 과밀과 집중을 해소하려고 했다. 제4차 계획은 두 차례 수정을 거치면서 5+2경제권(후에 7+1 경제권), 초광역개발권 등 광역경제권 개발을 추진했다. 제5차 계획(2020~2040)은 연대와 협력을 통한 유연한 스마트한 국토 구현을 목표로 한다.

국토종합개발계획에 따라 각 정부는 지역정책을 추진해 왔다.[9]

전두환 정부는 수도권정비계획으로 '인구집중유발시설'이 수도권에 들어오는 것을 규제했다. 노무현 정부는 국가 균형 발전을 국정 최우선 과제로 설정하고 분산과 거점에 입각한 지방 투자를 추진했다. 행정중심복합도시(1곳), 혁신도시(10곳), 기업도시(6곳) 정책이 추진되

표 1-4 지역의 관점에서 본 국토종합계획: 변화 과정

구분	제1차 계획 (1972~1981)	제2차 계획 (1982~1991)	제3차 계획 (1992~1999)	제4차 계획 (2000~2020)	제4차 계획 수정(2차) (2011~2020)	제5차 계획 (2020~2040)
비전 및 목표	• 국토이용 관리 효율화 • 사회간접자본 확충	• 인구의 지방정착 • 수도권 과밀 완화	• 지방분산형 국토 골격 형성 • 분산적 자원 절약적 국토 이용 체계 구축	• 더불어 잘사는 균형국토 • 자연과 어우러진 녹색국토 • 지구촌으로 열린 개방국토	• 글로벌 녹색국토 • 경쟁력 있는 통합국토 • 지속가능한 친환경 국토	• 어디서나 살기 좋은 균형국토 • 안전하고 지속가능한 스마트 국토
주요 개발 전략	• 대규모 공업 기반 구축 • 교통통신, 수자원 및 에너지 공급망 확충	• 수도권 집중 억제 • 권역 개발 • 국토의 다핵구조 형성	• 지방 육성과 수도권 집중 억제 • 신산업 지대 조성 및 산업구조고도화	• 지역별 경쟁력 고도화 • 개방형 통합 국토축 형성	• 지역특성을 고려한 전략적 성장거점 육성: 5+2 광역경제권, 초광역경제권 • 4대강 살리기	• 개성 있는 지역발전과 연대 • 지역산업혁신과 문화관광 활성화 • 인프라의 효율적 운영과 국토지능화

자료: 국토교통부, 『제5차국토종합계획』(2019).

었다. 이명박 정부는 5+2 광역경제권을 구상했다. 박근혜 정부는 광역경제권 정책을 폐기하고 '지역행복생활권' 정책을 추진했다. 문재인 정부의 국가균형발전정책은 노무현 정부의 국가균형발전정책의 시즌 2로 설명할 수 있다. 다만, 초광역협력네트워크를 통해 수도권에 비견할 수 있는 초광역 경제·생활권(예, 부울경 메가시티)의 형성을 기대한 점이 달랐다. 윤석열 정부는 '지방시대'를 열겠다고 한다. 지방 분권과 균형 발전을 상호 연계하고 보완하기 위해 국가균형발전위원회와 지방분권위원회를 통합하여 지방시대위원회를 출범시켰다. 그리고 미국의 기회특구(OZ)를 모델로 하여, 민간(기업)의 지역 투자를 촉진하기 위해 기회발전특구(opportunity development zone)를 설정하고, 저발전 지역에 대한 장기 민간 투자를 유도하기 위한 세제 혜택 등 특례를 제공하고자 한다.

역대 정부의 지방정책(균형발전정책)은 수도권 정비, 분산과 거점, 광역경제권, 지역행복생활권, 지역균형 뉴딜과 초광역경제권(메가시티) 등 지역개발과 관련된 각종 개념과 정책이 총동원되었으나 균형발전은커녕 수도권 집중과 '지방소멸'을 막지 못하고 있다. 한마디로 말잔치에 끝났다.• 윤석열 정부의 지역정책에 대한 평가는 시기상조이나 지역정책의 기조(중앙과 자본 중심의 지역정책)에 별 차이가 없다는 점에서 과연 무엇을 기대할 수 있을 것인가.

행정안전부가 드디어 지방소멸 대응책을 내놓았다. 행정안전부는 2021년 10월 19일에 인구감소지역•• 89개 시·군·구 기초자치단체에 대해 매년 1조 원씩 10년간 '지방소멸대응기금'을 지원하겠다고 발표했다. 행정안전부는 2022년 8월 16일에는 기초자치단체(인구감소지역 89개, 관심지역 18개)와 광역자치단체(서울·세종 제외 15개 시·도)를 대상으로 2022·2023년도 지방소멸대응기금 배분금액을 결정 발표했다. 지방소멸대응기금은 향후 10년간 매년 정부 출연금 1조 원을 재원으로 지원되며, 기초자치단체에 75%, 광역자치단체에 25%의 재원을 각각 배분한다.

행안부의 지역소멸대응기금은 지금까지의 지역개발 정책과 무엇이 다른가. 지방소멸 대응이라지만 실제로 지금까지의 정책과 차별

• 특히 문재인 정부에 대해 기대가 컸던 만큼 평가는 박하다. "균형 발전 시도조차 안 했다", "균형 발전에 역행하는 치명적 잘못"(3기 신도시와 GTX 건설, 에스케이하이닉스 용인 입지 허용 등)(≪한겨레 21≫, 2022.5.18).

•• 「국가균형발전특별법」 제2조 9항: "인구감소지역"이란 인구감소로 인한 지역소멸이 우려되는 시(특별시는 제외한다)·군·구를 대상으로 출생률, 65세 이상 고령인구, 14세 이하 유소년인구 또는 생산가능인구의 수 등을 고려하여 대통령령으로 정하는 지역을 말한다.

성이 거의 없다.• 행안부의 안내서에 따라 제출한 투자계획서를 보면 생활 인프라 개선에 치중되어 있다.•• 인구감소지역에 정부의 지역개발 예산을 조금 더 준다고 하지만 인구감소지역 재정 전체에서 보면 언 발에 오줌 누기 수준이다.••• 기금이 10년 한시적이기 때문에 지방자치단체가 장기적 관점에서 추진하기도 어렵다. 외생적 지역개발이라는 지역정책의 기조, 기금의 사용 방식이나 목적에도 커다란 차이가 없다.[10] 그리고 정부가 '지방소멸'이라는 부정적 언어를 사용하는 것은 온당치 않다. 일본 정부조차도 '지방창생'이라는 긍정적 표현을 사용하지 않는가.

• 그동안 지방자치단체 간의 재정력 격차를 완화하기 위한 지방재정 제도가 있었지만, 지방소멸의 문제를 해소할 목적으로 운용되는 재원은 지방소멸대응기금이 최초라는 의의가 있다. 그렇지만 그 내용에서 실질적으로 차별성이 크지 않다. 류영아, 「지방소멸대응기금 도입 및 향후 과제」(국회입법조사처. 2022.6.30).

•• 예를 들어, 경북 18개 시·군이 제출한 사업도 전체 160여 개 가운데 80% 이상이 정주 여건 개선에 몰려 있다. KBS 뉴스(대구), 2022년 7월 1일 보도.

••• 경북 의성군은 우수 사례로 A 등급을 받아 2023년에 120억 원을 배분받았는데, 이는 의성군의 2023년 예산(1회 추경 포함) 7410억 원의 1.6%에 지나지 않는다.

효율성과 경쟁력 함정에 빠진 압축도시, 메가시티론

압축도시(compact city)는 원래 도시의 외연적 확장에 따른 자연환경 파괴와 도심의 공동화 현상을 막고 지속가능한 도시환경을 만들기 위해 도시를 압축하여 고밀·집적 개발하자는 것으로 미국·유럽 등에서 발전했다.[11]

지속가능 도시 모델로 떠오른 압축도시

압축도시는 도시의 지속가능한 발전을 종합적으로 디자인하기 위해 다음과 같은 전략을 추구한다. 첫째, 도시의 밀도를 높여 주거, 상업 및 교통 시설을 가깝게 배치함으로써 자원을 효율적으로 활용하고 교통 혼잡을 감소시킨다. 둘째, 압축도시는 혁신적이고 지속가능한 도시 디자인을 통해 주거 지역, 상업 지구, 녹지공간 등이 조화롭게 통합된 도시 환경을 만든다. 셋째, 대중교통 및 도시 인프라를 개선한다. 넷째, 민주적 참여로 주민들의 의견을 수렴하고 지역사회를 강화한다. 다섯째, 녹지 및 친환경 공간을 보전한다.

압축도시와 유사한 개념으로 미국과 유럽 등에서 시행되고 있는 '축소도시(shrinking city)'가 있다. '축소도시'는 1988년 독일에서 처음 제기된 이후 오늘날 전 세계적으로 논의가 활발하다.[12] '축소도시'는 인구감소에 대응한 도시의 지속가능한 발전 전략이다. '축소도시' 전략의 대표적 사례는 미국 디트로이트시의 '디트로이트 개조 프로젝트(Detroit Works Project: DWP)다.[13] 미국의 대표적인 자동차 산업 중심지였던 디트로이트시는 1950년에 인구 185만 명을 정점으로 2010년에는 인구가 71만 명으로 감소하고, 약 3만 2000개의 토지와 7만 5000개의 건물이 버려진 상태로 방치되었다. 이에 데이비드 빙(Dave Bing) 당시(2010) 시장은 ① 종합적으로 계획할 것(Plan Comprehensively), ② 기반시설의 규모를 축소할 것(Downsize Infrastructure), ③ 특정 지역에 성장을 집중시킬 것(Focus Growth), ④ 교외 지역도 포함시킬 것(Engage the Suburbs) 등의 네 가지 전략을 골자로 하는 적정규모화 프로그램을 제안했다.

그러나 DWP를 단순히 적정규모화 전략만으로 이해해서는 안 된다. DWP는 인구가 축소된 디트로이트시의 지속가능한 발전을 위한 계획이다. DWP는 몇 가지 중요한 비전과 전략을 제시하고 있다. 첫째, 환경·사회·경제적 측면에서 지속가능성을 강조하며, 도시의 생태계를 보존하고 향상시키려는 노력한다. 둘째, 사회적 공정과 평등을 실현한다. 셋째, 주거 지역의 다양성을 증진하고, 품질 높은 주거환경 조성을 목표로 한다. 넷째, 도시의 경제적 활성화를 촉진하고, 일자리 창출을 지원한다. 다섯째, 교육 및 프로그램을 강화하여 지역의 교육수준을 향상시키고, 다양한 문화 활동을 지원한다. 여섯째, 도시환경을 개선하고 친환경적인 도시 계획을 추구한다. 일곱째, 효율적이고 지속가능한 대중교통 시스템을 구축하여 교통 혼잡을 완화하고 친환경 이동 수단을 촉진한다.

이처럼 외국에서 논의된 압축도시 혹은 축소도시는 도시의 외연적 팽창으로 인한 도시 스프롤(urban sprawl) 현상을 방지하거나, 인구감소에 적응하여 도시의 적정규모화를 추구한다. 그 목적은 도시의 지속가능한 발전이고, 그것을 위해 환경·사회·경제적 측면을 종합적으로 고려하여 도시를 새롭게 디자인하는 것이다.

우리나라의 많은 중소도시는 인구가 감소하고 있는 축소도시다. 축소도시에 맞게 기반시설이나 생활 인프라를 적정 규모로 효율화할 필요가 있다. 그런데 거의 모든 도시에서 인구 증감을 불문하고, 개발 용지 확보를 위해 계획인구를 과도하게 설정하는 것이 관행이 되어버렸다. 구형수 외(2016)의 「저성장 시대의 축소도시 실태와 정책방안 연구」에 따르면, 우리나라의 축소도시에서 2020/2025년도 시·군 기본계획을 재수립하면서 기존의 목표인구에 비해 줄어든 인구를 계획했지만, 장래인구가 감소할 것으로 전망한 사례는 없다. 많게는 100% 이상, 적어도 50% 이상 실제 인구보다 계획인구가 많다. 실제 인구보다 훨씬 많은 계획인구를 토대로 도시의 각종 시설과 인프라를 건설하니 도시의 외연적 확장과 스프롤을 피할 수 없고, 무리한 지역경제 활성화 투자를 한다. 재정 낭비로 지방재정은 악화하고 부채가 늘어난다. 외국의 압축도시 혹은 축소도시의 사례를 면밀히 검토하여 지속가능한 도시 계획을 수립할 필요가 있다.

우리나라에서는 최근 압축도시가 '지방소멸' 대응책으로 주목받고 있다. 그런데 우리나라에서 논의되고 있는 압축도시는 도시의 지속가능한 발전이란 측면보다는, 효율성의 관점에서 '선택과 집중'이 강조되고 있다. 즉, 인구가 감소하는 데 모든 곳에 투자할 수 없으니,

도시 주요 거점에 일자리, 거주, 문화, 상업, 교육 등 각종 시설 및 서비스를 집중하고, 사람이 '빽빽한 곳'에 투자를 집중하여 모여 살게 하자는 것이다.

대표적인 압축도시론자인 마강래 교수는 『지방도시 살생부: '압축도시'만이 살 길이다』라는 책에서 20년 후 30%의 지자체가 파산할 텐데 "모든 곳을 다 살릴 수 없다!"고 주장하고 다음과 같이 '쇠퇴도시 압축화 전략'을 제안한다.

> 저출생·고령화·저성장·4차 산업혁명이라는 메가트랜드로 인해 지방의 쇠퇴는 피할 수 없다. 지방 중소도시의 활성화를 위한 모든 노력(산업단지, 축제, 카지노, 지역재생 등)은 거의 성공을 거두지 못했다. 지방 중소도시는 '돈 먹는 하마'가 되었다.
> '선택과 집중'에 의해 '더 싹수가 있는 지역'에 투자해야 하며, 수도권과 겨룰 대도시를 키우고, 지방 대도시와 중소도시의 상생 시스템을 구축하는 것이 중요하다. 중소도시는 '분산·팽창하면 죽고, 집중·압축하면 산다', 압축도시(compact city) 전략이 답이다.

압축도시는 '지방소멸' 대안이 될 수 있을까. '지방소멸'에 대응하기 위해 '쇠퇴도시 압축화 전략'을 채택한 원조는 일본 지방창생 정책이다. 일본은 2014년 마스다 히로야의 '지방소멸' 보고서 발간 후 아베 내각은 압축 + 네트워크형 도시정책을 중심으로 지방창생 정책을 수립했다. 도시구역계획을 가진 기초자치단체(시·정·촌) 1374곳 가운데 압축도시 만들기(입지 적정화)에 나선 대상 도시는 581곳으로, 전체의

42%나 된다. 이 중 383개 도시는 계획을 만들어 공표했다. 단기간에 압축도시가 일본 국토계획의 대명사가 되었다. 그러나 성공 사례를 찾기 어렵다.[14] 가장 주목을 받았던 일본 북부의 아오모리시는 완전 실패 사례로 꼽히고, 2002년부터 시작한 도야마시는 성공 사례로 꼽히나 중심 시가지의 활성화가 생각처럼 진행되지 않고 지자체 재정 악화, 주변 지역의 쇠퇴를 가져왔다는 점에서 문제가 적지 않다.[15]

쇠퇴도시 압축화 전략의 허점

'선택과 집중'에 의한 '쇠퇴도시 압축화 전략'은 왜 '지방소멸'의 대응책이 될 수 없을까. 압축화 전략은 도시를 압축하여 고밀도 개발하고, 동시에 주변 농어촌 지역 인구를 도시로 끌어들여 빽빽하게 살도록 한다. 그뿐만 아니라, 지자체 규모가 너무 작아 자립하기에 어려우니 인근 지자체를 거점도시를 중심으로 통합하여 도시의 규모를 키울 것을 주장한다.

도시를 압축하여 고밀도 개발하는 것도 문제가 없지 않지만, 주변 인구를 도시로 '압축'하는 것은 쉽지 않다. 그뿐만 아니라 '압축화'에 성공한다고 하더라도, 효율성이 높아지는 것도 아니고, 반드시 주민의 삶과 행복이 증진되는 것은 더더욱 아니다. 일본은 '선택과 집중'에 의한 중추도시의 육성을 위해 1999년부터 2010년에 걸쳐 헤이세이 대합병(平成大合併)을 추진하여, 시·정·촌의 수를 3258개에서 1727개로 대폭 줄였다. 그러나 일본의 '지방소멸'은 멈추지 않고 진행되고 있다.

압축에 따른 소외지역의 반발을 무마하기 위해, 압축도시론자들은 '거점 개발'과 '네트워크화'를 제시한다. 거점을 개발할 뿐 아니라, 그 이익을 주변 지역도 향유할 수 있도록 네트워크화를 추진하겠다는 것이다. 압축도시는 거점 지역에 빽빽하게 모여 사는 것을 추구하기 때문에 주변 지역은 인구감소와 고령화로 쇠퇴의 속도가 빨라질 것이다. 문제는 압축으로 거점도시는 일시적으로 인구가 늘어날지 모르지만, 주변 지역이 쇠퇴하면 거점도시 또한 쇠퇴할 수밖에 없다. 예를 들면 충청북도 옥천읍은 옥천군의 거점도시로서 8개 면의 중심지 역할을 하고 있는데, 주변이 쇠퇴하면 중심지 역할을 할 수 없어 옥천읍도 쇠퇴할 수밖에 없다. 옥천읍이 쇠퇴하면 충청남도의 중심지 역할을 하는 대전시에도 나쁜 영향을 미칠 것이다. '압축도시'가 주변 지역의 인구를 흡수하여 주변 지역의 쇠퇴를 가져오면 '연결(네트워크화)'은 의미가 없어진다.

압축이든 합병이든 '사람'이 먼저

주변 인구를 도시로 '압축'하는 것은 쉽지 않다. 그뿐 아니라 더구나 자치단체를 합병하는 것은 현실적으로 매우 어렵다. 소외되는 주민과 지자체의 반발을 피할 수 없다. 그렇다고 현상을 그대로 유지하자는 주장은 아니다. 만약 도시를 압축하거나 합병할 필요가 있다면 주민들의 민주적 참여에 의한 충분한 논의가 있어야 할 것이다. 주민들의 의견을 수렴하여 도시를 압축하거나 합병해서 무엇을 하려고 하는지, 주민의 삶이 어떻게 좋아지는지를 설득하지 않으면 실제로 진행되기 어렵다. 돈으로 장난칠 수는 있다. 주변 지역에 공공투자를 하지 않아 살기 불편하게 해서 도시로 오게 한다. 거점 도시(지자체)에 집중 투자하고 나머지 지자체에는 투자를 하지 않는다. 그러나 이런 폭력적인 방식으로는 성공할 수 없다.

미국의 디트로이트시에서는 1990년 「디트로이트 공지 조사」 보고서를 발간했는데, 여기에는 황폐화된 지역을 근본적으로 폐쇄하고, 이들 지역의 거주자들을 보다 잠재력이 높은 지역으로 재배치하는 전략이 담겨 있었다. 하지만 이 계획은 결국 실행되지 못했는데, 그 이유는 소외지역에 거주하는 많은 사람들(주로 저소득, 소수민족 거주자)이 해당 지역의 폐쇄를 극렬히 거부했기 때문이다.

1990년의 실패를 거울삼아, 2010년의 '디트로이트 개조 프로젝트'에서는 시민의 민주적 참여(거버넌스)를 매우 중시했다. 디트로이트와 전 세계의 전문가 그리고 프로젝트에 의해 영향을 받는 지역사회 전문가와 일반 시민, 비영리 및 영리단체의 지도자들이 프로젝트에 참여했다. 3년간에 걸쳐 수백 번의 회의, 3만 번의 대화, 16만 3000회 이상의 연결, 7만 회 이상의 참가자 설문조사를 거쳤다. 이렇게 셀 수 없이 많은 시간을 들여 완성한 것이 '디트로이트 미래 도시(Detroit Future City)'이다.

규모의 경제와 재정 효율성만을 중시하는 '압축도시'로는 '지방소멸'에 대응할 수 없다. 거점 지역에 인프라를 집중하여 인구를 빽빽한 곳에 모으겠다는 압축도시론은 주변 지역의 쇠퇴를 초래하여 지역 간 불균형을 심화함으로써 '지방소멸'을 가속할 우려가 있다. 압축도시가 상정하는 '거점'과 '연결'이 의미 있으려면 주변 지역의 발전이 거점 지역의 발전과 상호 의존적이어야 한다. 거점 지역만을 강화하는 것이 아니라 주변 지역의 발전도 동시에 고려되어야 한다.

'압축도시'와 주변 지역이 함께 상생·발전하기 위해서는 다음과 같은 전략이 필요하다.

- **첫째, 네트워크 구축 및 협력 강화** 중심 도시와 주변 지역 간의 강력한 교통 및 통신 네트워크를 구축하여 접근성을 향상시키고, 서로 간의 협력을 촉진한다. 예를 들어, 효율적인 대중교통 시스템을 통해 주변 지역 주민들이 중심 도시의 일자리, 교육, 의료 서비스에 쉽게 접근할 수 있도록 한다.

- **둘째, 지역 특성에 맞는 발전 전략** 각 지역의 고유한 특성과 장점을 활용하여 맞춤형 발전 전략을 수립한다. 예를 들어, 주변 지역이 농업, 관광, 재생 에너지 등 특정 산업에 강점이 있다면 이를 적극적으로 개발하고, 중심 도시와의 연계를 통해 상호 이익을 창출할 수 있다.

- **셋째, 공동체 및 문화 프로젝트** 공동체 구축과 문화적 교류를 촉진하는 프로젝트를 개발하여, 주변 지역과 중심 도시 간의 사회적·문화적 결속을 강화한다. 예를 들어, 지역 축제, 예술 및 문화 행사, 교육 프로그램 등이 이에 해당할 수 있다.

- **넷째, 지역자원의 공유 및 관리** 중심 도시와 주변 지역이 자원을 공유하고 효율적으로 관리할 수 있는 시스템을 마련한다. 이는 공공 서비스, 보건 및 교육 시설, 레크리에이션 공간 등을 포함할 수 있다.

- **다섯째, 주민 참여 및 의사결정 과정의 투명성** 모든 지역의 주민들이 도시 계획 및 개발 프로젝트에 참여할 수 있도록 하여, 그들의 목소리와 요구가 반영되도록 한다. 이는 정책 결정 과정의 투명성과 공정성을 보장하는 데 중요하다.

초광역권 메가시티와 지방분권

마강래 교수는 『지방분권이 지방을 망친다: 지방분권의 함정, 균형발전의 역설』(2018)에서 '압축도시'에서 더 나아가 광역자치단체의 행정통합을 통해 초광역권 도시를 만들 것을 주장한다.

> 지자체 간 격차가 매우 큰 현실에서 지방 분권은 지방의 위기를 심화할 것이고 재정 분권은 지자체 간 부익부 빈익빈 현상을 심화할 것이다. 지방 분권은 가뜩이나 힘든 지방을 무너뜨리는 강력한 한 방이다.

> '압축전략'만으로는 지방을 살리기 위한 대안이 될 수 없다. 그것은 방어적 차선책이다. '행정구역 통합'과 '거점 개발'만이 우리의 마지막 카드이다. 광역자치단체를 통합하여 수도권과 어깨를 나란히 할 수 있는 '초광역권' 단위를 만들어야 한다. 대도시권을 우선 개발하여 대도시권에서 발생한 성장 이익을 비대도시권 지역과 나누어야 한다.[16]

"지방 분권이 지방을 망친다"는 주장은 지나치다. 마 교수의 주장처럼 지금같이 지역 간 재정력 격차가 심한 상황에서 단순히 지방 분권을 추진하는 것은 많은 문제를 야기할 수 있다. 단순한 지방세 확충은 지역 간 재정력 격차를 심화하여 균형 발전을 저해할 수도 있다. 그렇다고 지방 분권을 포기할 일은 아니다. 지방 발전을 위해서는 지방 분권(정치적·행정적 분권과 재정 분권)이 반드시 필요하다. 재정 분권과 지방재정 개혁을 위해서는 지방세 확충, 국고보조금의 폐지·감축, 지방교부세의 인상 및 조정이 필요하다. 다만, 이것만으로는 부족하다. 북유럽 국가들처럼 수평적 혹은 연대 재정조정제도를 통해 지역 간 격차를 해소하면서 추진해야 한다.[17]

부울경 메가시티의 등장과 좌초

마강래 교수의 '초광역권 도시'는 약간 변형된 형태지이만 '부울경 메가시티'로 발전했다. '초광역권 도시'는 광역자치단체의 행정구역 통합을 전제로 한다. 그러나 광역자치단체의 행정구역 통합은 지자체 간 대립으로 인한 비효율과 갈등을 해소할 수 있다는 장점도 있지만, 정치적 이유와 지역 간 이해 갈등 등으로 실제로는 실현하기 어렵다. 그래서 선택하는 것이 '광역도시연합' 메가시티다.

2020년 김경수 경남지사는 수도권 일극 체제를 극복하고 지방소멸에 대응하기 위해 '동남권 특별연합' 일명 부울경 메가시티를 구축하자고 제안했다. 부울경은 메가시티를 통해 현재 800여 만 명인 인구를 2040년까지 1000만 명으로 늘려 수도권에 맞서는 걸 목표로 삼았다. 부울경 메가시티는 2021년 12월 「지방자치법」이 개정되어, 2개 이상의 지방자치단체가 공동으로 특정 목적을 위해 광역적으로 사무를 처리할 필요가 있을 때 특별지방자치단체를 설치할 수 있게 되어

법적 근거도 갖게 되었다. 부울경 3개 시·도지사가 협약도 맺었다. 순조롭게 진행되는 듯하던 부울경 광역 특별연합(메가시티)은 2022년 6월 지방선거 이후 부산시가 특별연합 규약 폐지를 의결하면서 무산되었다.

부울경 메가시티의 무산은 지역 간 이해갈등이 가장 큰 요인이지만, 처음부터 실현하기에 어려움이 있었다. 부울경 메가시티는 과거의 5+2 광역경제권전략이 중앙정부 주도로 추진되어 실패한 경험을 살려 지방자치단체에서 추진한 것이다. 그런데 지역 주도라고 하지만, 재원을 지역 간 합의에 의해 자율적으로 조달하는 것은 아니다. 광역교통망 형성 등에 필요한 예산의 대부분을 중앙정부에 의존(문재인 정부는 35조 원 지원 약속)했다. 따라서 과거 중앙정부 주도로 추진된 광역경제권 사업과 사실상 차별성이 없었다. 실제로 부울경 발전계획에 실린 사업의 거의 대부분은 국비보조사업으로 지자체 간 경쟁이 불가피한 구조였다. 경상남도의 주장처럼 부울경 메가시티 사업은 책임 소재가 불분명하고 이해관계가 상이하다 보니 갈등만 야기될 가능성이 높았다. 그러나 보다 본질적인 문제는 3개의 광역지자체가 연합해서 부울경 메가시티를 만든다고 해서 수도권에 맞서는 경쟁력 있는 광역경제권으로 발전할 수 있는 것이 아니라는 점이다.

뜬금없는 김포시 편입과 서울 메가시티

부울경 메가시티의 무산으로 수면 아래로 들어갔던 메가시티 구상은 국민의힘이 2024년 4월 국회의원 총선거를 앞두고 경기 김포시의 서울 편입 카드를 커내면서 서울 메가시티 구상이 광명, 구리, 과천, 하남, 고양, 과천 등 수도권으로 급속히 확산되었다. 김포시 서울 편입은 국민의힘이 충분한 검토 없이 총선용으로 무책임하게 던진 포퓰리즘 정책이라는 게 일반적인 시각이다. 서울 메가시티 구상은 수도권 집중을 가속화하여 지역균형발전에 역행할 것이라는 이유 때문에 반대가 많아 실현되기 어려울 것으로 보인다. 그동안 수도권 신도시 건설로 서울을 외연적으로 확장해 온 것이 서울의 몸집을 키운 것 외에 나라 전체의 발전에 어떠한 도움이 되었는가. 이는 윤석열 정부가 주창한 지방시대 정책에도 역행한다.

문제는 여기에 자극받아 부울경 메가시티 구상이 다시 살아나고, 충청, 대구·경북, 호남 등 전국으로 확대되고 있다. 과연 메가시티를 구성하면 수도권에 맞설 지역의 광역경제권이 형성될 수 있을 것인가. "염불(주민 행복)에는 마음이 없고 잿밥(국비보조사업)에만 마음이 있는 것"은 아닌가. 이참에 중앙정부로부터 예산을 받아 광역교통망 등 인프라 확충이나 하자는 것은 아닌가.

메가시티를 주장하는 사람들은 메가시티가 경제활동의 중심지가 되어 경쟁력과 효율성이 높아져 투자와 일자리 유치에 유리하고, 대규모 인구를 수용하기 위한 인프라 투자 효율을 높일 수 있을 것이라고 한다. 이른바 규모의 경제와 집적의 이익을 강조한다. 그런데 광역경제권 혹은 행정 통합을 하여 인구 규모를 키우면 왜 어떻게 일자리가 생기고 효율성과 경쟁력이 높아지고, 경제성장이 된다는 것인지 알 수 없다. 그리고 규모를 키우는 것이 주민들의 삶에 도움이 되지 않는다. 수도권은 다른 지자체들이 따라 할 본보기가 아니다. 서울 수도권은 이미 규모의 경제나 집적의 이익이 아니라 규모의 불경제와 집적의 불이익으로 고통받고 있다. 메가시티론이 서울 시민과 경기 도민이 겪고 있는 교통지옥, 주택·환경 문제, 교육 문제 등을 전국으로 확대하자고 하는 얘기는 아닐 것이다.

메가시티는 지역 간, 지역 내 불균형을 심화할 것

광역 인프라의 건설이 효율성을 높이고 지역 간 균형발전을 가져 온다는 말은 근거가 없다. 고속전철이 그 대표적인 예다. 고속전철로 서울과 지방 대도시의 연결은 강화되었지만, 이는 수도권 집중을 가속화하고 있다. 수도권에 맞설 지방의 광역경제권을 말하지만, 근거가 없다. 부울경 특별연합의 모델이 되었다는 일본의 간사이권 광역연합도 성과를 내지 못하고 도쿄 일극 집중은 현재진행형이다.

메가시티의 수도권 견제 효과는 불투명하지만, 지역 간 그리고 지역 내 불균형은 심화할 것이다. 메가시티 내 중심 도시로 인구가 집중하고 주변 지역의 인구는 감소할 것이다. 이미 우리는 혁신도시, 기업도시, 행복도시 등 신도시 건설에 따라 원도심이 붕괴되고, 인근 지역 중소도시와 농어촌 지역이 쇠퇴하는 것을 보아오지 않았는가. 모든 길은 로마로 통하듯이 모든 길은 서울로 통한다.

메가시티를 위한 광역교통망 건설이 필요하다고 주장한다. 그런데 지금까지의 경험을 보면 광역교통망 건설은 거점 대도시 간의 연결에 중점을 두어, 중소도시나 농촌 지역은 상대적으로 소외되었다. 광역교통망은 대도시로의 인구 및 자원 이동을 촉진하여, 결과적으로 주변 중소도시나 농촌 지역의 인구감소와 경제적 쇠퇴를 초래하여 '지방소멸'을 가속할 우려가 있다.

'지방소멸'을 막기 위해서는 엄청난 예산을 들여 새로운 광역연합(메가시티)을 만들 것이 아니라 우선 광역자치단체 혹은 지방자치단체 내의 대도시(중소도시)-읍-면 간의 연합을 강화해야 한다. 지방은 지방 간 이동은 말할 나위 없고, 같은 광역도 내에서도 대중교통으로 이동하기가 매우 어려운 것이 현실이다. 중소도시와 농촌 지역의 접근성을 향상하는 것이 필요하다.

생활인구, 관계인구 그리고 고향사랑기부제

'지방소멸' 구원투수로 등판한 생활인구, 관계인구

정부는 2023년부터 시행된 「인구감소지역 지원 특별법」에 '생활인구' 개념을 도입했다. 「인구감소지역 지원 특별법」 따르면 생활인구는 기존 주민등록 주소 인구뿐 아니라 통근, 통학, 관광, 휴양, 업무, 정기적인 교류 등의 목적으로 방문하여 체류하는 사람으로서 월 1회 하루 3시간 이상 머무르는 사람이다. 행안부의 생활인구는 정주인구에 체류인구를 더한 것이다. 오가는 사람이 없는 폐쇄된 지역이 아니라면 생활인구와 정주인구는 다르다. 별달리 새로운 개념이나 현상이 아니다. 그런데 왜 뜬금없이 생활인구인가?

생활인구가 등장한 배경에는 그동안 정부와 각 지자체가 정주인구를 늘려 '지역소멸'에 대응하려고 했으나 별 성과를 거두지 못하고 있기 때문이다. 각 지자체가 시행하는 출산장려금이나 전입지원금 시책은 정주인구 유출을 막고 다른 지역의 정주인구를 빼앗아 오는 제로섬 게임이다. '지방소멸' 극복에 도움이 되지 않는다.

행정안전부는 2023년 6월 인구감소지역의 특성에 맞게 생활인구 정책을 추진할 수 있는 과학적 근거 마련을 위해 7개 시·군(충북 단양군, 충남 보령시, 강원 철원군, 전남 영암군, 경북 영천시, 경남 거창군)을 시범 지역으로 선정하여, 생활인구 데이터를 작성해 그 결과를 발표했다. 이 조사에 의하면 충북 단양군은 주민등록인구(정주인구)는 2만 8000명에 지나지 않는데 생활인구는 27만 명으로 정주인구의 8.6배에 달한다. 반면에 거창군의 생활인구는 등록인구의 2.0배에 지나지 않는다. 지역 간 격차가 매우 크다.

생활인구는 2018년 서울시가 처음 도입했다. 서울시에는 통학이나 통근, 관광, 업무 등으로 찾는 사람(체류인구)이 정주인구보다 더 많다. 따라서 서울시는 도시계획을 수립할 때 정주인구뿐 아니라 생활인구에 근거해서 수립하는 것이 합리적이다. 서울시뿐 아니라 전국 모든 지자체가 도시계획을 수립할 때는 생활인구를 고려해야 한다. 생활인구라는 개념을 사용하지는 않지만, 사실 오래전부터 염두에 두어온 개념이다. 그런데 생활인구가 최근 갑자기 주목을 받는 이유는 그것이 지방소멸 대책으로 등장했기 때문이다. 실제로 행정안전부는 2024년부터는 지방소멸대응기금을 지급하는 89개 인구감소지역 전체를 대상으로 월별 생활인구를 분기마다 공표할 계획을 세웠다. 생활인구를 늘려 '지방소멸'에 대응하겠다는 의도다.

생활인구는 일본 관계인구의 짝퉁

생활인구 개념은 우리가 독창적으로 만든 것은 아니다. 일본의 관계인구를 살짝 비튼 것이다. 관계인구라는 말이 먼저 인구에 회자되다가 생활인구가 정책 용어로 정착한 것이다. 그래서 사람들은 생활인구와 관계인구를 명확하게 구분하지 않고 사용한다. 귤이 회수를 건

그림 1-3 관계인구에 대하여

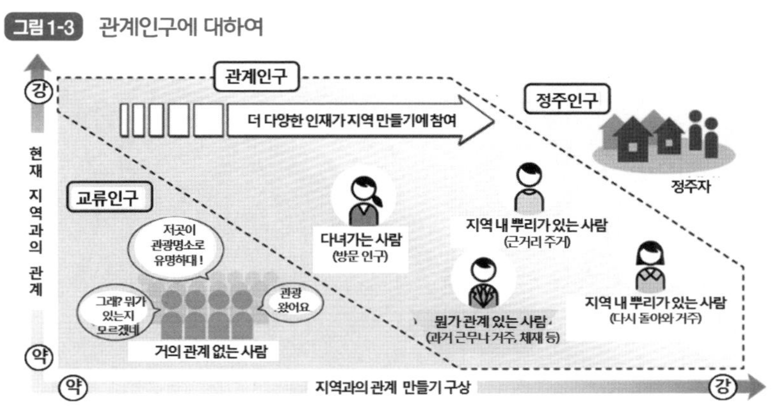

자료: 일본 총무성, 「関係人口とは」, www.soumu.go.jp/kankeijinkou.

너면 탱자가 된다고 했던가. 사실 일본의 관계인구는 우리나라의 생활인구와는 상당히 다른 개념이다. 일본 총무성에선 "관계인구란 이주한 정주인구도 아니고, 관광으로 오는 교류인구도 아닌, 지역과 다양하게 관계하는 사람을 가리키는 말이다"라고 정의했다.[18] 일본에서 관계인구가 등장한 것은 정주인구 유지를 명제로 한 지방창생전략이 별 성과를 거두지 못했기 때문이다. 관계인구는 2016년경부터 논의되기 시작하여, 2017년 12월 지방창생종합전략에 채택함으로써 정책용어가 되었다. 관계인구가 도쿄 일극 집중을 시정하고 지방 인구감소를 극복하기 위한 구원투수로 등판한 것이다. 일본 총무성은 2018년부터 2020년도까지 3년간, 지역 외 사람이 관계인구가 될 기회와 계기를 제공하는 지방 공공단체를 지원하는 모델 사업으로 '관계인구 창출·확대 사업'을 실시했다.

총무성에서는 "지방권은 인구감소·고령화에 의해, 지역 만들기의 담당자 부족이라는 문제에 직면하고 있다. 그렇지만 지역에 따라서는 젊은이를 중심으로, 변화를 가져올 인재가 지역에 들어오기 시작하고 있어, '관계인구'라고 할 지역 외의 인재가 지역 만들기의 담당자가 될 것으로 기대하고 있다"고 한다.

이처럼 일본의 관계인구는 단순한 '교류인구'가 아니라 지역의 마을 만들기에 활력을 불어넣을 수 있는 '지역과 다양한 관계'를 맺는 인재를 말한다.

정주인구를 늘리기 위해서는 지역 외 사람이 이주해 와야 한다. 그리고 교류인구는 관광이나 재방문 등으로 교류 혹은 체류하는 인구이고, 관계인구는 방문형, 비방문형 등 다양한 형태로 관계를 맺고 지역 문제 해결에 도움이 되는 인구다. 이런 의미에서 '관계인구'는 정주인구도 교류인구도 아니고, 우리나라에서 말하는 생활인구는 아니다.

생활인구는 '지방소멸' 대응책이 될 수 있을 것인가. 생활인구 가운데 정주인구가 아닌 체류인구는 통학, 통근, 업무, 관광 등으로 들어오는 사람을 말한다. 서울 같은 대도시는 체류인구가 많겠지만, 지방자치단체의 경우 통학, 통근, 업무 등으로 들어오는 사람은 별로 없다. 따라서 인구감소 지자체가 생활인구를 늘리기 위해 실제로 기대할 수 있는 것은 관광객(휴양 포함) 유치다. 그런 점에서 우리나라의 생활인구는 일본의 교류인구에 가깝다. 그동안 모든 지방자치단체가 교류인구를 늘리기 위해 관광객 유치를 위해 노력해 왔고, 농촌 지자체는 도시와 협약 등을 맺어 다양한 도농교류 사업을 해왔다.

생활인구로 '지방소멸' 막을 수 없다

생활인구라는 용어는 새롭지만 내용은 새로울 것이 없다. 예를 들어, 문화체육관광부는 '2024년도 경제정책방향'의 일환으로 인구감소지역에 '소규모 관광단지'를 조성해 생활인구를 늘려 인구소멸 위기에 대응하겠다고 발표했다. '관광단지 제도'는 1975년부터 시행되고 있는 정책인데, 이번에 발표한 '소규모 관광단지' 정책은 시·도지사가 지정한 기존의 관광단지에 비교해 지정 기준과 지정 절차를 대폭 완화하고 기초자치단체에 자율권을 부여하는 것이다. 실패한 대규모 관광단지를 소규모 관광단지로 쪼갠다고 해서 관광객이 늘어나고, 생활인구가 늘어날 것인가.

그동안 지자체가 관광객 유치를 위해 노력을 했지만 별 성과를 거두지 못한 것은 관광단지의 규모가 크거나 작기 때문이 아니다. 관광정책의 철학이 부재하고, 관광객이 찾아오게 할 매력이나 관광객을 유치할 콘텐츠가 부족하기 때문이다. 가장 살기 좋은 곳이 가장 좋은 관광지라는 말이 있다. 다시 말해 관광객을 불러 모으기 이전에 주민들의 삶을 행복하게 하는 것이 중요하다. 흔들다리나 각종 대형 조형물 등 관광시설을 만들어 도시민을 유치해 주머니를 털겠다는 식의 관광정책은 성공할 수 없다.

인구감소와 고령화로 지역 만들기의 담당자가 부족하고 지역의 역량이 약화되고 있는 현실을 고려할 때, 단순한 생활인구(교류인구)가 아니라 일본의 관계인구처럼 지역 만들기에 관계되는 인구를 늘리는 것은 의미가 있다. 그러나 유감스럽게도 일본 정부는 관계인구

정책이 예산이나 노력에 비해 효과가 없다고 보고, 2018~2020년 3년간 시행한 후에 폐지했다. 아이디어는 좋았으나 실효성이 없었다. 이에 대해 정부가 너무 일찍 정책을 그만두었다는 일본 내 비판이 있지만, 솔직히 정책으로 관계인구를 늘린다는 게 얼마나 가능할까.

생활인구든, 교류인구든, 관계인구든 늘어난다면 지방이 활력을 찾는 데 도움이 될 것이다. 정부나 지자체는 생활인구, 관계인구를 최대한 늘리기 위해 노력해야 할 것이다. 그러나 그것으로는 '지방소멸'에 대응할 수 없다. 월 1회 3시간 머무는 체류인구가 지역에 얼마나 도움이 되겠는가.

어떤 지자체들은 적지 않은 예산을 들여 체류인구를 늘리기 위해 도시인에게 관광 등 도농교류를 위한 식비, 숙박비, 프로그램 체험비를 지불한다. 지역경제에는 실제로 얼마나 도움이 되는지 알 수 없지만, 지방의 부족한 자율 재정을 낭비하는 데 그칠 가능성이 높다.

여전히 핵심은 정주인구다. 그렇다고 줄고 있는 정주인구를 억지로 늘리려고 헛심 쓸 필요는 없다. 설사 인구가 조금 줄더라도, 그곳에 살려고 하는 사람, 사는 사람들이 자긍심을 갖고 행복하게 살 수 있도록 잘 보살핀다면 지방은 '소멸'하지 않는다.

기대에 미치지 못하는 고향사랑기부제

생활인구가 갑자기 각광을 받게 된 것은 고향사랑기부제 시행과 깊이 관련된다. 각 지자체는 생활인구가 늘어나면 고향사랑기부도 늘어날 것으로 기대하고 있다. 정부는 '열악한 재정지원 보완, 지역경제 활성화, 국가균형발전 기여'를 목적으로 2021년 10월 「고향사랑 기부금에 관한 법률」을 제정하고 2023년 1월부터 시행하고 있다. 고향사랑기부제는 일본의 고향납세를 변형하여 우리나라에 도입한 것이다.•

고향사랑기부제로 개인은 자신의 주민등록 주소지 외에 전국의 모든 지자체에 기부를 할 수 있다(법인은 불가). 예를 들면, 수원 시민은 경기도와 수원시를 제외한 모든 지자체에 기부할 수 있다. 일인당 연간 500만 원까지 기부할 수 있다. 그리고 지자체는 기부금의 30% 이내에서 답례품을 제공할 수 있다. 기부금에 대해서는 10만 원까지는 전액 세액공제를 하고, 10만 원 초과분에 대해서는 16.5%의 세액을 공제한다. 예를 들어, 100만 원 기부 시에는 24만 8000원 공제(10만 원 + 초과분 90만 원의 16.5%인 14.8만 원)한다. 따라서 10만 원을 기부하는 경우 10만 원을 세액공제 받으면서 30%에 해당하는 3만 원의 답례품을 받으니 무조건 이익이다.

그러나 고향사랑기부제의 성과는 기대에 크게 못 미치고 있다. 행정안전부의 발표에 따르면 고향사랑기부금 모금 총액은 2023년 한 해 660억 원이다. 기부 건수로 보면 10만 원이 83.81%로 압도적으로 많고, 최고 한도액인 500만 원 기부 건수는 0.38%에 지나지 않는다. 평균 모금액은 광역자치단체가 3억 2134만 원, 기초자치단체가 2억 6866만 원이다. 기부금의 약 30%(29.75%)는 답례품으로 사용했다.

급여생활자가 2000만 명을 넘는 현실을 생각할 때 매우 실망스러

• 우리나라 고향사랑기부제와 일본 고향납세 제도에 대해서는 공감만세 웹사이트 '공감만세 고향사랑기부제 AtoZ' 참조.

운 결과다. 물론 시행 첫해이기 때문에 홍보가 부족해 그렇다고 할 수 있지만, 그보다는 현행 고향사랑기부제로는 '열악한 재정지원 보완, 지역경제 활성화, 국가균형발전 기여'라는 원래의 목적을 달성할 수 없을 것이다. 행정안전부에서는 일본의 고향납세가 첫해 81.4억 엔(약 800억 원)에 지나지 않았던 데 비추어 우리나라의 660억 원은 성공적인 출발이라고 평가한다. 그러나 우리나라의 고향사랑기부제는 일본의 고향납세처럼 성장하기는 어려울 것이다.

더 나은 고향사랑기부제를 위한 제언

고향사랑기부제의 문제점을 원조 격인 일본의 '고향납세'와 비교하면서 파악해 보자.

첫째, 일본의 고향납세는 매년 크게 늘어나고 있으며, 지자체 재정에 상당히 기여하고 있다. 일본이 고향납세제를 처음 도입한 것은 2008년이다. 2008년의 고향납세는 납세 건수 5만 4000건에 납세액 81억 4000만 엔에 지나지 않았다. 그러나 고향납세는 2015년에 726만 건, 1653억 엔으로 급증하면서 매년 눈에 띄게 신장했다. 2022년에는 5184만 건에 9654억 엔으로 건수와 액수에서 모두 전년도 대비 20% 증가했다. 일본의 고향납세는 14년 사이에 건수 기준으로 960배, 금액 기준으로 120배라는 놀라운 성장을 보이고 있다.

그러나 고향납세가 일본의 지자체 재정에 크게 기여하고 있는 것은 사실이지만, 유의미한 정도의 금액은 아니다. 고향납세 총액은 일본 지방정부의 일반 세출회계(2021년 108조 엔)의 0.77%에 지나지 않는다. 지자체 입장에서 보면 고향납세에는 상당한 비용이 들어간다. 2022년의 경우 고향납세 총액 9654억 엔 가운데 46.8%인 4517억 엔의 비용이 들어갔다. 가장 많은 답례품 2687억 엔(납세액의 27.3%)과 답례품 배송 비용 732억 엔(7.7%) 등 답례품 관련 비용이고, 사무 비용으로 834억 엔(8.6%) 등이 지출되었다. 실제로 고향납세 가운데 절반 정도만 지방재정에 도움이 되고 있다. 더욱이 지자체 간 경쟁으로 모금에 들어가는 비용이 점차 늘어나는 추세다. 고향납세를 위해 지자체가 지출한 비용은 2021년 46.4%에서 2022년 46.8%로 늘어났다.

둘째, 우리나라의 고향사랑기부금은 일본처럼 큰 금액이 되기 어렵다. 2023년의 저조한 실적은 시행 첫해인 점과 홍보 부족 탓도 있지만, 제도 자체가 기부에 제약이 되고 있다. 고향사랑기부제는 일본의 고향납세에 비해 소액 기부자(10만 원을 기부하면 전액 세액공제를 받고 3만 원의 답례품을 받을 수 있다)에게 유리하지만, 고액 기부자에게는 매력적이지 못하다.

고향사랑기부제는 일본의 고향납세와 마찬가지로 기부금액의 30%를 답례품으로 돌려받는다. 그러나 일본은 기부금에 대한 세액공제 상한이 없는 반면에 우리나라는 상한이 있다. 기부금 상한이 500만 원으로 이 금액까지는 16.5%의 세액공제를 받지만, 500만 원부터는 기부를 해도 세액공제액이 늘어나지 않는다.

일본은 소득과 가족 구성(배우자나 부양자 수), 사회보험 등에 따라 고향납세에 대한 세액공제액이 달라지기는 하지만, 기부액에서 2000엔(환율 1엔=10원이라면 2만 원)을 빼면 원칙적으로 상한은 없다. 예를 들어 연소득이 1000만 엔(1억 원)이고, 가족 구성이 부부와 두 자녀(대학생+고교생)일 경우 고향납세로 132만 원을 기부하면 자기부담금 2만 원을 빼고 130만 원의 세액공제를 받을 수 있다. 만약 소득이 3000만 엔(3억 원)인 사람이 893만 원을 기부하면 2만 원을 제외한 나머지 891만 원을 세액공제 받을 수 있다.

반면에 우리나라는 소득이 1000만 원이든 1억 원이든 3억 원이든 상관없이, 최고 500만 원을 기부하고 최고 90만 8000원의 세액공제를 받을 수 있다. 따라서 우리나라의 고향사랑기부제는 소액 기부자의 참여를 유도하는 데는 도움이 되겠지만 고액 기부자의 참여가 저조할 것으로 예상되어 실제로 지자체 재정 확충 효과는 크지 않을 것으로 보인다.

셋째, 답례품을 통한 지역경제 활성화도 크게 기대할 바 없다. 2022년 일본에서 답례품에 사용한 금액은 전체 납세액의 27.8%인 2687억 엔이다. 이는 지방 전체의 지역총생산(県内総生産額)의 0.67%에 지나지 않는다. 답례품이 지역경제에 약간의 도움이 되는 것은 사실이지만, 큰 영향을 주지는 못한다.

우리나라에서는 일본 정도의 효과도 기대할 수 없다. 우선 금액이 절대적으로 적다. 그리고 우리나라는 일본처럼 지방 특산물이 발달하지 못했다. 일본 사람들은 여행을 가면 선물로 그 지방의 특산물을 구입하는 풍습이 있다. 따라서 지방마다 나름의 특산물이 상당히 발달해 있다. 반면에 우리나라는 지방 특산물 종류가 매우 제한적이다. 그 나물에 그 밥인 특산품이 많다. 따라서 매력적인 답례품 개발이 중요한 과제인데, 시간이 걸릴 것이다. 실제로 시험적으로 몇몇 지자체에 고향사랑기부를 해보았는데, 매력적인 답례품을 발견하지 못했다.

넷째, 지역 간 과열 경쟁과 지역 간 격차가 크게 우려된다.

고향사랑기부금을 얼마나 모금할 수 있을지는 전적으로 각 지자체의 역량에 달려 있다. 특히 답례품 위주로 고향사랑기부금 활동을 하게 되면 답례품이 많은 지역과 그렇지 않은 지역 사이에 격차가 크게 발생할 수밖에 없다. 답례품을 개발하고 홍보하는 역량도 지자체마다 크게 차이가 난다.

일본의 경우 2022년 고향납세 20위까지의 기초지자체 실적을 보면 47개 도·도·부·현(都道府県) 기준으로 홋카이도가 1452억 엔(897만 건)인 데 비해 도쿠시마현은 29억 엔(15만 1000건)을 모집해 금액 기준으로 50배, 건수 기준으로 57배의 엄청난 격차를 보이고 있다. 이것을 기초자치단체(市町村) 기준으로 보면 1위인 미야기현의 미야코노조시(都城市)가 195억에 비해 20위인 니가타현의 쓰바메시(燕市)는 55억 엔에 지나지 않는다. 약 3.56배의 차이를 보이고 있다.

이것을 일본의 1718개 시·정·촌으로 확대해 보면, 가장 고향납세 모금액이 적은 도쿠시마현 무기초(牟岐町)는 112건에 1430만 엔에 지나지 않으니, 금액으로 1370배 차이가 난다.

우리나라도 지역 간 격차가 크다. 서울과 경기, 인천의 수도권 그리고 광역시의 실적이 저조한 반면에 지방 기초자치단체에서는 상대적으로 모금 실적이 좋은 편이다. 지방 기초자치단체의 2023년 기부금 현황을 보면, 최고는 전남 담양군으로 22억 4351만 원인 반면에, 충남 K시는 401만 원에 지나지 않는다. 무려 55배 차이가 난다. 지방 재정 관점에서 보면, 재정자립도가 낮은 인구감소지역이 상대적으로 평균 모금액이 많다. 재정자립도 20% 미만인 지자체의 평균 모금액이 3억 3500만 원인 데 비해 20% 이상인 지자체는 1억 7400만 원이다. 인구감소지역의 평균 모금액이 3억 8000만 원인 데 비해 그 외 지역은 2억 원이다. 답례품에서 농수축산물의 비율(42.2%)이 가장 높은 데서 알 수 있듯이 고향사랑기부금제가 제 기능을 한다면, 어려운 농어촌 지자체에 재정적으로 도움이 될 수 있음을 시사한다.

사정이 이렇다 보니 각 자치단체는 납세액 모집에 사활을 걸 수밖에 없지만, 납세액의 빈익빈 부익부 현상을 피할 수 없다. 또한 경쟁이 과열되면서 납세액 모집에 들어가는 비용이 늘어나고 불법 모집도 성행할 수밖에 없다. 만에 하나라도 기부금 모금액이 자치단체장의 평가 기준이 되면 문제가 심각해진다. 자치단체장들은 선거를 의식해 기부금 액수에 사활을 걸 수밖에 없다. 자칫하면 지방자치의 근간을 흔드는 최악의 결과를 가져올 수 있다.

고향사랑기부를 둘러싼 지자체 간 경쟁은 새로운 아이디어 개발 등 긍정적인 면도 있다. 그러나 과도한 기부금 액수 경쟁은 피해야 하고 동시에 지역 간 상생 방안도 모색하지 않으면 안 된다.

다섯째, 고향사랑기부가 아니라 답례품사랑기부가 되어서는 안 된다.

고향의 사전적 의미는 "자기가 태어나서 자란 곳"을 의미한다. 그렇지만 사람들은 부모의 고향이나 자신의 출생지가 아닌 연고지나 성장지도 고향으로 생각하는 경향이 있다. 따라서 고향이라는 개념이 매우 모호하다.

그러므로 「고향사랑 기부금에 관한 법률」은 자기가 살고 있는 지방자치단체가 아니면 어디에나 기부할 수 있도록 고향의 범위를 최대한 넓게 잡고 있다. 제1조(목적)도 "고향에 대한 건전한 기부문화를 조성하고 지역경제를 활성화함으로써 지역균형발전에 이바지함을 목적으로 한다"(제1조)라고 추상적으로 정하고 있다. 이렇게 되면 사람들은 고향보다는 답례품을 보고 기부를 결정할 가능성이 크다. 이는 고향사랑기부제를 도입한 취지에서 벗어난다.

일본 총무성에서 밝힌 일본의 고향납세제는 "지방에서 나고 자라서 도시로 나간 사람들은 고향에 은혜를 갚고 싶다고 생각한다. 이러한 사람들에게 세제를 통해서 고향에 공헌하도록 하는 제도"다. 우리나라에 비해 고향납세의 취지를 좀 더 명확히 하고 있다. 그럼에도 일본의 고향납세에 고향사랑보다 답례품이 중요한 역할을 하고 있다.

우리나라의 지방은 심각한 위기에 처해 있다. 답례품으로 기부를 유도해 지방재정을 약간 확충하는 것으로는 도움이 되지 않는다. 고향에 기부하는 것은 답례품 때문이 아니라 고향사랑, 즉 내가 나서 자랐거나 연고지였던 지역이 활기를 띨 수 있도록 도와주려는 마음이 생겨나야 한다.

지자체는 좋은 답례품을 개발해서 더 많은 기부금을 받는 것도 좋지만, 그 이전에 기금을 어디에 어떻게 사용할지를 더 심각하게 고민해야 한다. 지금과 같은 사업에 지금과 같은 방식으로 기부금을 사용한다면 사람들은 기부를 지속할 의의를 찾지 못할 것이다. 지역(고향)의 문제를 해결하고, 아름다운 추억이 있는 고향의 자연, 환경, 문화, 공동체, 먹을거리 등이 다시 살아날 수 있도록 기부금이 사용되어야 한다.

여섯째, 기부금 모금에 지자체와 민간의 자율성과 창의성이 충분히 발휘될 수 있어야 한다. 현실은 행정안전부가 지자체에서 받은 70

억 3000만 원을 들여 '고향사랑e음'을 구축해 기부금 모금을 독점하고 있고 운영비도 지자체에 청구한다. 지자체나 민간이 관여할 여지가 없다. 고향사랑e음 사이트에는 기부 절차와 답례품 종류만 소개되어 있을 뿐 기부금 사용 목적은 찾아볼 수 없다. 지역사회 문제 해결에 도움을 준다는 고향사랑기부제의 근본 취지는 찾아볼 수 없고, 오로지 지자체 간 답례품 경쟁만 부추기는 셈이다.

행안부의 독점망인 고향사랑e음을 통한 기부금 모금은 매우 제한적일 수밖에 없다. 사람들의 고향사랑 마음을 움직여 기부금을 모금하기 위해서는 민간의 창의력과 역량이 필요하다. 실제로 일본의 고향납세도 초기에는 지지부진했으나 민간 기부 플랫폼이 활성화된 이후 납세액이 큰 폭으로 증가했고, 지금은 납세액의 90% 이상이 민간 플랫폼을 통해 모금되고 있다. 특히 지역사회 문제 해결을 위한 프로젝트에 기부하는 '지정기부'가 민간 중심으로 활성화되면서 기부금이 큰 폭으로 증가했다.

일본 홋카이도 가미시호로초의 사례는 주목할 만하다. 1995년 이후 매년 인구가 감소한 이 지역은 2014년 인구 5000명 선이 붕괴됐다. 그런데 2015년 이후 인구는 다시 회복세로 돌아섰고, 매년 인구가 늘고 있다. 비결은 무엇일까? 바로 고향납세 제도를 통해 지역문제를 해결하여 새로운 인구 유입은 물론이고 출생률 증가에도 성공했기 때문이다.

가미시호로초 전략은 도시보다 쾌적하고 생활하기 좋은 환경을 조성하는 것이었다. 필요한 재원은 모두 고향납세 제도를 통해 모금했다. 가미시호로초의 대표적인 고향납세 지정기부 사업 '육아, 저출산 대책 꿈 기금'에는 무상 어린이집, 학교 내 외국인 교사 배치, 아동 청소년 무상의료 등 어느 지역에서도 넘볼 수 없는 파격적인 복지 정책이 마련되어 있다. 부모들이 아이를 낳고 키우는데, 가미시호로초에서만큼은 전혀 걱정할 필요가 없다는 것이 콘셉트였다. 가미시호로초가 육아에서 도쿄보다 나은 점들이 있다는 것을 보여준 것이 고향납세 모금의 큰 성공 요소 중 하나였다.

우리나라에서는 처음으로 광주광역시 동구에서 고향사랑기부제 지정기부 '발달장애 청소년 E.T야구단에게 희망이 되어주세요' 캠페인을 벌여 2023년 12월 4일 438명이 참여해 모금 목표액 8200만 원을 100%를 달성하고, 추가 모금이 진행 중이다. 기업 후원이 중단되어 해체 위기에 처했던 발달장애 청소년 야구단을 계속 운영할 수 있게 되었다. E.T 야구단은 발달장애 청소년의 사회성 발달에 크게 기여하고 있다. 이는 지정기부제의 중요성을 일깨워주는 사례다. 영암군은 일본의 가미시호로초의 사례를 본받아 '영암 맘 안심프로젝트'를 전개해 상당한 성과를 내고 있다.[19] 그러나 광주시 동구나 영암군과 같은 지정기부제를 행안부가 인정하지 않아 갈등을 빚고 있다.

고향사랑기부제는 이제 막 시작되어 그 효과를 따지기 어렵다. 그렇지만 과도한 기대는 금물이다. 예를 들어 장차 1000만 명이 10만 원씩 기부한다면 엄청난 성공인데 그래 봐야 1조 원이다. 우리나라 지방자치단체의 1년 세출회계 502조 원의 0.2%에 지나지 않는다. 지금과 같은 방식으로는 작은 성과조차 기대하기 어렵다.

기부금에 대한 세액공제를 확대하고, 정부가 아니라 민간 중심의 모금이 활성화되어야 한다. 무엇보다 답례품 중심의 기부금 모금으로는 고향사랑기부제의 취지를 살릴 수 없다. 기부를 통해 어려움에 처한 내 고향이 살기 좋은 곳으로 변해간다는 믿음을 주어야 된다. 시작 단계부터 '돈'에 홀릴 것이 아니라, 사람들의 '고향사랑 마음'을 살 수 있도록 차근차근 준비해 가기 바란다.

인구감소는 우리 사회를 재구성할 기회

우리나라의 합계출산율은 2013년부터 줄곧 경제협력개발기구(이하 OECD) 국가 가운데 꼴찌를 기록하고 있다. 2022년에 0.78로 떨어지면서 언론에서 난리가 났다. '인구소멸'이니 '청년소멸'이니 '대한민국 소멸'이니 나라가 당장이라도 망할 듯 호들갑을 떨고 있다. 그렇지만 인구감소는 선진국에서 이미 오래전부터 겪고 있으며, 인구감소가 반드시 나쁜 것만은 아니다. 그렇지만 인구감소가 우리나라처럼 급격히 진행되는 것은 문제다. 우리나라의 출생률이 이토록 특별히 낮은 이유는 무엇이고, 그 해법은 무엇일까?

아이는 열등재인가

이 말은 약 50년 전 내가 대학원 석사과정을 밟던 시절, 미시경제학 기말시험에 문제로 나왔다. 담당 교수는 미국에서 갓 돌아온 젊은 교수였다. 경제학에서는 소득이 증가할 때 소비가 늘어나는 재화를 정상재(normal goods)라고 하고, 소비가 감소하는 재화를 열등재(inferior goods)라고 한다. 소득이 증가하면 아이를 덜 낳으려는 경향이 있는데, 그렇다면 아이를 열등재라고 할 수 있는가라는 것이 시험 문제의 요지였다고 생각한다.

시카고 대학교의 게리 베커(Gary Becker)는 1960년경부터 출산과 결혼의 경제학을 연구했다.[20] 그는 그 공로를 인정받아 1992년 노벨경제학상을 받았다. 베커는 부모가 자녀를 얼마나 낳을지는 자녀를 키우는 효용과 비용에 의해 결정된다고 했다. 자녀는 부모에게 행복감을 주지만, 자녀가 늘어날 때마다 돌아오는 효용성은 감소한다. 한편 자녀를 양육하면 경제활동 등 다른 활동에 쓸 수 있는 시간이 줄어든다. 자녀 양육의 기회비용은 자녀 양육으로 인해 포기해야 하는 소득이다. 따라서 경제가 성장해 임금과 일인당 GDP가 증가할수록 자녀 양육 비용은 증가한다고 할 수 있다.

결론적으로 베커에 따르면 출산율 저하는 아이가 열등재이기 때문이 아니라, 경제성장의 결과다. 소득이 올라가면서 사람들은 자녀의 수보다 자녀의 질을 더 중시해 교육 투자를 늘린다. 자녀의 수를 줄이는 대신 질을 높여 과거보다 더 높은 효용을 누리려고 한다. 실제로 출산율 감소는 대부분 선진국에서 19세기, 심지어 일부 국가에서는 더 일찍 시작된 장기 추세다. 조출생률(여성 1000명당 출생아 수)과 합계출산율(한 여성이 가임 기간인 15세에서 49세 사이에 낳을 것으로 기대되는 평균 출생아 수) 모두 2차 세계대전 이후의 베이비붐 시기를 제외하면 20세기 내내 지속적으로 하락해 왔다.

인구감소는 경제성장과 여성 출산권 신장의 결과

오늘날 OECD의 평균 합계출산율은 1.59명에 지나지 않는다. 현재 인구를 유지하기 위해서는 2.1명의 합계출산율이 필요하니 대부분의 선진국에서 인구감소는 피할 수 없고, 이미 진행 중이다. 다만, 이민이 인구감소에 브레이크 역할을 하고 있다. 세계 인구는 2022년 약 80억 명에서 2050년에 100억 명으로 증가할 전망이지만, 이는 아프리카를 비롯해 저소득국의 인구 증가로 인한 것이다.

베커의 논리에 따르면 우리나라의 출산율이 급격히 하락한 것은 경제가 급속히 성장했기 때문이다. 이른바 한강의 기적이 세계 최저의 출산율을 가져온 것이다. 인구가 소멸되거나 대한민국이 소멸될 일은 결코 없을 테니 호들갑 떨 일은 아니고, 왜곡된 급속한 K-성장이 급속한 K-저출생을 가져왔다는 반성이 필요하다.

1970년에서 2022년 사이에 합계출산율이 4.53명에서 0.78명으로, 출생아 수는 101만 명에서 4분의 1인 24만 명으로 급격히 감소했다. 같은 기간에 일인당 국민소득은 280달러에서 3만 5000달러로 증가했다. 고도성장으로 임금이 상승하고 일자리가 증가하면서 자녀 양육에 들어가는 시간의 기회비용이 크게 높아졌다. 부모들은 자녀를 많이 낳기보다는 자녀 수를 줄이고 교육 투자를 늘렸다. 고등교육 진학률은 급속히 높아졌다. 오늘날 우리나라의 대학진학률은 세계 최고 수준이다. 입시전쟁과 과도한 경쟁이 저출생의 중요한 원인이 되고 있다. 여성의 교육수준이 놀라울 정도로 높아졌고, 여성의 경제활동 참가도 활발해졌다. 피임약이 널리 사용되면서 출산 결정에 대한 여성의 통제권이 증가한 것도 출산율 저하에 기여했다.

인구소멸 운운하는 사람들은 노동력이 감소해 경제성장이 둔화할 것을 과도하게 염려하는 성장주의자들이다. 그리고 이들은 또한 고령화로 인한 노인 인구에 대한 부양 부담이 복지 비용 증가로 이어져

성장에 저해가 될 것을 염려한다. 심지어 군대는 누가 가고 나라는 누가 지키느냐고 걱정한다. 인구가 감소한다고 나라가 망하는 것도 아니고, 대한민국이 소멸하는 것도 아니며, 국민의 삶이 반드시 나빠지는 것도 아니다. 그에 맞게 사회를 재구조화하면 된다.

인구감소를 경제성장의 관점이 아니라, 행복의 관점에서 보면 긍정적인 측면이 많다. 인구가 줄면 사람의 가치가 귀해진다. 먹고살기 위한 치열한 경쟁도 약해질 것이다. 요즈음 태어나는 아이들은 과거 우리 어릴 때와 비교하면 얼마나 귀하게 자라는가? 일 년에 태어나는 아이들이 1970년대 100만 명에서 요즈음 25만 명 수준으로 줄었다고 난리다. 그렇지만 지금 태어나는 아이들은 1970년에 태어난 아이보다 훨씬 경쟁도 적고 삶이 행복하지 않을까?

오늘날 우리가 직면한 최대 위기인 기후변화는 지구의 한계를 넘어선 과도한 자원 사용 때문이다. 인구감소는 생태발자국을 줄여 기후위기 대응과 생태 다양성 회복에 도움이 될 것이다. 인구감소는 여성이나 소수자 그룹에 경제적 기회를 늘리고, 미숙련노동자의 임금 상승 압력으로도 작용할 수 있다. 그리고 국제적으로는 저개발국 사람에게 더 나은 취업 기회를 더 많이 제공할 수 있을 것이다. 그렇지만 이러한 것들은 자연히 이루어지는 것은 아니다. 그렇게 되도록 노력하는 것이 중요하다.

인구감소, 속도와 쏠림이 문제

인구감소는 선진국의 공통된 현상이라 해도, 우리나라의 인구문제는 심각하게 받아들여야 한다. 첫째, 출생률이 너무 급격하게 줄어들고 있다. 모든 일에는 변화의 속도가 중요하다. 우리 사회가 적응할 수 있는 수준에서 인구가 서서히 감소한다면 문제될 것이 없다. 그러나 지금의 출생률은 너무 낮고 또 너무 급격히 하락하고 있다. 둘째, 인구감소보다 더 심각한 것은 수도권과 대도시 집중의 인구쏠림 현상이다. '지방소멸'은 사실 나라 전체 인구의 감소보다 인구쏠림 때문이다. 전체 인구가 감소하면서 인구가 수도권으로 집중하는 것이 문제를 더욱 악화시키고 있다. 수도권과 대도시 인구 집중 때문에 전체 인구가 급격히 감소하는 것이다. 특히 수도권의 합계출산율이 낮다. 인구 집중에 따라 주거비와 교육비 부담이 증가해 수도권 거주 젊은 이들이 결혼과 출산을 기피한다. 통계청 자료에 따르면 2023년 2분기 서울의 합계출산율은 0.53명으로 전국 최저다. 경기도의 합계출산율은 광역자치단체 가운데 광역시를 제외한 9개 도 가운데 가장 낮다. 서울 이외의 대도시 특히 부산, 대구, 인천, 광주 등의 합계출산율도 전국 평균에 비해 현저히 낮다.

우리나라의 합계출산율은 1970년 4.53명에서 1990년 1.57명으로 급격히 낮아졌고, 2022년 기준 0.78명으로 세계가 놀랄 정도로 낮은 수준이다.* 일찍이 인구감소가 시작된 일본조차 합계출산율이 1.26명 수준에서 안정되었다. 그런데 왜 우리나라는 이와 같은 것일까? 급격한 경제성장 이외에 인구정책의 실패가 하나의 요인이다. 우리

* 2023년 출산율은 0.72명으로 낮아졌다. 통계청, 보도자료 「2023년 출생·사망통계(잠정)」(2023.2.28).

나라의 인구정책은 원래 가족계획사업이라는 이름으로 저출산을 장려했다. 1970년대 정부는 "딸·아들 구별 말고 둘만 낳아 잘 기르자"라며 피임 시술의 무료 보급, 인공임신중절수술의 허용, 세금 감면 등 강력한 산아제한 정책을 실시했다. 1980년대 들어와 전두환 군사정권은 예비군 훈련 중 정관수술을 하면 잔여 훈련 시간을 면제해 주고, 셋째 아이부터는 건강보험 혜택을 주지 않았다. 공무원의 경우에는 가족수당도 주지 않는 폭압적인 산아제한 정책을 실시했다. 다자녀는 축복이 아니라 사회적으로 죄악시되었다. 심지어 1983년에 합계출산율이 인구 대체 마지노선인 2.1명을 밑돌게 되었음에도 1996년에 이르러서야 산아제한 정책을 폐지했다.

초저출산 대책이 시급하다. 그런데 무슨 특효약 같은 대책이 있는 것은 아니다. 이미 저출산이 하나의 문화로 자리 잡아 가고 있다. 불과 40~50년 전만 해도, 아이를 둘 이상 나으면 사회적으로 이상한 사람이나 심지어 짐승 취급을 받았다. 국가의 강력한 산아제한 정책 때문이었다. 그런데 요즈음에는 자신의 행복을 위해 결혼을 하지 않거나 아이를 낳지 않겠다는 젊은이가 적지 않다.

지금의 심각한 초저출산이 하나의 문화로 고착되기 전에 대책을 수립해야 한다. 어떻게 대처할 것인가? 과거의 산아제한 정책과는 반대로 아이를 많이 낳으면 낳을수록 출산장려금을 많이 주고, 양육비를 지원하면 될 것인가? 캘리포니아 대학교 사회학과 교수 왕펑(Wang Feng)은 2023년 1월 30일 자 ≪뉴욕타임스≫ 칼럼에서 "지난 시기 인구 증가 패닉이 잘못된 산아제한 정책을 가져왔듯이 출산율을 높이려는 헛된 노력은 여성을 출산 기구로 보는 위험을 가져올 것이다"라고 경고했다.

언론에서는 2006년부터 2021년까지 16년 동안 출산정책에 280조 원을 사용했지만, 합계출산율은 끝없이 추락하고 신생아 수는 10년 만에 반 토막이 났으니 "백약이 무효다"라고 야단이다. 정부는 출산 장려금과 양육수당을 주고, 세금 혜택을 주며, 아동 보육 서비스와 출산휴가를 확대하고, 공공주택 우선 분양권을 줄 테니 결혼해서 아이를 낳으라고 장려한다. 그러나 이런 식으로 해서는 초저출산 대책이 될 수 없다. 정부의 초저출산 대책에는 진정성이 없다. 정부의 저출생 예산 280조 원 가운데 실제로 가족이나 출산과 관련된 예산은 일부에 지나지 않는다. 예를 들어 2021년 중앙정부의 저출생 예산 43조 원 중에서 양육, 보육, 가족복지 등 저출생과 직접 관련이 있는 예산은 약 14조 원으로 32.5%에 지나지 않는다. 나머지는 부동산 관련 임대·융자 사업이 25조 원으로 절반이 넘는다. 그 외에 낙후지역학교 리모델링사업인 그린스마트스쿨 조성 1조 8294억 원, 청년내일채움공제 지원 1조 3000억 원, 디지털 분야 인재 양성 3248억 원 등도 저출생 예산에 포함되어 있다. 심지어 저출생으로 군 입대 인구가 줄어드는 만큼 첨단무기 도입을 늘려야 한다며 987억 원을 책정했다. 저출생 대책을 빙자해 각 부처가 자기 예산 챙기기에 급급한 모양새다.

왜 젊은이들은 결혼과 출산을 기피하는가

통계청 사회조사에 따르면 '결혼을 해야 한다'고 생각하는 청년(19~34세)의 비중은 2012년 56.5%에서 2022년 36.4%로 하락했다. 여성가족

패널조사에 따르면 '자녀는 반드시 있어야 한다'에 동의하는 여성(19~39세)의 비중은 2012년 75.5%에서 2020년 40.7%로 하락했다. 왜 젊은 사람들이 점차 결혼과 출산을 포기하는 비율이 높아지고 있는가?

한국은행의 황인도 외(2023) 보고서 「초저출산 및 초고령사회: 극단적 인구구조의 원인, 영향, 대책」(2023.11)에서 우리나라의 초저출산율의 구조적 원인을 고용·주거·양육의 '불안'과 높은 '경쟁압력'이라고 분석했다.

우리나라 젊은이들은 양질의 일자리가 부족해 고용불안에 시달리고, 노동시장의 격차구조로 대기업 등 좋은 직장에 취업하기 위한 높은 경쟁 압력으로 고통을 받고 있다. 인구 집중으로 수도권의 주택 가격이 감당할 수 없는 수준으로 상승해 부모의 지원이나 '영끌'을 할 수 있는 소수의 사람을 제외하면 주택 구입은 언감생심 꿈도 꿀 수 없고, 전세를 얻기도 어렵다. 옛날에는 남의 집 문간방에 전월세를 구할 수만 있어도 결혼했지만, 지금은 그런 생활을 할 신혼부부는 없다.

한국보건사회연구원이 기혼자를 대상으로 설문조사 한 결과(2020)에 따르면 아이를 낳지 않는 가장 큰 이유는 '경제적 불안정'(37.4%)이 1위, '아이 양육비 및 교육비 부담'(25.3%)이 뒤를 이었다.

결혼하고 아이를 낳아서 대학까지 보내고 그 아이를 결혼시키는데 얼마나 돈이 들어갈까? 먼저 결혼 비용부터 살펴보자. 보건복지부의 '2012 전국 결혼 및 출산동향조사'와 '전국 출산력 및 가족 보건복지실태조사에 따르면 신랑은 9600만 원, 신부는 2900만 원으로 1억 2500만 원이 들었다. 결혼정보회사 듀오에서 최근 2년간 결혼한 신혼부부 1000명을 대상으로 조사해 발표한 「2023 결혼비용 보고서」

에 따르면 신혼집 2억 7977만 원을 비롯해 평균 3억 3000만 원에 달한다. 10년 사이에 결혼 비용이 대략 2배 늘었다. 특히 집을 얻는 데 들어가는 비용이 크게 늘어났다.

그럼 자녀 양육에는 얼마나 들어갈까? 동아일보가 만든 인터랙티브 사이트 '요람에서 대학까지: 2019년 대한민국 양육비 계산기'(baby.donga.com)에 따르면 가구 소득과 부모 선택에 따라 다른데, 모든 소득 구간의 평균에 해당하는 한 가구가 아이 한 명을 낳아 대학을 졸업시킬 때까지 필요한 돈은 약 3억 8198만 원으로 집계됐다.

이게 끝이 아니다. 공부시켰으면 결혼도 시켜야 하는 것이 우리 문화다. 삼성생명 은퇴연구소의 「자녀의 결혼, 부모의 노후」이라는 보고서(2016)를 보면 최근 5년 이내 자녀가 결혼한 부모세대 거의 모두(97%)가 자녀의 결혼자금을 지원했다. 평균 1억 2506만 원(평균 자녀 수 2.2명 기준)으로 일인당 6000만 원을 지출한 것이다.

결혼해서 아이를 낳아 기르고 결혼까지 시켜 내보내는 데 대략 평균해서 8억 원 정도가 들어가는 셈이다. 이것은 평균이니 사람마다 큰 차이가 있을 것이다. '동아일보 2019 양육비 계산기'에 따르면 월 소득이 300만 원 이하인 가구는 1억 7534만 원이고, 600만 원 이상인 가구는 9억 9479만 원이 들어간다. 정확한 수치를 알 수 없지만 대략 10억 원이라고 하면 연봉 5000만 원인 사람이 20년간 한 푼도 쓰지 않고 모아야 하는 돈이다.

앞서 말한 결혼, 양육, 출가 등에 들어가는 직접 비용뿐만 아니라 결혼에 따른 가사 부담, 자녀 양육에 필요한 시간 등을 따지면 실질적인 경제·사회적 부담은 엄청나다. 과거에는 관습적으로 결혼과 출산이 매우 당연시되었지만, 요즈음 젊은이들은 이러한 것들을 감안하지 않을 수 없으니 결혼하거나 자녀 계획 등의 결정을 쉽게 내리기 어렵다. 물론 결혼해서 자식을 낳고 기르는 데는 즐거움과 번민이 있기에, 모든 것을 경제·사회적 요인만으로는 평가하는 것은 타당치 않다.

출산장려정책이 아니라 행복정책이 답이다

돈이 아니라, 결혼해서 아이를 낳아서 키울 수 있는 환경을 만드는 것이 중요하다. 한마디로 지금 살고 있는 사람들의 삶을 행복하게 하는 것이다. 내 삶이 행복해야 아이도 낳을 생각을 할 것 아닌가. 불행한 삶을 아이들에게 대물림할 수는 없다. 어떻게 하면 사람들을 행복하게 할 수 있을까?

성장주의자들은 저출생을 경제성장으로 해결할 수 있다고 말한다. 경제가 성장하면 젊은이들이 일자리를 얻기 쉬워지고, 생활에 여유가 생겨 결혼을 하고 아이들도 낳을 것이라는 얘기다. 이 말은 심각한 오류에 빠져 있다. 지금의 초저출산은 경제가 성장하지 않아서가 아니라 서울공화국과 재벌공화국이라는 말로 상징되는 잘못된 성장 때문에 생긴 현상이다. 우리 사회의 구조적 문제로 접근해야 한다. 지금의 초저출산은 우리 사회의 현실을 근본적으로 성찰하고 우리 사회를 새롭게 재구성할 비상한 각오로 임해야 장기적으로 해결할 수 있다.

우선 사회복지비 지출을 대폭 늘려 아이를 낳고 기르는 부담을 줄여주고 노후를 걱정하지 않도록 하는 것이 중요하다. 사회복지비 지출을 대폭 늘려 아이를 낳고 기르는 부담을 줄여주고 노후를 걱정하지 않도록 하는 것이 중요하다. 한국보건사회연구원의 이소영(2023)의 보고서 「2023년 인구정책의 전망과 과제」를 보면, 2019년 기준 GDP 대비 공공사회복지지출은 12.2%로, 출산율 반등에 성공한 프랑스(31%)와 독일(25.9%)의 절반 이하다. 특히 가족 관련 지출은 2018년 기준 1.2%로 프랑스(2.9%)와 독일(2.3%)의 절반 수준이거나 그 이하다. 따라서 저출생 문제에 진심으로 대응하기 위해서는 우리도 선진국처럼 공공사회복지지출 중에서 출산과 양육에 직접 관련이 있는 예산을 대폭 늘려야 한다. 그러나 이것만으로는 매우 부족하다. 사람들을 불행하게 하는 정치·경제·사회 구조를 개혁하고 우리 사회의 가부장적 가족문화를 바꾸어야 한다. 그것은 심각한 불평등과 격차구조(불균형)를 해결하는 것이고,• 정치체제를 개혁하고 의식을 바꾸는 일이다.

정부의 불균형 성장 정책은 수도권에 인구의 절반 이상이 사는 세계 유례없는 수도권 집중을 초래했고, 불평등도가 세계에서 손꼽는 수준으로 높은 나라가 되었다. 젊은이들이 수도권으로 몰려오지만 인간으로서의 최소한의 품위를 누릴 수 있는 반듯한 일자리를 찾기 어렵다. 더욱이 천정부지로 오른 주거비로 몸뚱이 하나 편하게 쉴 공간조차 마련하기 어렵다. 학력 간, 직종 간, 기업 간 임금 격차가 심하고 노동자의 절반은 비정규직이다. 부모들은 어떻게 하든 자식들을 대학으로 보내야 하고 그것도 좋은 대학으로 보내야 하니 엄청난 사교육비에 허리가 휜다. 내 한 몸 건사하기도 힘들어 결혼은 생각도 못하는 젊은 사람들에게 결혼하지 않는다고 나무랄 수도 없다. 자식

• 이 책 2장, 119쪽 「왜 우리는 행복하지 않을까?」 참조.

을 낳아서 잘 기를 자신이 도저히 없어서 아이를 낳지 않는 것을 이기적이라고 탓할 수도 없다.

우리 국민을 괴롭히는 가장 큰 주범은 아이들의 교육비, 특히 사교육비다. 유년 시절부터 대학교를 졸업할 때까지 사교육을 받으며 죽기 살기로 경쟁한다. 좋은 학교를 나와야 좋을 직장에 들어가서 돈 많이 벌어 잘 먹고 잘살 수 있다고 생각하기 때문이다. 부모는 애 뒷바라지에 노후조차 준비하지 못한다. 부모들은 왜 이리 어리석을까 싶지만, 남들이 다하는데 나만 안 할 수 없다. 일종의 죄수의 딜레마다.

왜 어릴 때부터 의대를 목표로 삶을 희생하는가? 히포크라테스 정신이 다들 그토록 충만한 것인가? 지방의료원에서는 3억 원의 연봉으로도 의사를 구하지 못하는 게 현실이다. 우리 사회의 격차구조를 해결하지 않는 한 교육개혁을 아무리 외쳐봐야 사람들을 더 열받게만 한다. 학력별·성별·기업규모별·직종별 임금(소득) 격차를 줄여야 입시지옥을 면할 수 있다. 중학교만 나와도 대졸자 못지않은 생활이 가능해야 한다. 노동 시간을 대폭 줄여서 남녀가 아이를 같이 키우면서 워라벨을 즐길 수 있어야 한다.

초저출산 문제를 극복하고 우리나라가 행복한 나라를 향해 가기 위해서는 산적한 과제가 있다. 이러한 과제를 해결하는 데 가장 중요한 것이 정치의 역할이다. 각 정당이 '행복한 나라'를 위한 올바른 비전과 정책을 제시하고 경쟁해야 한다. 그러나 우리의 정치에서는 이런 모습을 찾기 어렵다. 비전과 정책의 경쟁보다는 상호 비방과 혐오의 정치가 판치고 있다. 정치인들은 '바닥으로 질주(race to the bottom)'를 하고 있다.

정치에서 가장 큰 책임을 지는 사람은 정권을 잡고 있는 대통령이다. 윤석열 대통령의 자유민주주의와 시장경제주의, 대기업 친화적인 성장주의, 부자 감세 등 기득권 옹호 정책은 민주주의를 후퇴시키고, 우리 사회의 불평등과 격차 구조를 심화하고 있다. 윤석열 정부는 시대의 과제인 기후변화 대응에서도 역주행하고 있다. 재생에너지 정책은 후퇴하고 가스와 석탄, 원전에 대한 의존은 높이고 있다. 이는 중장기적으로 첨단산업과 우리 경제의 생존을 위협할 것이다.

정치의 본령은 국민을 행복하게 하는 것, 그 가운데서도 아직 행복하지 않은 사람(부문)을 행복하게 하는 것이다. 정치가 국민을 더 불행하게 하는 현 정치체제를 바꾸지 않으면 미래를 기약하기 어렵다.

가부장적 가족문화와 직장문화도 바뀌어야 한다

가부장적 가족문화 및 직장문화도 저출생의 중요한 원인이다. 과거보다 나아졌다고 하지만 여전히 출산과 육아는 여성의 몫이다. 남자는 기껏해야 도와주면 고마워할 따름이다. 안타깝게도 출산과 육아 부담으로 인해 경력이 단절되고 사회에 복귀하지 못하는 여성들이 많다. 장시간 노동과 긴 통근 시간으로 남녀 할 것 없이 아이를 제대로 돌볼 여유가 없다. 법적으로 육아휴직 제도는 있지만, 실제로 육아휴직 대상자 중 21.6%만이 이 제도를 사용하고 있어 육아휴직 제도의 활용도가 저조하며, 여성의 육아휴직 사용률(63.6%)이 남성(1.8%)에 비해 압도적으로 높다.•

• 2021년 10월 국회입법조사처에서 낸 허민숙의 보고서 「육아 패널티의 현실, 육아휴직 사용권 보장을 위한 개선 과제」에 따르면 2020년 기준 한국에서는 아이가 태어난 해에 출생아 100명

또한 우리나라는 육아휴직급여의 소득대체율이 매우 낮다.• 육아휴직을 실질적으로 보장하고, 남녀가 평등하게 사용하고, 육아휴직급여의 소득대체율을 높이는 것이 필요하다.

우리나라의 경우 다른 나라와는 달리 대부분의 출산이 결혼을 통해 이루어져 혼인 감소가 저출생으로 직결된다. 혼인 외 출생아 비중을 보면 2020년 기준 OECD 평균 42%인 반면, 우리나라의 경우 2021년 2.9%, 2022년 3.9%에 불과하다. 우리 사회의 가치관도 변하고 있다. 청년 중 결혼을 하지 않더라도 자녀를 가질 수 있다고 생각하는 비중이 2012년 29.8%에서 2022년 39.6%으로 증가했다. 따라서 기존의 법률혼 가정 중심의 지원 체계보다는 혼인 여부와 관계없이 아이 중심의 유연한 지원 제도로 바꿀 필요가 있다.

한국은행은 '구조정책'(노동시장 이중구조 완화, 주택가격 하향 안정, 수도권 집중완화, 교육 경쟁압력 완화), '가족지원 예산 확대', '실질적인 일-가정 양립환경 조성'(육아휴직률 제고), '아이 중심의 지원체계'를 제시하고 있다. 한국은행은 이러한 구조적 전환으로 출산 여건이 OECD 수준으로 개선된다면 합계출산율이 0.85명 증가할 것으로 추계했다.[21]

당 여성 21.4명, 남성 1.3명이 육아휴직을 사용했는데, 이는 OECD에서 관련 통계를 비교 가능한 19개국의 기록과 비교할 때 가장 낮다. 최상위권인 스웨덴에서는 여성 380명, 남성 314.1명이 육아휴직을 사용했고, OECD 국가 평균 역시 여성 118.2명, 남성 43.4명으로 한국보다 높았다. 아이 1명에 대해 육아휴직을 여러 차례 나눠 쓴 경우를 중복 포함한 수치라 해도 한국과 다른 나라와의 격차는 크다.

• 2021년 11월 국회입법조사처가 펴낸 허민숙의 보고서 「육아휴직 소득대체율의 효과: 남성 육아휴직 사용의 조건과 과제」에서는 현 육아휴직급여(통상임금의 80%, 상한 150만 원, 하한 70만 원)의 소득대체율을 상향해 저소득층의 급여 감소 타격을 완화할 필요성이 있다고 강조했다. 보고서는 "소득불평등 현실을 고려하면 상한액뿐 아니라 하한액인 70만 원을 큰 폭으로 높이는 방안을 검토해야 한다"고 제언했다.

지역개발 패러다임의 전환:
외생적 개발에서 내발적 발전으로[22]

지역이란?

우리는 관행적으로 지역을 행정구역 단위로 구분한다. ○○도 지역 또는 ○○군 지역 혹은 ○○면 지역이라고 한다. 이와 같은 지역 구분은 국가권력이 주민(국민)을 효율적으로 통제하기 위해 외부에서 인위적으로 설정한 것으로, 당연히 지역의 자율성이 제한될 수밖에 없다. 이와 같은 행정구역은 중앙의 지방에 대한 위계질서를 전제로 한 것이다. '보충성의 원리(principle of subsidiarity)'에 의한 지방자치가 실현되지 않으면 지역은 중앙에 의해 지배 종속되는 관계에 놓이게 되어, 필연적으로 중앙집권적 정치·경제 구조와 수도권 집중을 초래하고 지방의 쇠퇴를 가져온다.

지역이란 사람들이 자연과 물질대사를 행하고 사회경제적 생활상의 필요에 의해 연대하고 관계를 맺고 살아가는 공통의 공간이다. 이를 인간적 지역이라 할 수 있다. 지역은 다른 지역과 교류·연대하면서 존립하는 개방적 존재이고, 교류와 연대의 범위에 따라 인간의 기본적 생활권, 지역 간의 종합 조정 시스템으로서 광역, 국가, 나아가 국제적인 종합 조정 시스템으로서 국제적 지역과 지구로 확대될 수 있다.

이런 점에서 지역은 본래 주체적 존재이고, 자립적 존재다. 따라서 지역의 범위는 행정적으로 주어질 수 없고, 주민 자신의 필요에 기초해서 다른 사람과 연대해야 할 범위로서 주민 스스로 정할 문제다. 예를 들어, 관행적인 지역농업은 행정적으로 범위가 설정되지만(예, ○○군 지역농업), 본래의 지역농업은 농민의 영농 활동의 연대 범위에 따라 그 범위와 구체적 내용이 달라질 수 있다. 농업생산을 중심으로 사고하면 농민들이 일상적으로 깊은 유대를 맺고 있는 마을이 지역농업의 출발이자 기초 범위이지만, 농산물의 가공 및 판매 등에서 농민들이 연대해야 할 지역의 범위는 마을을 벗어나면, 군 혹은 전국으로 확대되지 않을 수 없다. 이러한 의미에서 지역은 행정단위로서의 지역과 영역이 일치할 수 있지만, 오히려 일치하지 않는 경우도 많을 것이다.

지역은 주체적·자립적·대안적 존재

지역의 의미는 다음과 같이 새롭게 해석할 수 있다. 첫째, 지역은 중앙에 종속하는 것이 아니고, 누구에게도 지배되지 않는 주민의 자립적 생활 공간이다. 즉, 지역 주민이 살기 좋은 조건을 만들어내고 개성을 살려 문화와 역사를 창조해 가는 곳이다. 둘째, 농촌은 도시의 나머지가 아니라 농촌성(rurality)이란 특성 혹은 기능의 관점에서 파악된다. 따라서 과거와 같은 도시와 농촌의 대립, 도시에 의한 농촌의 착취, 도시에 대한 농촌의 기여가 아니라, 도시와 농촌의 공생·교류가 중요한 과제로 된다. 셋째, 지역은 폐쇄적 공간이 아니라 개방된 공간이다. 특히 세계화 시대의 지역은 나라 안팎으로 개방된 공간이다(이른바 glocalization). 넷째, 지역은 중앙집권적 지배에 대한 저항

기반으로서 의미를 갖는다. 즉, 국가권력(중앙)이 지역을 중층적 위계 질서에 의해 파악한 결과로 나타난 중앙집권, 수도권 집중, 도시와 농촌의 불균등 등 지역 간 불균형을 부정하고, 지역의 자립적 발전을 추구해 가는 진지로서의 의의를 지닌다.

외생적 지역개발의 한계

지역을 이처럼 주체적·자립적·대안적(저항적) 존재로서 이해한다면, 지역발전에 대한 전략도 달라지지 않을 수 없다. 과거에 그리고 현재에도 우리 사회의 농촌 지역발전은 외생적 개발 전략을 따르고 있다. 외생적 개발 전략의 접근 방법은 다음과 같다.[23]

첫째, 농촌 지역의 주요 문제를 도시와 비교한 경제적·기술적·사회문화적 낙후성(backwardness)에서 찾는다. 따라서 농촌개발의 과제는 농촌이 도시를 따라잡아(catch-up), 농촌이 도시처럼 되는 것이라는 잘못된 이해를 하게 한다.

둘째, 성장의 동력을 외부에서 찾아(driven from outside), 개발 주체를 중앙정부나 외부 자본으로 본다. 따라서 중앙에 의한 하향식 개발이 주된 방식이 된다.

셋째, 농촌 지역의 주요 기능은 식량 공급이고, 지역개발 목표는 경제적 성장이다. 즉, 농업생산성의 향상 그리고 농촌 지역의 새로운 일자리 창출, 사회간접자본의 건설 등이 개발의 목표다.

우리나라의 지역 개발은 기본적으로 외생적 개발 전략을 따르고 있다. 그러나 이와 같은 외생적 개발 모델은 선진국의 경우 이미

1970년대 말부터 비판을 받기 시작했다. 그 이유는 외생적 개발 전략이 다음과 같은 문제점을 나타냈기 때문이다.

첫째, 지역의 쇠퇴를 막지 못하고, 종속을 심화했다. 즉, 지역의 운명이 외부의 손에 맡겨지고 있다.

둘째, 왜곡된 개발을 가져왔다. 즉, 소수의 선택된 부문과 농민에 관심이 집중되는 반면, 나머지 부문은 소외되고 있다.

셋째, 파괴적 개발을 가져왔다. 즉, 농촌 지역의 문화와 환경을 파괴하고 있다.

넷째, 불균형 개발을 가져왔다. 즉, 외부 자본을 유치할 매력에 따라 지역 간 불균형 개발이 심화하고 있다. 거의 대부분의 농촌 지역은 외부 자본을 유치할 매력이 없기 때문에 개발 대상에서 소외된다.

지역의 힘으로 지역을 살리는 방법[24]

외생적 개발을 내발적 발전으로 전환해야 한다.[25] 내발적 발전 전략의 접근 방법은 다음과 같다.

첫째, 농촌 지역의 주요 문제는 농촌 발전에 참여하고 주도할 지역 역량의 부족에서 찾는다.

둘째, 발전 동력을 원칙적으로 지역 내부에서 찾는다(driven from within). 그러나 지역은 내적 요인과 외적 요인으로부터 동시에 영향을 받고, 지역 밖과 항상 상호작용을 한다. 즉, 발전 동력은 지역 내부뿐 아니라 지역 외부로부터 주어질 수 있다. 따라서 내발적이냐 외생적이냐 하는 대립적 혹은 이분법적 사고보다는 지역(local)과 지역 외부(extra-local)의 관계(정치적·제도적·교역적·자연적 환경 간의 역동적인 상호작용)를 어떻게 중재하고 규제하느냐가 중요하다.

셋째, 지역발전 주체는 원칙적으로 지역 그 자체다. 따라서 지역 주도의 상향식 발전, 주민 참가와 협동, 자치에 의한 발전이 중시된다. 그렇지만 지역 주민의 자치 역량이 부족한 상황에서는 중앙정부 및 지방정부의 역할도 매우 중요하다. 따라서 정부와 민간의 역할을 분명히 하고 다양한 행위자 사이의 파트너십과 네트워크를 형성하는 것이 중요하다.

넷째, 발전 전략으로서는 지역자원(자연적·인적·문화적·환경적 재원)을 최대한 활용하고 발전의 성과가 최대한 지역 내에 보전되도록 하는 것이 중시된다. 따라서 외래 자본이나 보조금 등은 적극적으로 활용하되 지역의 주체적 계획(요구)에 의해 도입한다.

다섯째, 발전 목표로서 지속가능한 발전을 추구한다. 즉, 경제적·사회적·환경적으로 통합적 발전(integrated development)을 추구한다. 그리고 지역자원의 최대한 활용, 지역 외부와의 전략적 연계를 통해 지역의 자율적 발전을 추구할 수 있는 지역의 역량 배양(capacity-building)을 발전의 궁극적 목표로 한다.

여섯째, 농촌 지역의 기능은 식량 공급 이외에 다양한 서비스(생활공간 및 여가 공간 등)를 제공하는 것으로 파악한다.

내발적 발전과 '순환과 공생의 지역 만들기'

내발적 발전은 지역의 지속가능한 발전을 위해서 경제적·사회적·환경적(생태적)으로 통합적인 발전을 추구하고, '순환과 공생'을 지역 만들기의 기본원리로 한다. 지역은 인간이 서로 협동하여 자연과 물질대사를 행하는 생활의 거점이므로, 이러한 지역이 지속성을 갖기 위해서는 인간과 인간의 공생, 인간과 자연의 공생이 필요하고, 이러한 공생의 원리는 순환의 원리에 의해 뒷받침되어야 하다.

'순환과 공생의 지역 만들기'는 구체적으로 다음과 같은 과제들을 추진한다. 첫째, 순환과 공생의 지역경제를 만든다. 즉, 지역경제의 순환, 생산과 소비의 순환(생산자와 소비자의 공생), 도시와 농촌의 순환(공생)이 이루어져야 한다. 둘째, 순환과 공생의 지역 사회를 조성한다. 인간 간의 공생(협동과 연대), 지역자치를 통한 지역생활공동체가 형성되어야 한다. 셋째, 순환과 공생의 생태계를 실현한다. 여기에는 생태계의 순환, 지역자원의 순환(리사이클링), 환경재생, 지역자원순환형 농업이 포함되어야 한다.[26]

내발적 발전의 주체는 '지역리더'

내발적 발전은 농촌을 단순한 농업생산 공간이 아니라 생활 공간(삶터), 경제활동 공간(일터), 환경 및 경관 공간(쉼터)으로 이해한다. 그리고 이러한 내발적 발전을 추진하기 위해서는 농촌 주민의 역량이 높아져야 한다. 이를 위해 '지역의 문제를 스스로 고민하고 해결하기 위해 노력하는 사람 혹은 조직', 곧 지역리더를 육성하는 것이 중요하다.

'지역소멸론'에 대한 올바른 대응

한국지방행정연구원의 박진경 박사는 지역 인구감소의 핵심 고리를 청년 인구의 유출로 보고 몇 가지 의미 있는 제안을 하고 있다.[27] 우선 지역균형발전정책의 관점에서 산업·일자리, 교육·보육, 문화·복지, 교통·인프라·환경 등 지역의 매력도를 증대시킬 수 있도록 정주여건을 개선하여 자연적으로 인구의 재배치가 이루어지도록 유도해 갈 것을 제안한다. 그리고 지역발전을 도모하는 궁극적인 대상은 '장소(place)'가 아니라 거기서 살고 있는 '사람(people)'이라는 점에서 새로운 세대, 청년 인구의 새로운 공간에 대한 선호도와 니즈를 파악하여 취향과 다양성이 존중되는 공간정책을 추진할 것을 제안한다.

서울이나 수도권을 닮아가려 노력하는 도시가 아니라 지역의 정체성을 바탕으로 다양한 삶의 방식을 실현할 수 있는 독특한 도시가 더 매력적일 수 있다. 지역의 자생력을 높이기 위한 다층적인 접근이 필요하며, 기존의 주력산업 위주의 산업정책이 이 지역들의 일자리 창출에 기여할 수 있는지를 꼼꼼히 살펴야 한다. 자생적인 지역발전전략은 해당 지역이 주도할 필요가 있다. 지역이 스스로 문제를 진단하고 지방소멸대응전략을 고민할 수 있도록 자율과 책임을 부여해 주고 권한을 주어야 한다.

'지방소멸론'은 그 의도와 상관없이 '지방소멸'에 대한 올바른 대응이 될 수 없다. 어떻게 할 것인가. '지방소멸'에 올바로 대응하기 위해서는 올바른 관점이 중요하다.

첫째, 해외 사례(정책)는 무조건 벤치마킹할 것이 아니라 반면교사 혹은 비판적 시각에서 접근해야 한다. 우리나라처럼 외국의 사례를 보고 배우기 위해 해외연수를 많이 가고, 외국의 정책을 쉽게 도입하는 나라는 드물다. 그런데 그렇게 보고 배운 것이 우리나라 현실에서는 제대로 실현되지 않는다. 많은 경우 외국의 사례(정책)를 깊은 고민 없이 쉽게 받아들이기 때문이다. 해외의 좋은 사례는 그 나라의 가치, 규범, 제도 위에서 작동하는 것이다. 이것을 무시하고 표피적으로 이해하고 따라해 봐야 같은 성과를 낼 수 없다. 심지어 잘못된 사례(정책)를 무비판적으로 받아들인다. '지방소멸론'에 기초한 일본의 지방창생정책에서 제시된 메가시티, 중핵도시, 압축도시, 나아가서 행정조직 개편(통합), 규제완화(규제개혁 특구) 등이 별다른 비판 의식 없이 횡행하는 것을 경계해야 한다. 일본의 지역개발 정책은 벤치마킹이 아니라 반면교사로 삼아야 한다.

둘째, 지역정책은 지역(주민)의 관점에서 추진되어야 한다. 그동안의 지역정책은 지역(주민)의 관점이 아니라 중앙과 자본의 관점에서 추진되어 왔다. '선택과 집중' 그리고 '압축과 연결(네트워크화)' 논리에 기초한 메가시티와 거점도시(압축도시)의 육성, 시·군 통합 등의 주장은 시장주의에 입각한 강자의 논리로 아무리 미사여구로 포장해도 중앙과 자본을 위한 정책이다. 메가시티나 중추거점도시 건설은 새로운 이윤 창출의 기회를 제공한다. 공항, 광역철도망과 도로 등 인프라 정비와 각종 시설의 건축에 천문학적 재정이 투입된다. 이렇게 한다고 지방이 살아난다는 보장이 없다. 뿌리가 썩고 주변이 쇠퇴하는데, 압축하고 뭉치고 대도시 경제권을 형성해 봐야 사상누각이다. 연결은 되지 않고, 집중은 '농산어촌의 몰락 → 지방 중소도시 몰락→ 지방 대도시의 쇠퇴'로 이어져 종국에는 수도권의 위기, 그리고 국가 위기를 가져올 것이다.

셋째, 지역정책은 인구 늘리기 관점이 아니라 그곳에 살고 있는 사람의 행복을 증진하기 위한 것이어야 한다. 지역정책은 공간이 아니라 사람을 대상으로 해야 한다. 각 지자체는 인구 늘리기 혹은 인구 유지를 위해 안간힘을 쓰고 있다. 출생률을 높이기 위해 출산 장려금 경쟁을 하고 다자녀 가구에 대한 각종 인센티브를 준다. 인구 유입을 위해 다양한 청년대책을 수립하고, 귀농·귀촌을 장려한다. 그러나 이러한 정책을 별로 효과를 내지 못하고 있다.

인구가 줄면 각 지자체의 입장에서는 중앙정부의 교부세가 줄고 공무원 조직을 축소해야 하기 때문에 어떻게 해서라도 주민등록 인구를 유지하려고 한다. 심지어 각 지자체의 인구 계획을 합치면 지금보다 1.5배가 될 정도로 무리한 계획을 세우고 이를 위해 억지 지역 개발 정책을 추진한다. 지방에 인구가 늘어나지 않으니 수도권에 인구를 빼앗기면서 지방의 지자체 사이에 인구 뺏기 전쟁을 벌이는 셈이다. 지역균형발전과 지역경제 살리기라는 명목으로 각종 개발 사업이 추진되고 있지만, 지역민에게는 도움이 되지 않고 지역 유지와 자본에 새로운 돈벌이 기회를 제공할 뿐이다. 지역은 환경 파괴 등으로 오히려 발전 잠재력을 상실한다.[28] 인구 증가가 아니라 그곳에 살고 있는 사람의 행복의 증가를 목표로 해야 지방이 살아날 수 있다.

넷째, 지역경제가 살아나기 위해서는 실핏줄인 농산어촌이 살아나야 한다. 모든 사람이 대도시의 높은 빌딩과 현란한 네온사인에 현혹되지 않는다. 자연과 더불어 환경과 국토를 지키며 우리에게 먹을거리와 쉼터·일터를 제공하며 살아가는 사람이 있다. 그들이 있어야 거점도시(중핵도시)도 대도시도 광역경제권도 있다. 중앙과 자본의 관점에서 재정 부담 감축과 효율성을 추구하는 시장주의 '지방창생'은 성공할 수 없다. '선택과 집중'에 의한 지방소멸 대응 시책은 지역 만들기의 기반이자 목표인 '지역의 자긍심'을 말살하고 지역의 자립 의지를 꺾는다. 두려운 것은 '인구의 과소화'가 아니라 '마음의 과소화'다. 국토는 유기체다. 실핏줄인 농산어촌에 사람이 자부심을 갖고 행복하게 살아야 지방이 살고 나라가 산다.

다섯째, 지역 중심, 주민 행복 중심의 지역개발이 되기 위해서는 지역개발 정책의 패러다임을 외생적 개발에서 내발적 발전으로 전환해야 한다. 외생적 개발 전략은 지역의 운명을 중앙정부나 자본에 맡기는 것이다. 지역정책은 지역이 주도하는 내발적 발전 전략으로 전환해야 한다. 내발적 발전은 지역자원(먹을거리, 경관, 자연, 환경, 문화, 재생에너지 등)을 이용하여 주민 주도로 지역에 새로운 경제적 기회를 창출하는 한편, 주민들의 삶의 질을 높이기 위한 사회서비스를 확충한다.

마지막으로 '지역소멸'에 대응하고 지역이 재생하기 위해서는 우리 시대가 당면한 복합위기에 대해서 지역이 담당해야 할 제 몫을 하도록 해야 한다. 즉, 기후 위기, 먹을거리 위기, 지역 위기에 대응하는 지역(농어촌)이 되어야 한다. 나는 이 책에서 지역재생을 위한 3강·6략을 제시할 것이다.[29]

2장

지역재생을 위한 패러다임 전환

GDP 너머 국민총행복

경제성장 지상주의가
가져온 지역 위기

1960년대의 개발독재 이래로 우리 사회를 지배하는 이데올로기는 경제성장 지상주의다. 경제성장 지상주의는 세 가지 이념으로 구성된다. 첫째, 경제는 무한히 성장한다. 둘째, 경제가 성장하면 모든 것이 좋아진다. 셋째, 따라서 경제성장을 위해서는 다른 가치는 희생해야 한다, 또는 희생해도 좋다. 경제성장 지상주의에 힘입어 우리나라는 아시아 최빈국에서 오늘날 세계 10대 경제대국으로 성장했다. 그렇지만 지역은 '소멸'을 염려할 정도로 위기에 처한 반면, 수도권 일극 집중은 날로 심화하고 있다. 재벌의 경제 지배력은 날로 강고해지고, 양극화와 소득불평등은 세계 최고 수준에 근접했다. 우리나라는 곧 서울공화국과 재벌공화국이 될 것이라 우려하는 사람도 있다. 날로 심화하는 기후 위기에 국제사회로부터 "기후악당"이라는 비난도 받고 있다.[1]

지역이 위기에 처한 가장 큰 이유는 농업과 농촌을 희생시키고 수탈하면서 경제성장에 전력을 다했기 때문이다. 이러한 주장에 대해 경제성장을 주도한 관료와 정치인들은 '우리가 언제 농업과 농촌을 수탈하고 희생시켰냐'고 항의하고 싶을 것이다. '우리가 농업과 농촌을 위해 얼마나 많은 재원과 노력을 했는데'라고 항변하고 싶을 것이다. 그러나 그들의 항변은 오늘날 우리나라의 지역과 농업, 농촌이 처한 현실 앞에서 공허한 외침일 수밖에 없다.

어느 나라 정부가 자국의 농업과 농촌을 일부러 희생시키려고 하겠는가? 그렇지만 우리 정부가 추진해 온 극단적인 불균형 성장 전략은 수출대기업과 대도시에 자원을 집중한 반면에 농업과 농촌 분야에 대한 투자는 소홀히 했다. 이러한 불균형 성장 전략은 선성장 후 분배 또는 낙수효과(trickle-down effect)에서 정당성을 구한다. 일단 수출대기업을 육성하여 경제가 성장하면 그 성장의 과실이 다른 부문과 지역으로 넘쳐 흘러들어 갈 것이라는 논리다. 이는 과거에 형편이 어려운 집에서 "장남이 집안의 기둥"이라며, 장남을 대학에 보내기 위해 한정된 자원을 모두 장남에게 집중하고, 그 외 자녀들 특히 딸내미들은 초등학교나 중학교까지만 보내는 등 '희생'을 강요했다.

문제는 출세한 장남이 "내가 잘나서 출세한 것"이라고 하면서 집안 식구들을 돌보지 않는 것이다. 피를 나눈 한 형제 사이에도 낙수효과는 기대하기 어려운데, 하물며 이윤 추구를 생명으로 하는 자본주의 기업에서 낙수효과는 언감생심 꿈도 꿀 수 없다.

불균형 성장 정책은 낙수효과는커녕 농업과 농촌, 농민에게 새로운 희생을 강요했다. 과거 공업화 초기에는 농업과 농촌, 농민이 경제성장에 필요한 식량, 노동력, 시장을 제공하여 성장에 기여했다. 그러나 공업화에 성공하고 기여도가 줄어들면서 농업과 농촌은 피폐하기 시작했다. 우리 경제가 본격적으로 국제화·세계화의 파고를 타면서, 농업과 농촌은 성장의 걸림돌로 취급되었다. 글로벌 자본으로 성장한 재벌 대기업들은 좀 더 넓은 세계시장을 확보하기 위해 전방위로 자유무역협정(FTA)을 체결하면서 농산물 시장을 개방한다.

성장은 했으나
행복하지 않은 대한민국

경제성장을 위해 지역과 농업, 농촌의 희생이 불가피하다는 사람이 있을지 모르나, 문제는 그런 방식의 성장으로는 국민이 행복하지 않다는 것이다. 성장과 행복의 괴리가 매우 큰 나라, 이것이 우리의 자화상이다.

필자가 대학에 다니던 1972년, 박정희 전 대통령은 10월 유신독재를 선포하면서 대망의 1980년대가 되면 100억 달러 수출, 1인당 국민소득 1000달러, 마이카(My Car) 시대가 열릴 테니 노동운동을 탄압하고 인권을 제한하며 독재를 하더라도 참으라고 했다. 당시 대학생들은 '마이카'는 고사하고 '마이바이시클'이라도 생기면 좋겠다면서 10월 유신을 조롱하고 박정희 독재에 반대했다.

광복 직후 아시아 최빈국이던 우리나라는 지금 1인당 국민소득이 3만 달러를 훌쩍 넘고, 경제 규모가 세계 10위권인 경제대국이 되었으며, '마이카'가 길거리에 넘쳐난다. 그뿐만 아니라 정치적 민주화에도 성공했고, 이른바 K-팝으로 대표되는 K-문화가 영화와 드라마 등에서도 세계의 주목을 받고 있다. K-푸드에 대한 관심도 뜨거워 해외의 한국 식당이 성업을 하고 있다. 우리 모두가 자랑스러워할 만한 일이다.

그런데 우리는 과연 선진국 국민으로서 얼마나 자긍심을 갖고 있을까? 그리고 삶에 대해 어느 정도 만족하고 행복해할까? 우리의 삶은 경제지표와는 상당한 거리가 있다. 한마디로 선진국은 되었는데

그림 2-1 우리나라 합계출산율과 출생아 수 추이

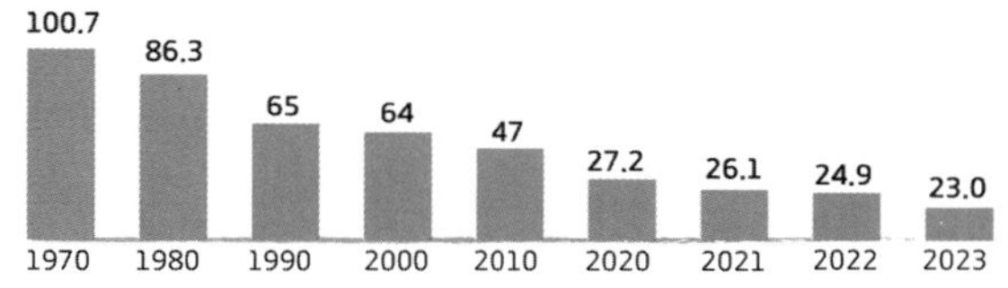

주: 합계출산율 추이는 여성 1명이 가임 기간 동안 낳을 것으로 예상되는 평균 출생아 수.
자료: 통계청, 국가통계포털.

그림 2-2 우리나라 자살률 추이

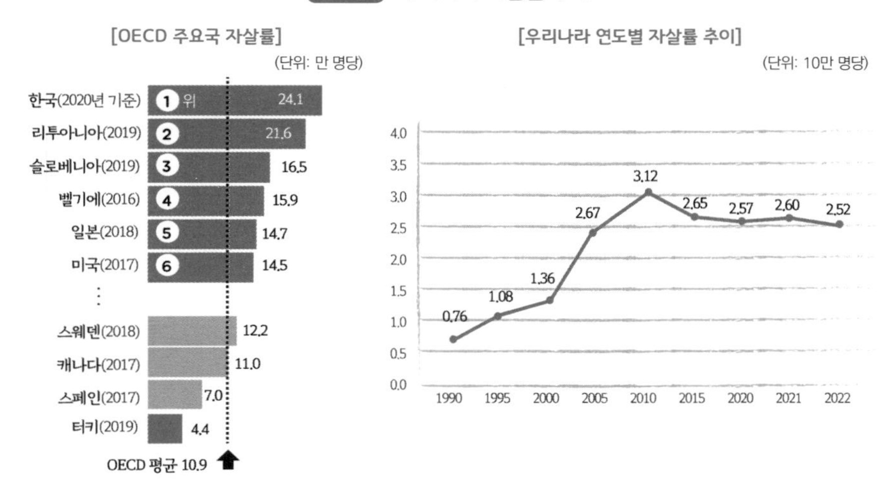

자료: OECD, STAT, Health Status Data(2021); 통계청, 국가통계포털.

행복하지 못한 것이 대한민국의 실상이다. 세계 최저의 출생률과 세계 최고의 자살률(<그림 2-1>, <그림 2-2>),• 노인 빈곤율, 산업 재해율, 그리고 최고 수준의 불평등 등이 우리의 어깨를 움츠러들게 한다. 요즘 젊은이들은 이전 세대보다 더 행복할까? 젊은이들이 3포(연애, 결혼, 출산 포기), 5포(3포 + 인간관계, 내 집 포기), 7포(5포 + 꿈, 희망 포기), 나아가 N포 세대니 하는 말을 들으면 마음이 아프다. 심지어 우리는 '헬조선'이라고 자조하기에 이르렀다. 예전에는 중학교, 고등학교만 졸업해도 취직을 해서 나름의 꿈과 희망을 안고 살았는데, 80%가 대학에 진학하는 요즘 세상에 'N포 세대', '헬조선'이 웬 말인가.

대한민국의 성공신화 뒤 부끄러운 민낯

우리 국민이 행복하지 않다는 것은 국제 비교를 통해서도 확인할 수 있다. 국제적으로 나라별 행복 수준을 비교할 수 있는 대표적인 자료가 유엔의 「세계행복보고서(World Happiness Report)」와 경제개발협력기구(OECD)의 「더 나은 삶의 지수(better life index)」인데, 우리나라의 행복 순위는 매우 낮다. 문제는 행복 순위가 오르기는커녕 점점 떨어지고 있다는 점이다.•• 유엔 「세계행복보고서」에 따르면 2013년에

• 우리나라 자살률은 2000년 인구 10만 명당 13.7명에서 2011년 31.7명으로 급증한 후 감소 추세를 보이다가 2017년 이후 다시 증가세로 돌아섰다. 2019년 기준으로 우리나라의 자살률은 25.4명으로 OECD 국가 가운데서 가장 높았다. 특히 청소년의 자살률 증가가 심각한데, 2000~2021년에 12~14세의 청소년의 자살률은 1.1명에서 5명으로 급증했고, 15~17세의 청소년의 자살률도 5.6명에서 9.5명으로 늘어났다.

•• 국제 비교에서 우리나라가 반드시 하위권에 있는 것은 아니다. 사회진보지수는 행복지수에 비

41위였던 것이 2023년에는 57위로 떨어졌다. OECD 38개 국가 가운데서는 36위다. OECD의 「더 나은 삶의 지수」 조사에서는 2011년 24위에서 2022년에는 32위로 하락했다.

유엔의 「세계행복보고서」는 1인당 GDP(구매력 평가), 사회적 지원, 건강기대수명, 삶을 선택할 자유, 관용, 부패 인식 등의 지표를 사용해서 각국의 삶의 만족도를 측정한다. 이에 따르면, 우리나라는 기대수명에서 3위, 1인당 GDP에서 28위로 상위에 속하지만, 삶의 만족도는 158개국 가운데 57위에 지나지 않는다. 사회적 지원이나 자율성, 부패 인식, 자율성에서 하위권을 맴돌고 있기 때문이다. 사회적 지원(social support)은 "당신이 어려움에 처했을 때, 언제라도 도움을 청할 친구나 친척이 있는가"라는 질문으로, 삶을 선택할 자유(freedom to make life choices)는 "당신이 살아가면서 무언가 선택할 수 있는 자유에 대해 만족하는가"라는 질문으로 조사한다. 부패인식(corruption perception)은 "정부나 기업에 부패가 만연해 있는가"에 대한 답변으로 확인한다. 행복을 결정하는 데 아주 중요한 요소인 자율성(선택의 자유)이 매우 낮다는 것은 심각하게 받아들여야 한다.

OECD의 「더 나은 삶의 지수」는 11개 지표를 사용하는데, 공동체 점수가 2022년에 만년 꼴찌를 간신히 면해 41개국 가운데 38위다.

해 상대적으로 높은 순위를 차지하고 있다. 2021년 사회진보지수(social progress Index: SPI) 조사 결과, 우리나라가 세계 168개국 가운데 17위를 차지했다. "Social progress imperative, 2021 Social Progress Index," www.socialprogress.org.
영국의 싱크탱크인 레가튬연구소는 2019년 5월 25일 '2019 레가튬 번영지수'를 발표했다. 세계 167개국을 대상으로 안전, 개인의 자유, 거버넌스, 투자환경, 기업여건, 시장 접근도와 기간시설, 경제의 질, 생활환경, 보건, 교육, 자연환경, 사회자본 등 12개 항목을 평가해 그 나라의 번영 정도를 측정한 결과다. 한국은 종합 순위 29위로 상위권을 차지했다.

표 2-1 한국인의 분야별 행복도 국제 비교

[UN 「세계행복보고서」(2023)]

구분	삶의 만족도 (0~10점)	1인당 GDP ($)	사회적 관계	건강 기대수명 (세)	자율성	부패 인식
핀란드	7.80	53,983	0.97	71.15	0.96	0.18
호주	7.09	59,934	0.93	71.05	0.89	0.50
캐나다	6.96	52,051	0.93	71.40	0.87	0.40
미국	6.89	69,288	0.92	65.85	0.80	0.69
영국	6.80	47,334	0.88	70.30	0.85	0.45
프랑스	6.66	43,519	0.91	72.30	0.82	0.55
일본	6.13	39,285	0.89	74.35	0.80	0.64
한국 (순위)	5.95 (57위)	34,984 (24위)	0.81 (77위)	73.65 (3위)	0.71 (107위)	0.70 (97위)

[OECD 「더 나은 삶의 지수」(2022)]

분야별 지표	지수	랭킹 (41개국)
주거	7.5	7위
소득	3.4	22위
고용	7.8	19위
공동체	1.5	38위
교육	7.8	11위
환경	3.1	38위
시민참여	7.8	2위
건강	4.8	37위
안전	8.8	11위
워라벨	3.8	35위
삶의 만족	3.1	35위

주: 1인당 GDP는 2021년 기준(통계청, KOSIS).
자료: UN 「세계행복보고서」(2023); OECD, '다 나은 삶의 지수 2022'.

이는 유엔 「세계행복보고서」에서 한국의 사회적 지원 점수가 낮은 것과 비슷한 맥락이다. OECD '더 나은 삶의 지수'에서도 우리나라의 순위를 낮추는 것은 소득이 아니라 공동체, 환경, 건강, 워라밸(일과 삶의 균형), 삶의 만족 지수이다(<표 2-1>).

더 심각한 문제는 청소년들의 행복감이 매우 낮다는 점이다. 〈그림 2-3〉에서 볼 수 있듯이 OECD PISA• 조사[2]에 따르면 2015년 우리나라

• PISA는 국제학생평가프로그램(Programme for International Students Assessment)의 약자다.

그림 2-3 OECD PISA 2015년 조사(15세 학생/72개국)

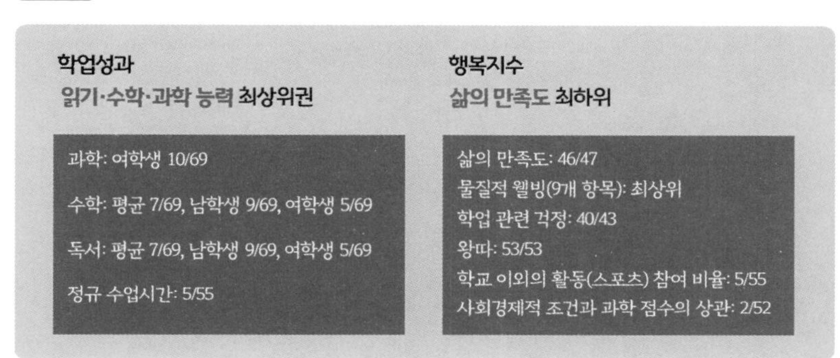

자료: 교육부.

학생들의 성적은 최상위권에 속하고 물질적 웰빙은 상위권이지만, 삶의 만족도나 학업 관련 걱정 항목에서는 행복도가 매우 낮다. 읽기, 수학, 과학, 정규 수업 시간 등 항목에서 69개국 가운데 모두 10위권 내에 들지만, 삶의 만족도는 47개국 가운데 최하위다. 학생들은 공부에 필요한 물질적 웰빙에서는 최상위이지만, 학업 관련 걱정으로 교외 활동(스포츠)에는 거의 참여하지 않는다. 놀라운 점은 학생의 사회경제적 조건과 과학 점수 사이에 매우 높은 상관관계가 보인다는 점이다. 부모의 재산이 자녀의 수능 성적을 좌우한다는 세간의 평가와 무관하지 않다.

유사한 결과는 다른 측면에서도 확인된다. 성적은 좋은데 공부에 별로 흥미가 없고, 공부에 대한 자신감도 떨어진다. 국제교육성취도평가협회(IEA)에서는 58개국 초등학생 약 33만 명과 39개국 중학생 약 25만 명이 참여한 '수학·과학 성취도 추이 변화 국제 비교 연구 2019(TIMSS 2019)' 결과를 2020년 12월 8일 발표했다.[3] 우리나라 중학교 2학년생의 성취도는 수학 1~3위, 과학 3~5위로 우수한 성적을 보

그림 2-4 주요국의 국민총행복과 경제적 진보 수준

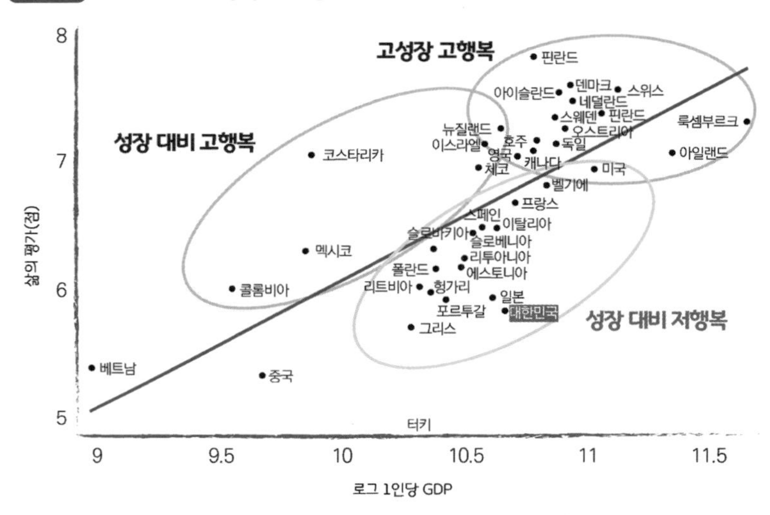

자료: 김성아, 「국제 비교로 보는 한국인의 행복」, ≪보건복지 ISSUE&FOCUS≫, 419(2022).

이고 있다.

반면, 수학과 과학에 대한 자신감이나 흥미는 밑바닥 수준이다. 우리나라 초등학교 4학년생의 경우 "수학을 좋아하지 않는다"고 답한 비율이 40%로, 국제 평균 20%의 두 배에 달한다. 과학에 대한 흥미도 평균 아래다. 초등학교 4학년의 수학과 과학에 대한 자신감은 58개국 중 57위였고, 흥미는 수학 57위, 과학 53위였다. 특히 중학교 2학년의 경우 수학·과학에 대한 흥미가 조사 대상 국가 중 가장 낮았다. 자신감 척도에서도 조사 대상 국가 39개국 중 수학은 36위, 과학은 37위였다.

「세계행복보고서」를 이용하여 한국보건사회연구원이 분류한 바에 따르면 우리나라는 '성장 대비 행복도'가 가장 낮은 나라로 분류되었다. 우리나라처럼 성장주의가 강한 이웃 나라 일본과 어깨를 겨누는 것은 우연이 아닐 것이다(<그림 2-4>).

'헝그리'에서 '앵그리'로 변한 한국 사회

2010년 2월 12일 자 ≪코리아 타임스(The Korea Times)≫ 기사에서는 한국이 분노에 찬 사람이 사람을 죽이는 일이 드물지 않은 '분노사회(Angry Society)'가 되어가고 있다고 했다. 기사는 경찰국 자료를 인용하여 분노로 인한 범죄가 2005년 3만 7671건에서 2008년 15만 9833건으로 급격히 늘어났다고 했다. 최근에는 분노조절장애로 인한 '묻지마 범죄'가 심각한 사회문제로 부상하고 있다.

왜 이런 일이 벌어질까? 정지우(2014)는 현대 한국 사회를 지배하는 주된 정서가 분노라고 했다. 그는 사람들이 분노하는 이유는 우리가 당연한 것으로 기대했던 사회적 윤리와 합의가 마땅히 이행되지 않기 때문이라고 한다. 경제성장 지상주의는 사람들의 가치관과 윤리의식을 급격히 변화시켰다.

2015년 11월 6일부터 2016년 1월 16일까지 방영한 드라마 〈응답하라 1988〉은 방영 당시 비지상파 드라마 역사상 최고의 흥행작이라고 할 만큼 큰 인기를 끌었다. 드라마는 1988년 서울특별시 도봉구 쌍문동에 위치한 금은방 '봉황당' 주변 골목을 배경으로 같은 골목에서 더불어 크고 자란 다섯 소꿉친구들의 사랑과 우정을 그렸다.

이 드라마가 흥행한 이유가 무엇인가? 경제적으로 넉넉하지는 못했지만 더불어 따뜻하게 살아가던 어렸을 적 추억과 정서를 자극했기 때문이 아닐까? 우리 국민은 매우 평등 지향적이고 우정과 가족애를 중시하며, "이웃사촌"이라는 말이 있을 만큼 공동체 정신이 강했다. 그러나 성장주의로 인해 불평등과 양극화가 심화하면서 공동체는 붕괴되고 사회 갈등이 심화하고 있다. 더욱이 고도성장이 끝나고 사정이 어려워지니 사람들은 각자도생을 외치고 그럴수록 외톨이 사회가 되어간다. 사회적 관계가 무너지고 불안과 불만이 가득해서 요즈음 사람들은 작은 일에도 화를 내고 싸우고 심지어 죽이기까지 한다.

경제성장 지상주의는 우리나라를 아시아 최빈국에서 경제적으로 선진국 반열에 올려놓았다. 그러나 그로 인해 우리 사회는 빈곤사회(hungry society)에서 분노사회로 바뀐 것이다. 우리나라의 '화병'은 전 세계에서 통용되는 고유명사다. 사전을 찾아보면 영어로 'Hwa-byung(화병)'이라고 쓰고 "억압된 분노나 스트레스로 인한 정신적 또는 정서적 장애"라고 설명해 놓았다. 말하자면 우리 국민에게 고유한 병이다.

왜 우리는 행복하지 않을까?

성장과 행복의 괴리, 경제는 성장해도 행복하지 않은 이유는 무엇일까? 한마디로 우리사회의 심각한 불평등과 불균형(격차사회)이 그 원인이다.[4]

심각한 격차사회

「세계 불평등 보고서 2022」에 따르면 우리나라의 자산 및 소득의 불평등 정도는 매우 높은 편인데, 날로 심화하고 있다. 자산의 경우 상위 1%가 차지하는 비중은 1995년에서 2021년에 23.1%에서 24%로 증가했다. 반면에 하위 50%의 비중은 6.1%에서 5.6%로 줄어들었다. 소득의 불평등은 더욱 심화되었다. 상위 1%가 차지하는 비중이 9.1%에서 14.7%로 높아진 반면에 하위 50%의 비중은 20.6%에서 16%로 줄어든 것이다(<그림 2-5>).

또한 우리나라는 성별·학력별·계층별 격차가 매우 심한 나라다. 영국의 시사주간지 ≪이코노미스트≫에 따르면 우리나라의 유리천장 지수(The Economist's glass-ceiling index)는 조사가 시작된 2013년 이후 29개국 가운데 10년째 꼴찌다. 그것도 압도적인 점수 차로 꼴찌다. 100만 점 기준으로 1위인 스웨덴이 84점인 반면에 우리나라는 24.8점이

그림 2-5 우리나라의 자산과 소득 불평등 심화

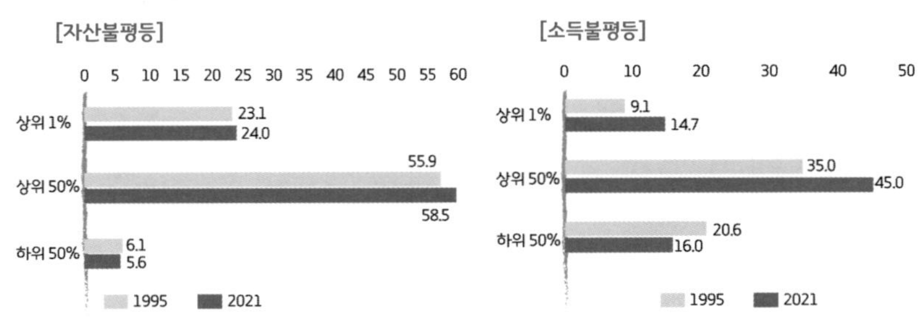

주: 상위 10% 자산, 소득계층은 증가했으나 하위 50%의 계층은 자산과 소득이 줄어들었다.
자료: 세계불평등연구소(World Inequality Lab), 「세계 불평등 보고서 2022」.

다. 세계경제포럼이 매년 발표하는 「세계 성 격차 보고서(Global Gender Gap Report)」 2022년 자료를 보면 우리나라는 146개국 가운데 99위로 나타났다(<그림 2-6>). 통계청의 「국민 삶의 질 보고서 2022」에 따르면 우리나라 여성의 월 평균임금은 남성의 64.6%에 지나지 않는다.

같은 보고서에 따르면 우리나라의 정규직과 비정규직의 임금 격차는 갈수록 벌어지고 있는데, 2021년에 비정규직 근로자의 월 평균 임금은 정규직의 44.3%에 지나지 않는다. 그리고 2021년 우리나라의 상대 빈곤율은 15.1%로 2011년의 18.6%로부터 지속적으로 감소하기는 했지만, OECD 국가 가운데 8위로 높은 편이다. 「국민 삶의 질 보고서 2022」는 2021년 우리나라 임금 근로자의 월 총근로시간은 164.2시간으로, 2006년 193.4시간에서 지속적으로 감소 추세를 보이다가 2020년보다 소폭 증가하는 추세라고 한다.

학력별·기업규모별 임금 및 소득 격차도 매우 심각하다. 2021년 통계청 자료에 따르면 대졸자의 임금을 100이라고 할 때 중졸 이하

그림 2-6 우리나라의 유리천장지수와 양성평등 순위 국제 비교

[유리천장지수(2021.2.6 발표)]

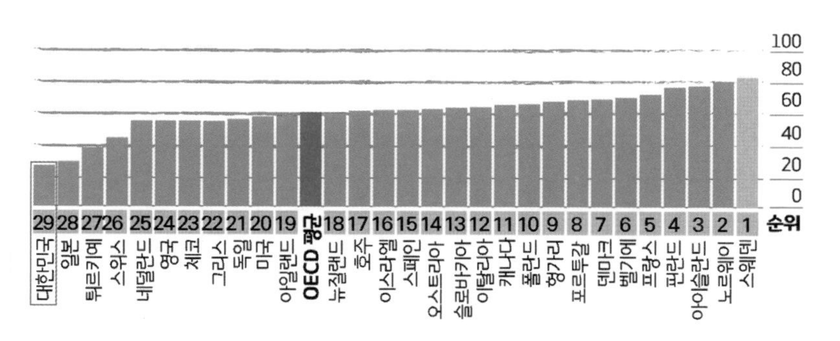

[양성평등 순위]

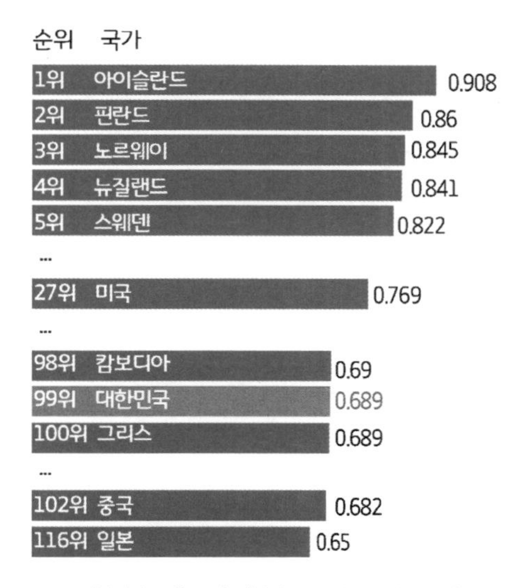

자료: ≪이코노미스트≫, 2019.3.8; 세계경제포럼(WEF), 「세계 성 격차 보고서 2022(Global Gender Gap Index 2022)」.

그림 2-7 개인 노력에 의한 신분 상승 가능성 인식조사 추이(부모 세대 기준)

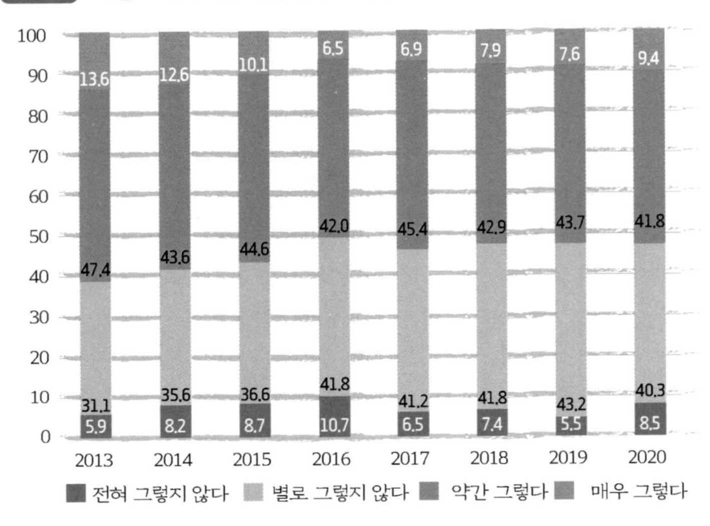

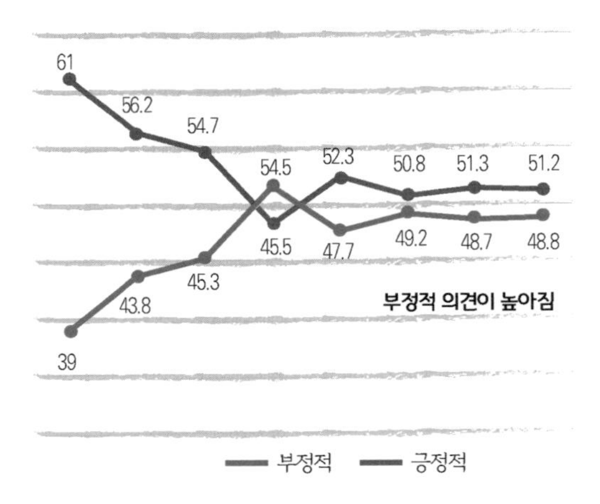

주: 우리나라는 빈곤의 대물림이 심화하고, 노력에 의한 사회경제적 지위 상승 가능성이 저하하고 있다.
자료: 한국행정연구원, 「2020 사회통합실태조사」(2021).

는 절반도 안 되는 47.6%, 고졸은 63.3%, 전문대졸은 77%에 지나지 않는다. 기업규모별 격차도 매우 심각한데, 중소기업 노동자의 월평균소득은 대기업 노동자의 48.9%에 지나지 않는다. 더욱이 어떤 회사에 다니느냐에 따라서 사람의 값이 매겨지는 세상이다. 너도나도 앞다투어 대학에 가지 않을 수 없다, 그것도 좋은 대학을.

이뿐만 아니라 우리나라는 세대 간 갈등이 매우 큰 나라다. 박명호·박찬열(2019)의 연구에 의하면 우리나라는 OECD 31개국 가운데 1990년 이후 지금까지 줄곧 세대 간 갈등이 심한 나라에 속했다. 더욱이 빈곤의 대물림이 심각해지면서 세대 간 갈등은 더욱 커질 수밖에 없다. 노력에 의해 부모 세대보다 사회경제적 지위가 나아질 것이라는 긍정적 기대는 점차 낮아지고, 나아지지 않을 것이라는 부정적 기대는 높아져 2017년 이후로는 부정적 기대가 긍정적 기대를 능가하고 있다.

나날이 커지는 지역 간 격차

지역 간 격차가 심화하면서 인구의 수도권 집중이 가속되고 있다. 2019년에 수도권 인구 비중이 역전되어 2023년 6월 말 기준 약 2601만 명(전체 인구의 50.6%)이 수도권에 살고 있다. 그런데 이것조차도 수도권 집중 현실을 제대로 반영하지 않고 있다. 수도권이란 서울시, 경기도, 인천시를 말하는 것이다. 수도권에는 속하지 않지만 수도권에 인접한 비수도권(예, 충남북의 일부 시·군)으로도 인구가 몰리고 있다. 실제로 2010~2020년의 인구 흐름을 보면, 수도권과 수도권에 인접한 중부권의 인구가 늘어난 반면, 영남권과 호남권의 인구는 감소했다.

그림 2-8 지역 간 격차 추이: 세계 최고 수준의 수도권 집중

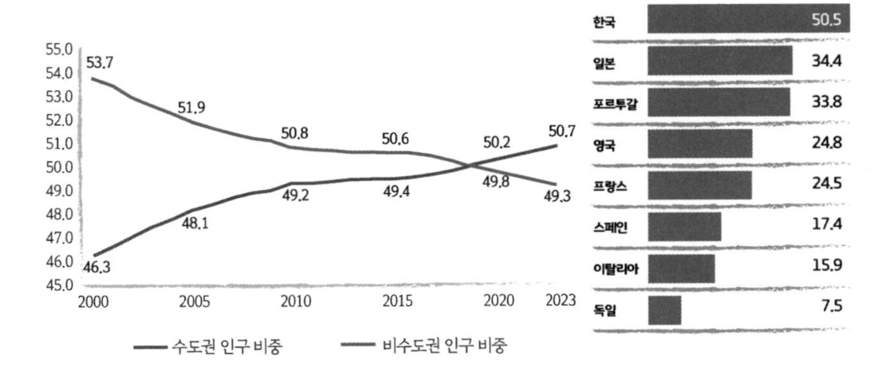

자료: 통계청, 국가통계포털(주민등록인구 현황), 한국은행.

특히 문제가 심각한 것은 중장년은 지방으로 이동하는 반면, 젊은 세대 특히 20대의 수도권으로의 이동이 급증하고 있다. 지방의 활력이 더 낮아질 수밖에 없다.

그 결과 한국고용정보원의 연구에 의하면 우리나라의 228개 기초자치단체(시·군·구) 가운데 '소멸위험지역'•이 2005년 33개에서 매년 급속히 늘어나, 2023년 2월 현재 118개로 전국 228개 시·군·구의 절반(51.8%)이 넘는다.•• 지방소멸은 실제로 일어나지 않겠지만, 우리나라 지역문제의 심각성은 그 도를 넘었다.

• 고용정보원은 '20~39세 가임여성 인구수를 65세 이상 노인 인구수로 나눈 값'으로 소멸위험지수를 계산한다. 소멸위험지수 0.2 미만은 소멸고위험, 0.2~0.5 미만은 소멸위험, 0.5~10 미만은 소멸주의, 1.0~1.5 미만은 정상, 1.5 이상은 소멸저위험 지역으로 분류하고 있다. 소멸위험지수 0.5 미만인 지역을 소멸위험지역으로 분류한다. 그런데 가임여성이 적다는 것은 인구가 감소할 가능성이 높을 뿐이지, 그렇다고 지역이 소멸한다고 하는 것은 지나친 표현이다.

•• 이 책 1장, 35쪽 「'지방소멸' 망령이 출몰하다」 참조.

환경 파괴와 '기후악당' 그리고 식량 위기

국제적인 행복보고서에서 우리나라는 거의 예외 없이 환경 분야에서 최하위권을 차지한다. 국제글로벌생태발자국네트워크에 따르면 인류의 생태발자국(인류가 소비하는 모든 자원을 생산하고 폐기하는 데 드는 생태적 비용)은 지구가 감당할 수 있는 생태용량의 1.7배에 달한다. 우리나라는 그보다 두 배 많은 3.4이다. 즉, 우리나라 사람들처럼 전 인류가 살아간다면 지구가 3.4개 필요한 것이다.

그동안 경제성장을 위해 탄소 집약적 산업과 화석연료에 의존하여 환경을 희생해 왔기 때문이다. 2016년 영국의 기후변화 전문 미디어 '크라이밋 홈 뉴스'는 2016년 4월 '한국이 기후악당을 선도하고 있다(South Korea leads list of 2016 climate villains)'라는 제목의 기사를 냈다. 기사에서 인용한 국제환경단체 '기후행동추적(Climate Action Tracker: CAT)'의 분석에 따르면 2016년 아시아태평양경제협력체(APEC) 포럼에 참가한 21개국 중 우리나라가 1인당 탄소 배출량이 가장 급격히 증가하고 있고, 2035년에는 미국을 능가할 것이라고 분석했다.

문제는 일인당 온실가스 배출량이 급격히 늘어나고 있음에도 전력의 상당 부분을 여전히 화석연료에 의존하고 있으며,• 탄소 집약적인 산업에 대한 의존도가 높고, 화석연료에서 재생에너지로 전환하는 정책은 지지부진하다.•• 이는 온실가스를 줄여 기후 위기에 대

• 석탄·LNG·유류 등 3대 화석연료를 활용한 발전 비중은 2020년 62.4%에서 2022년 63.9%로 높아졌다. 심지어 최근에는 석탄화력발전소를 증설하고, 다른 나라에 수출하고 있다.

•• 2023년 3월에 정부가 발표한 '제1차 국가 탄소중립·녹색성장 기본계획'에 따르면 우리나라는

응하려는 국제적인 움직임에 역행하는 것이다. 우리나라의 평균 기온은 전 세계 평균보다 빠르게 높아지고 있고,[5] 해수면 온도도 상승세가 가파르다.

기후변화로 인한 폭염, 폭우, 태풍, 산불 등 재난이 발생하여 막대한 재산상 손실과 인명 피해가 매우 심해지고 있다. 농가는 봄엔 냉해, 여름엔 이상 고온과 가뭄에 시달리고 있고, 기후가 온대에서 아열대로 변화하면서 한반도의 농업지도가 바뀌고 있다. 또한 신종 감염병도 확산되고 있다. 기후 위기는 곧 식량 위기로 전환되어 상황을 더욱 악화시킬 것이다.

전 세계 인구 가운데 1억 9300만 명, 대략 우리 인류의 9명 중 1명이 매일 밤 굶주린 채 잠들고 있다. 지난 5년간 두 배 가까이 늘어난 수치다. 이상 기후로 사막화가 급속도로 진행되고, 경작지가 줄어들면서 식량 생산량이 감소했다. 그뿐만 아니라 팬데믹으로 전 세계 유통 네트워크가 마비되고, 국가 간 갈등이 첨예화되면서 식량안보를 둘러싼 제반 환경이 크게 악화되고 있다. 기후 위기가 본격적으로 식량 위기로 전화하면 우리나라는 식량안보를 크게 위협받을 수밖에 없다. 우리나라는 곡물자급률이 20%에 지나지 않고, 칼로리자급률도 35% 수준에 지나지 않는다. 세계에서 가장 낮은 수준이다.

2030년까지 2018년 대비 온실가스 배출량을 40% 감축하기로 되어 있다. 그러나 목표 달성에 대해서는 회의적인 시각이 많다. 정부가 재생에너지 정책에 소극적일 뿐 아니라, 온실가스 배출이 많은 산업 분야의 감축 목표를 당초 14.5%에서 11.4%로 줄였기 때문이다. 이는 정부에서 철강, 석유화학, 시멘트 등 업계의 요구를 받아들인 결과다.

정치인들의 성장팔이와 성장 중독

우리나라 정치인들은 유독 '성장'을 좋아한다. 대통령 선거 때마다 '녹색 성장', '소득 주도 성장', '정의로운 성장', '공정 성장', '전환적 공정성장' 등 각종 멋진 '성장'이 등장한다. 지난 2022년에 치러진 제20대 대선에서도 후보들은 저마다 치열한 '성장' 경쟁을 벌였다.

'자유와 성장'만 외치는 대통령

윤석열 대통령은 취임사에서 '자유'를 무려 35번 언급하며, "자유를 위해 성장이 필요하고, 성장을 위해 자유가 필요하다"고 했다. 윤 대통령은 후보 시절 "일주일에 120시간 바짝 일하고 마음껏 쉬어라"라는 극단적 성장주의 발언으로 물의를 빚은 바 있다. 취임 후에는 "우리나라는 지나친 양극화와 사회 갈등이 자유와 민주주의를 위협할 뿐 아니라 사회 발전의 발목을 잡고 있다"고 하며, 이 문제를 해결하기 위해서는 "도약과 빠른 성장이 필요"한데, "이런 도약과 빠른 성장은 자유의 확대를 통해 실현될 수 있다"고도 했다. 양극화가 민주주의를 위협하고 있는 것은 맞지만, 빠른 성장을 통해 양극화를 해결하겠다는 것은 무슨 말인가?*

윤 대통령은 자유민주주의와 시장경제를 신봉한다. 버나드 맨더빌(Bernard Mandeville)은 『꿀벌의 우화』에서 자본주의 시장경제는 자본가의 이기심(탐욕과 허영)을 원동력으로 움직이는 사회이고, 시장경제의 힘은 매우 강력하다고 했다.[6] 시장은 도덕성을 지니고 있지 않으며, 반드시 효율적 결과를 가져오는 것도 아니다(시장 실패). 시장은 제대로 관리하지 않고 방치하면 심각한 불평등과 불공정을 초래한다. 불평등은 효율성을 저해하고 성장에 악영향을 미친다. 시장은 충실한 하인이지만 나쁜 주인이기도 하다(good servant but bad master).

오늘날 전 세계적으로 자유민주주의 심지어 민주주의조차 위협받고 있다. 민주주의를 지지하는 사람은 줄어들고, 사회는 양극화되어 "우리 시대는 분열에 의한, 동시에 분열을 조장하는 분노의 시대"[7]가 되어가고 있다. 미국의 트럼프 정권 탄생, 서유럽의 극우 포퓰리즘 정당의 득세에서 볼 수 있듯이 민주주의의 근간이 흔들리고 있다. 특히 경제적 어려움을 겪으며 정치 엘리트들의 부패에 분노하는 젊은 세대들은 민주주의에 회의적이다.

민주주의를 위협하는 최대의 적은 불평등과 사회의 양극화다. '자유민주주의와 시장경제(신자유주의)'의 성장주의 이데올로기는 자본주의 경제의 성장에는 기여했으나, 금융업자와 투자자에 대한 규제를 완화해 부자는 더 부자가 되면서 불평등과 양극화를 심화했다. 그리고 신자유주의는 기후 위기와 생태 위기를 초래해 반복되는 팬데

• 경제성장과 소득불평등의 관계에 대해 경제학계에서는 소득불평등이 경제성장에 도움이 된다거나 그 반대로 경제성장을 저해한다는 주장 사이에 오랜 논쟁은 있지만, 소득불평등을 경제성장으로 해결할 수 있다고 하는 경제학자는 거의 없다. 오히려 경제성장 과정에서 양극화(소득불평등)가 발생할 수밖에 없기 때문에, 양극화 해소를 위해 노력하는 것이 국가의 역할이라고 본다.

믹의 주범으로 지목되고 있다.

후진 독재국가 중에는 자유민주주의와 시장경제라는 철 지난 이데올로기를 통치 이념으로 내세우는 나라가 있지만, 이른바 선진국 가운데 이를 표방하는 나라가 어디 있는가? 자유민주주의와 결합한 시장경제는 고삐 풀린 자본주의로서 칼 폴라니(Karl Polanyi)가 말한 "사탄의 맷돌"[8]처럼 공동체(사회)를 파괴하고 사회를 지탱해 온 가치를 갈아 없애며 자본가에 의한 지배를 합리화하는 수단으로 사용되었다. 심지어 우리나라에서 '자유민주주의'는 군사독재를 정당화(미화)하고 반공 이데올로기로 사용된 흑역사가 있다. 헌법 전문에 "자유민주적 질서"라는 말이 처음 들어간 것은 박정희 군사정권의 유신헌법이다. 전두환 군사정권은 광주 5·18 민주화운동을 유혈 진압하는 명분으로 "북한 침략에서 자유민주주의를 지키기 위해서"라고 했다.

국민들의 심각한 성장 중독

성장주의의 한계가 너무나 명백한데도 우리나라 정치인들이 끊임없이 '성장팔이'를 하는 이유가 무엇일까? 대선 후보를 비롯해 현재 우리 사회를 움직이는 지도층 인사들은 고도성장의 과실을 가장 많이 누린 사람들이다. 이들의 머릿속에는 부지불식간에 '경제는 무한히 성장한다', '경제가 성장하면 모든 것이 좋아진다', '따라서 경제성장을 위해서는 다른 것들은 희생해도 좋다'는 식의 성장지상주의가 자리 잡고 있다. 그뿐만 아니라 '성장 공약'이야말로 표가 된다고 믿는다. 이러한 믿음에 전혀 근거가 없지는 않다. 우리 국민 가운데 많은 사람들 특히 기성세대는 성장 신화에 여전히 사로잡혀 있으며, 심지어는 '성장 중독'에 빠져 있다.

성장 중독이란 경제성장, 즉 GDP 증대로는 우리 사회의 문제를 해결할 수 없음을 알면서도 경제성장에 매달리는 현상을 말한다. 「세계가치관조사」•에 따르면 우리나라 사람들은 "소득이 평등해야 한다고 생각하는가, 아니면 (노력 등에 따라) 더 차이가 나야 한다고 생각하는가?"라는 질문에 다른 나라에 비해 불평등에 대한 찬성이 압도적으로 높았다. 또한 한국은 경제적으로는 선진국 수준에 도달했음에도 '자기표현 가치'보다 '생존적 가치'를 더 많이 선택했다.•• 달리 말하면 경제성장, 사회질서 유지, 안보에 집착하면서도 사회적 신뢰와 소수자와 이방인에 대한 관용이 지나치게 적은 사회라고 할 수 있다.

기성세대의 성장주의는 유감스럽게도 젊은이들에게 이어지고 있다. 글로벌 컨설팅 그룹 딜로이트는 매년 전 세계 밀레니얼 세대(1983~1994년 출생)와 Z세대(1995~2003년 출생)를 대상으로 조사를 실시하고 있다. 2019년부터 2021년까지 최근 3년간 발표된 '딜로이트 글로벌 MZ 서베이'를 살펴보면 한국 청년들과 세계 청년들은 생각에서 상당 부분 차이가 있다.[9] 2019년 조사에 따르면 우리나라의 밀레니엄 세

• 전 세계 사람들의 사회적·정치적·경제적·종교적·문화적 가치에 대한 연구에 전념하는 국제 연구 프로그램이다. 이 조사는 지금까지 실행된 인간의 신념과 가치에 대한 비상업적·경험적 시계열 국제 비교조사로서 대표적 조사로 평가된다. www.worldvaluessurvey.org.

•• 생존 가치는 경제적·물리적인 국가안보에 중점을 두고 있으며, 상대적으로 높은 민족 중심적 태도와 낮은 수준의 신뢰와 관용이라는 특징이 있다. 자기표현 가치는 환경보호, 외국인, 동성애자, 성 평등, 그리고 경제와 정치 분야에 대한 개인의 의사 결정과 같은 요소에 우선순위를 두고 있다.

대는 세계 청년들에 비해 고연봉과 부유한 삶, 내 집 마련에 관심이 높은 반면에 세계 여행에 대한 관심은 상대적으로 적었다. 코로나19 대유행이 장기화되던 2021년 조사에서 우리나라 청년들과 세계 청년들 모두 헬스케어와 질병 예방에 가장 높은 관심을 보였다. 그런데 세계 청년들이 기후변화에 높은 관심을 보인 반면에 우리나라 청년들은 기후변화보다는 '경제성장'을 더 중요한 문제로 보았다. 보고서에 따르면 우리나라 청년들은 한국 사회를 불평등이 심하고 계층 이동성이 낮은 사회로 여긴다. 최근 젊은이들이 '영끌'과 '빚투'를 해서라도 돈을 벌려는 현상과 무관하지 않다.

GDP는 틀렸다[10]

≪뉴욕타임스≫ 기사에 따르면 1920년대까지는 '경제' 또는 '경제적'과 같은 단어는 거의 사용되지 않았고, '경제성장'이라는 용어는 1960년대 초에야 처음 사용되기 시작했다.[11] 그러나 경제 담론은 대공황, 1970년대와 1980년대 초, 1990년대 초, 2008년 금융위기와 2020년 코로나 팬데믹을 거치면서 절정에 달하고 있다. 경제위기가 끝날 때마다 경제 담론은 더 높은 수준에서 공고화되고 있다. 경제성장은 GDP의 증대로 표현된다. 오늘날 경제학자뿐 아니라 정치인과 언론, 일반 대중이 GDP의 증감에 촉각을 곤두세우는 이유다.

GDP는 한 국가 내에서 생산된 모든 재화와 서비스를 시장가치로 합산한 것이다. 이처럼 GDP는 원래 경제 규모를 측정하기 위해 만들어진 것이지만, 오늘날 GDP는 사회에서 가장 중요한 지표로 간주되며, 많은 사람들이 '성공'의 척도로 인식하고 있다. 경제가 성장하면 무조건 좋은 일, 즉 '성장=좋은 것'으로 받아들이는 반면, 경제가 위축되면 사회 전반에 불안과 공포가 확산된다. 노벨경제학상 수상자 조지프 스티글리츠(Joseph Stiglitz)는 이러한 현상을 "GDP 맹목적 숭배(GDP-fetishism)"라고 했다.[12] GDP는 한 나라의 경제 규모를 측정하지만, 그 나라의 웰빙(행복)은 반영하지 않는다. GDP의 창시자인 사이먼 쿠즈네츠(Simon Kuznets)조차 1934년에 "사람들의 복지(welfare)는 국민소득으로 측정할 수 없다"고 경고했다. 이러한 본질적 결함에도 불구하고 GDP는 국가를 서로 비교하는 기준으로서 세상을 지배하고 있으며, 더욱 중요한 것은 글로벌 정책 결정에 영향을 미친다.[13]

GDP는 시장에서 거래되는 것만 측정할 뿐, 시장에서 거래되지 않는 것은 제외한다. 그리고 그것이 우리의 삶에 실제로 도움이 되는지 아닌지는 따지지 않는다. 다시 말해 GDP는 가치가 없는 것이라 해도, 심지어 우리를 불행하게 하는 것이라도 시장에서 거래되는 모든 것을 계산한다. 반면 아무리 우리 삶에 가치 있는 것이라 해도 시장에서 거래되지 않는 것은 GDP에 포함되지 않는다.

GDP의 문제점을 가장 정확하게 지적한 사람은 로버트 케네디다. 그는 1968년 3월 캔자스 대학교 선거 유세에서 "GNP•는 우리의 삶을 가치 있게 만드는 것, 우리가 미국인이라는 것을 자랑스럽게 여기게 하는 모든 것을 제외하고 말해줄 뿐이다"라는 말이 담긴 유명한 연설을 했다.

> 미국의 국민총생산(Gross National Product)은 연간 8000억 달러가 넘지만, 이 GNP는 대기 오염과 담배 광고, 고속도로 사고 구급차, 감옥, 삼림 파괴, 자연의 경이로움 상실, 네이팜, 핵탄두, 장갑차를 계산한다. 그리고 휘트먼의 소총과 스펙의 칼, 아이들에게 장난감을 판매하기 위해 폭력을 조장하는 TV 프로그램을

• GNP는 한 나라 국민이 일정 기간 동안 생산한 최종 생산물(재화와 서비스)의 시장가치를 모두 합한 금액이다. GNP = GDP − 국내에서 외국인이 생산한 것 + 해외에서 자국 사람이 생산한 것. 따라서 GDP와 GNP에는 약간의 차이가 있다. 통상적으로 경제성장 지표로는 GDP를 사용한다.

포함한다. 국민총생산은 우리 자녀의 건강과 교육의 질, 놀이의 즐거움 같은 것은 포함하지 않는다. 시의 아름다움이나 결혼의 힘, 공개 토론의 지성, 공무원의 청렴은 포함되지 않는다. 그것은 우리의 재치와 용기, 지혜와 학습, 연민과 국가에 대한 헌신을 측정하지 않는다. 한마디로 GNP는 우리의 삶을 가치 있게 만드는 것, 우리가 미국인이라는 것을 자랑스럽게 여기게 하는 모든 것을 제외하고 말해줄 뿐이다.[14]

놀라울 정도로 담대한 연설이다. 로버트 케네디는 아쉽게도 이 연설을 한 지 3개월 뒤인 1968년 6월 암살되었지만, 만약 그가 대통령이 되었다면 미국의 역사는 크게 바뀌었을 것이다.

GDP는 경제성장을 측정하는 지표로서 불완전할 뿐 아니라 행복을 측정할 수 있는 지표는 더더욱 아니다. 특히 1인당 평균 GDP는 황당한 개념이다. 글로벌투자은행 크레디트 스위스가 펴낸 『2019년 글로벌 부 보고서』[15]에 따르면 전 세계 성인 인구의 0.9%가 글로벌 부의 43.9%를 보유하고 있는 반면, 전 세계 인구의 56.6%는 1.8%만 보유하고 있다고 한다. 이처럼 도를 넘은 불평등 상황에서 '평균' GDP가 무슨 의미가 있겠는가?•

1974년에 리처드 이스털린 교수는 소득이 증가한다고 해서 행복이 증가하는 것은 아니라는 이스털린 역설을 발표해 주목을 받았다.

• 2015년 2월 ≪이코노미스트≫는 옥스팜 조사를 근거로 "지난 2010년에는 세계 최대 갑부 388명의 자산이 하위 50%의 자산을 합한 것과 맞먹었는데, 이후 부호들의 자산 가치는 빠르게 상승한 반면, 세계 인구 하위 50%의 자산 총액은 급감했다. 그 결과 2015년에는 세계 거부 80명의 자산이 세계 인구의 절반인 35억 명의 자산 총액과 일치했다"고 보도했다.

그는 특정 시기를 나타내는 횡단면 자료에 따르면 소득이 높은 사람이 가난한 사람보다는 행복하지만, 시계열 자료에서는 소득이 늘어나도 행복도는 높아지지 않는다고 지적했다.[16]

그동안의 연구를 통해서 밝혀진 GDP의 문제점은 세 가지로 요약할 수 있다.[17]

첫째, 경제성장은 지구의 한계와 상충한다. 로마클럽은 1972년 『성장의 한계』를 발표한 이후 '성장으로부터 지구 균형으로의 전환'을 촉구해 왔다. 『성장의 한계』 출간 50주년을 기념하는 인터뷰에서 데니스 메도즈(Dennis Meadows)는 "50년 전 『성장의 한계』를 출간한 1972년에는 지구에 대한 인류의 영향은 지속가능한 수준(지구가 감당할 수 있는 한계)보다 낮았으며, 그 당시의 목표는 한계에 도달하기 전에 상황을 늦추는 것이었다. 그렇지만 오늘날 인간의 활동 규모는 지구의 한계를 훨씬 넘어섰다. 오늘 우리의 목표는 속도를 늦추는 것이 아니라, 우리의 욕구를 지구가 감당할 수 있는 수준으로 다시 끌어내리는 것이어야 한다"[18]고 했다.

둘째, GDP는 진보(progress)의 척도가 아니다. GDP가 공적 담론을 지배하고 있기 때문에, 포용적이고 지속가능한 웰빙 실현과 같은 주요한 목표에 관심을 갖는 것을 방해한다. 이는 GDP 지표 자체의 문제라기보다는 GDP가 사회에서 활용되는 방식이 문제다. GDP는 한 나라의 '성공'과 동일시되곤 하지만, 이는 GDP 측정의 목적이 아니다. GDP는 웰빙이나 지속가능성을 수량화하거나 불평등을 고려하지 못한다. 이것은 국민계정체계(System of National Accounts: SNA) 자체가 인정하고 있다. "GDP는 종종 웰빙의 척도로 사용되지만 SNA는 이것이 사실이라고 주장하지 않으며 실제로 계정의 웰빙 해석에 반대하는 SNA의 여러 협약이 있다."[19]

이와 관련해서 유럽연합위원회가 2021년 6월 29일에 개최한 '브뤼셀경제포럼'에서 재미난 토론이 있었다. 코로나 이후 지속가능한 회복을 위해서 "GDP를 다른 대안적인 웰빙 지표로 대체(replace)할 것인가"를 주제로 찬반 토론을 벌였다.[20] GDP를 다른 웰빙 지표로 대체하자는 웰빙경제연합 공동대표 캐서린 트레벡(Katherine Trebeck)의 주장에 대해 GDP를 옹호한 스위스 제네바 대학원의 명예교수 찰스 위프로즈(Charles Wyplosz)는 캐서린이 지적한 GDP의 한계를 모두 인정하고, "GDP는 상업적 활동, 즉 사람들이 돈을 얼마나 벌어서 얼마나 소비하는지를 측정하기 위한 도구일 뿐"이라고 주장했다. 그리고 GDP가 삶의 질이나 환경 파괴, 불평등을 반영하지 않는다고 비판하는 것은 "센티미터(cm)라는 측도로 몸무게(kg)를 재려고 하는 것과 같다"고 했다. GDP가 경제적 가치가 있는 것을 모두 계산하지도 않고, 불법적인 경제활동을 놓치고 있다고 인정한다. 그는 만약 우리가 불평등이나 온실가스 배출, 삶의 질에 관심이 있다면 다른 지표들을 개발할 필요가 있다고 주장했다.

셋째, GDP는 경제를 측정하기에도 좋은 척도가 아니다. GDP의 핵심 임무는 경제활동, 즉 생산된 재화와 서비스의 부가가치를 측정하는 것이다. 그러나 많은 경제학자들은 경제 측정에 관한 글로벌 핸드북인 국민계정체계에 대해 비판적이다. 예를 들어, 페미니스트 경제학자들은 GDP 계산에 가사나 돌봄 노동을 포함하지 않음으로써 여성들이 불균형적으로 수행하는 큰 경제적 기여가 과소평가되고 있다고 말한다.

환경경제학자들은 오랫동안 GDP에서 환경을 다루는 것이 어렵다고 주장해 왔다. GDP는 환경오염을 GDP의 부정적인 요소로 간주하지 않는 반면, 기름 유출 후 해변 청소와 같은 사례는 경제 생산에 긍정적인 기여로 간주한다. 가장 최근에는 무료 인터넷 서비스(페이스북, 구글, 위키피디아 등)를 포함할 때 정확한 생산량을 측정하기 어렵다는 비판이 제기되고 있다. 또한 세계화는 큰 통계적 문제점을 야기한다. 다국적기업이 세금을 줄이기 위해 어떤 국가(조세 회피처)에 이윤을 보고하는 경우, 생산이 어디에서 이루어졌는지 특정하기 어렵기 때문이다.

GDP는 어떻게 세계에서 가장 영향력 있는 지표가 되었을까? 웰빙이나 지속가능성을 고려하지 않는다는 비판이 널리 퍼져 있음에도 여전히 사회 발전의 주요 척도로 남아 있는 이유는 무엇일까? 'GDP 너머(Beyond GDP)'의 많은 대안이 GDP의 지배력에 효과적으로 도전하지 못하는 이유는 무엇일까? 『2030년까지 GDP 대체하기』의 저자 루터 호크스트라(Ruter Hoekstra)라는 GDP의 성공과 'GDP 너머'의 실패를 그 기반이 되는 커뮤니티에서 찾고 있다.[21] 즉, GDP를 신봉하는 거시경제 커뮤니티는 그들의 언어를 '국민계정체계'로 공식화한 반면에, 대안 커뮤니티는 서로 다른 다양한 방언, 억양 및 언어로 말하는 이질적인 커뮤니티다. 호크스트라는 'GDP 너머의 가내수공업(Beyond GDP cottage industry)'으로는 'GDP 다국적(GDP-multinational)'을 결코 이길 수 없다고 했다.

오늘 우리는 불평등, 포퓰리즘, 기후변화, 생물다양성 훼손, 자원

고갈, 사생활 침해, 인종차별, 글로벌 독점기업 등 다양한 위험에 직면해 있고, 코로나 팬데믹은 이러한 위험을 악화시켰다. 코로나19 팬데믹 이후 세계는 '성장 이후의 사회'를 고민하고, 인간의 웰빙과 지속가능성을 실현하기 위해 다양한 노력을 하고 있다. 성장주의의 미몽에서 벗어나지 않으면 안 된다.

코로나19 팬데믹의 충격과 성찰

코로나19 대유행이 전 세계에 사회경제적으로 파국에 가까운 충격을 주었다. 2019년 12월에 시작된 감염병은 1년이 조금 지난 2021년 3월 10일 기준으로 확진자가 전 세계적으로 1억 명을 훌쩍 넘어섰고(1억 1800만 명), 사망자도 260만 명에 달했다. 이제 코로나19를 겪어내고 예전과 같은 일상을 찾았지만, 많은 전문가들은 앞으로는 다른 형태의 팬데믹이 주기적으로 발생할 것이고 그 주기는 점차 짧아질 것이라고 예측하고 있다.•

세계의 지도자와 석학들은 코로나19 이후의 삶이 이전과 같을 수 없고, 그래서도 안 된다고 주장한다. 주장의 핵심적 내용은 성장주의

• 질병관리본부 감염병 포털에 따르면 전 세계적으로 신종 감염병의 수는 지난 60년간 4배 이상 늘어났으며 1980년 이후 매년 발생하는 감염병의 유행 건수는 3배 이상 증가했다. 지구 온난화와 급격한 기후변화로 신종플루, 사스, 메르스 등과 같은 신종 감염병의 창궐 주기는 갈수록 짧아지고 있는 반면, 확산 속도는 더 빨라지고, 확산 범위는 더 넓어지면서 지구촌을 공포로 몰아넣고 있는 상황이다. ≪한겨레≫가 기후변화학회 회원 70명을 대상으로 온라인에서 조사한 결과에 따르면 응답자 중 94%가 감염병 발생 주기가 빨라질 것이고, 80%는 앞으로 5년 이내(3년 이내라는 응답이 47%) 신종 감염병이 발생할 것이라고 응답했다. 최유리, "새 전염병 발생 주기, 3년 이내로 단축될 것", ≪한겨레≫, 2020.5.19.

에 대한 비판과 대안이다. 『세계는 평평하다』로 유명세를 얻은 세계화론자 토머스 프리드먼(Thomas Friedman)이 대표적이다. 그는 인류의 역사가 코로나 이전(Before Corona, BC)과 코로나 이후(After Corona, AC)로 나뉜다고 보았다.[22] 『사피엔스』, 『호모데우스』 등을 집필한 저명한 역사학자 유발 하라리(Yubal Harari)도 "이 폭풍이 지나고 인류는 살아남겠지만 우리는 전혀 다른 세계에서 살게 될 것"이라며 혁명적인 변화를 예고했다.[23]

안토니우 구테흐스(Antonio Guterres) 유엔 사무총장은 2020년 7월 17일 열린 '넬슨 만델라 연례강연'에서 코로나19를 "우리가 만든 사회의 허약한 골격과 골절 부위를 보여주는 엑스레이"에 비유했다. 코로나19로 인해 "자유시장이 모든 사람에게 건강한 삶을 제공할 거라는 거짓말, 무상의료가 효과가 없다는 주장의 허구성, 우리가 인종차별 시대 이후를 살고 있다는 망상, 모두가 같은 배에 타고 있다는 신화 등 모든 오류와 허위가 낱낱이 밝혀졌다"는 것이다. 로마클럽의 공동의장 상드린 딕손드클레브(Sandrine Dixon-Decleve)는 2020년 3월 25일 '세계경제포럼' 온라인 매거진에 기고한 글에서 "코로나19는 지구의 한계를 초과하는 행위를 멈추라고 일깨우는 모닝콜"이라고 했다. 또한 코로나19 이후 사회를 다룬 2010년 10월 보고서[24]를 통해 "모든 시민의 웰빙 수준이 가치 기반 지표로 측정되고, 건강과 먹을거리, 고용, 교육 등 사람들의 삶과 생계에 최적화된 인프라가 제공되는 웰빙 경제시스템을 구축하라"고 각국 정부에 권고했다.

OECD는 2020년 6월에 「더 나은 재건(Building Back Better)」이라는 제목의 보고서를 발표했다. 이 보고서의 부제목 '코로나19 이후 지속가능한 회복력 있는 복구(A Sustainable, resilient recovery after COVID-19)'에서 알 수 있듯이, 재건의 기본 방향은 지속가능성과 회복력이다. 코로나19로부터의 경제적 회복은 이전과 같은 방식, 그리고 환경 파괴적인 투자 패턴을 피해야만 한다. 기후변화 및 생물다양성 손실과 같은 지구적 환경 비상사태는 코로나19보다 더 큰 사회경제적 피해를 입힐 것이다. 회복정책은 미래에 충격이 일어날 가능성을 줄이고 그러한 충격이 발생할 경우에 대비해 사회의 회복력을 높이는 방향으로 추진되어야 한다. 핵심 목표는 '웰빙에 초점을 맞추며, 포용성을 높이고, 불평등을 줄이는 사람 중심의 회복'이다. 또한 기후변화에 대응하여 장기적인 탄소 배출 감축 목표를 실현할 수 있어야 한다.

2021년에 출범한 미국 바이든 정부의 최대 관심사는 단연코 기후변화 대응이었다. 바이든은 대통령 취임 첫날 파리기후협정에 재가입하면서 "미국과 지구촌의 기후변화 해결을 위해 탄소 배출 감축 목표를 높이고, 2050년 온실가스 순배출량 제로(Net 0)를 달성하기 위해 미국이 지구촌 기후 문제 해결의 운전자가 되고자 한다"고 선언했다.

EU는 2021년 6월 28일에 2050년 탄소중립을 달성하도록 명시한 「기후기본법」을 제정한 데 이어, 7월 14일에는 2030년까지 온실가스 배출량을 최소한 55% 줄이기 위해 '탄소국경조정제도'를 도입하기로 했다. 유럽으로 수입되는 제품과 서비스 가운데 현지에서 생산한 것보다 탄소 배출량이 많은 제품에는 '탄소국경세'를 부과하는 것이다. 경제성장 중심의 국제무역과 산업의 표준이 기후변화 대응으로 급속히 바뀌고 있는 것이다.

2021년 6월 EU 위원회의 브뤼셀 경제포럼에서는 새로운 경제 패러다임의 키워드로 녹색(green), 공정(fair), 디지털(digital), 지속가능(sustainable), 순환(circular) 등이 제시되었다. 어디에도 성장은 없다.

성장의 종언을 받아들이라

코로나19가 촉발한 경제 분야의 가장 중요한 변화는 성장을 통해 우리가 이룰 수 있는 것이 더는 없다는 것, 즉 '성장의 종언'을 받아들여야 한다는 것이다. 우리나라 경제는 이미 선진국 경제에 진입했기 때문에 과거와 같은 고도성장을 기대할 수 없다. 1970~1980년대에 우리나라의 연평균 경제성장률은 8~9%로 매우 높은 수준이었지만, 시간이 흐르면서 꾸준히 하락해 1%대로 향하고 있다. 이는 과거 군사정부가 경제정책을 잘하고 민주정부가 경제정책을 잘못했기 때문이 아니다. 국민소득이 1000달러 수준일 때는 9% 성장도 어렵지 않게 이룰 수 있었지만, 국민소득이 3만 달러를 넘어서면 1%대 성장도 쉽지 않다. 그리고 성장률의 차이는 커다란 의미가 없다. 예를 들어 1000달러에 9% 성장하면 평균 국민소득이 90달러 증가하지만, 3만 달러일 경우 1%만 성장해도 300달러가 늘어난다.

실제로 오늘날 선진국의 거의 대부분은 1%대 성장을 하고 있고, 1% 성장조차 어려운 나라들도 많다. 우리나라의 잠재성장률•은 현재 2%대에 지나지 않고, 인구 고령화 등으로 1%대로 하락할 가능성

• 한 나라가 노동·자본·토지 등의 생산 요소를 모두 사용하여 '물가를 자극하지 않으면서' 최대로 달성할 수 있는 성장률을 일컫는다.

그림 2-9 합계출산율, 자살률 추이, 1인당 국민소득 비교

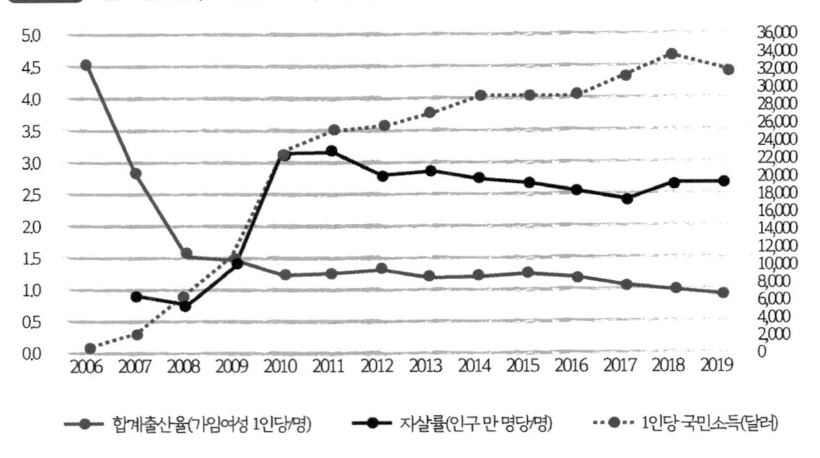

자료: 통계청, 국가통계포털(주민등록인구 현황), 한국은행.

이 높다. 그뿐만 아니라, 어렵게 성장을 한다 해도 더 이상 국민행복에는 기여하지 못한다.

우리나라는 성장과 행복 간의 괴리가 매우 크다. 국민 1인당 국민소득이 3만 달러를 넘어섰지만, 합계출산율은 갈수록 낮아지고, 자살률은 심각한 상황에 있다. 경제가 성장한다 해도 국민은 행복하지 않다는 것을 반증한다(<그림 2-9>).

성장주의는 부유층을 위한 이데올로기

성장주의와 단절해야 한다. 양극화와 불평등, 저출산 고령화, 수도권 집중과 지방소멸, 부동산 투기, 생태계 파괴와 이상 기후, 각자도생

과 공동체 붕괴, 능력주의, 청년 문제와 심각한 세대 갈등 등 우리 사회의 병리적 현상은 모두 성장주의의 산물이다.

모든 국민이 행복한 대한민국을 만들기 위해 정부가 해야 할 일은 우선 '성장이 국가의 목표가 아니라는 것'을 분명히 하는 것이다. 단절하지 못하면 성장주의를 벗어나기 어렵다. 2019년 노벨경제학상 수상자인 아브히지트 바네르지(Abhijit Vinayak Banerjee)는 저서 『힘든 시대를 위한 좋은 경제학』[25]에서 "부유한 국가들에 대해서도 그랬듯이 가난한 국가들에 대해서도 어떻게 하면 성장하게 할 수 있는지 우리(경제학자)는 알지 못한다"고 했다. 그는 노벨경제학상 수상자 마이클 스펜서(Michael Spencer)가 이끈 '성장과 발전 위원회'의 2000년 최종보고서의 "경제성장에 대해 일반 원칙은 존재하지 않으며 어떤 두 성장 사례도 동일하지 않다는 것을 인정하고 있다"는 대목을 상기시키면서 윌리엄 이스털리(William Eastly)의 다음과 같은 말을 인용했다.

> 2년 동안 21명의 세계적인 지도자와 전문가, 11명으로 구성된 실무그룹, 300명의 학계 전문가, 12차례의 워크숍, 13차례의 자문회의, 400만 달러의 예산을 투입한 뒤 어떻게 하면 높은 성장을 일굴 수 있을 것인지 논의한 끝에 최종적으로 나온 결론은 대략 이렇다. "우리는 모른다. 하지만 전문가들이 알아낼 수 있으리라 믿어달라."[26]

바네르지의 이 말은 각국이 성장을 위해 여러 정책을 수립하지만, 사실 그것 때문에 성장하는 것은 아니라는 얘기다.

그럼에도 왜 대부분의 나라가 성장주의를 벗어나지 못하는 걸까?

바네르지는 같은 책에서 "빠른 성장에 집착하느라 미래의 성장이라는 이름으로 현재의 가난한 사람들을 희생시키는 정책을 추진할 가능성"을 비판하며, "성장을 유지하기 위해 '기업 친화적'이 되어야 한다는 말은 자칫 성장에는 도움이 되지 않으면서 다른 이들의 희생 위에 부유층만 살찌우는 온갖 종류의 반(反)빈민정책과 친(親)부유층 정책의 물꼬를 열어야 한다는 식으로 해석될 수 있다"[27]고 우려했다. 다시 말하면, 성장주의는 본질적으로 부유층, 기업, 기득권을 위한 이데올로기라는 것이다.

경제성장에서 국민총행복으로: 부탄에서 배우는 지혜[28]

성장과 행복의 괴리를 메우고 국민총행복을 증진하기 위해서는 우리 사회의 패러다임을 경제성장에서 국민총행복으로 전환해야 한다. '국민총행복'을 위해서는 행복을 두 가지 측면에서 접근해야 한다.

첫째, 행복은 다차원적(multidimensional)이다. 행복은 주관적 개념에 해당하나, 객관적 여건 역시 중요하다. 행복은 물질적·문화적·정서적 필요의 조화로운 균형을 통해 달성된다. 물질은 행복을 위한 수단이지 그 자체가 목적은 아니다. 행복은 물질적 조건과 더불어 교육, 환경, 건강, 문화, 공동체, 여가, 심리적 웰빙, 정치적 민주주의 등 다양한 요소가 균형을 이루어야 달성될 수 있다는 의미에서 다차원적이다.

둘째, 행복은 다른 사람과 공유하는 것이라는 점에서 집단적(collective)이다. 인간은 사회적 존재이기 때문에 내 이웃이, 다른 사람이 불행한데

혼자 행복할 수는 없다. 사회의 약한 고리, 약자들의 행복이 증진될 때, 한 사회의 행복이 증진되고 나와 우리의 행복도 더불어 증진된다.

국민총행복의 개념을 이해하기 위해 공리주의(功利主義, Utilitarianism)를 주창한 제러미 벤담(Jeremy Bentham)의 "최대다수의 최대행복"과 비교해 보자. 벤담은 최대행복을 도덕과 입법의 기초로 삼을 것을 주장했다.[29] 어떤 행위가 선인지 악인지를 판단할 때, 그 행위가 가져다주는 쾌락과 고통을 총량으로 평가해서, 최종적으로 행복이 최대화되는 행위를 선택해야 한다는 것이다. 벤담이 최대행복을 인간의 행동이나 법과 제도의 기준으로 삼았다는 점에서, 국민행복의 극대화를 국정철학으로 하는 국민총행복과 일맥상통한다. 국민총행복은 국가가 어떤 정책을 수행할 때 그것이 국민행복에 미치는 영향을 반드시 고려할 것을 주장한다. 그러나 유사점은 이것뿐이다.

벤담은 쾌락을 수량화할 수 있고 측정 가능한 것으로 보았다.• 각자가 자기 공리(행복 = 쾌락 - 고통)의 최대를 구할 때 그 총계로서 사회 전체의 공리도 최대가 된다고 했다. GDP가 시장에서 거래되는 모든 재화와 서비스의 최종 생산물의 가치 총계인 것과 같다.•• 벤담은 공리의 양적 차이만 존재할 뿐 질적 차이는 존재하지 않는다며 인정하지 않았다.••• 이는 GDP가 시장에서 거래되는 모든 재화와 서비스의

• 벤담은 공리의 계산 기준으로 쾌락과 고통의 강도, 지속성, 확실성, 신속성, 다산성, 순수성, 범위 일곱 가지를 제시했다.

•• GDP는 시장에서 거래되는 재화와 서비스가 n개 있다면, 각각의 재화와 서비스의 최종 생산물의 양에 시장가격을 곱하고, 그것들을 합친 것이다. 즉, GDP=Q1*P1+Q2*P2 ⋯ Qn*Pn

••• 공리주의를 발전시킨 존 스튜어트 밀은 공리의 질적 차이를 중시했다. 밀은 쾌락을 정신적 쾌락으로 대체했지만, "최대다수의 최대행복"을 주장하는 한 행복을 양적으로 측정해야 한다.

가격만을 고려할 뿐 그 질적 차이(인간의 행복에 미치는 긍정적 또는 부정적 영향)를 따지지 않는 것과 같다. 벤담의 관심은 행복과 쾌락의 총량일 뿐 그것이 누구의 행복인지를 따지지 않는다. '최대다수'라고 하지만, 그것이 모든 국민을 대상으로 한 것인지 또는 당시 성장 중이던 부르주아를 의식한 것인지 분명하지 않다.•

벤담의 공리주의에서는 사회 전체의 행복을 극대화하기 위해 개인의 권리나 존엄, 공평성과 정의가 무시될 위험이 있다. 예를 들어, 공리가 매우 큰 '공리의 괴물'을 포함해 10명의 사람과 10개의 케이크가 있다고 하자. 괴물을 제외한 9명은 1개의 케이크를 먹음으로써 각각 1의 공리를 얻지만, 괴물은 1개의 케이크를 먹어 얻는 공리가 2이다. 10명이 각각 한 개의 케이크를 먹으면 전체 공리는 11인 반면에, 괴물이 10개를 다 먹으면 전체 공리는 20이다. 사회 전체의 공리를 극대화하기 위해서는 모든 케이크를 괴물에게 주는 편이 낫다. 이는 성장주의자들이 GNP의 증대에만 관심이 있을 뿐 그 분배에는 관심이 없고, '국익'을 앞세워 노동자나 농민의 권리를 희생하는 것과 같다.

벤담의 공리주의는 행복을 쾌락과 고통이라는 윤리적·심리적 측면에서만 다룰 뿐, 인간의 행복에 미치는 다양한 요소를 고려하지 않았다. 반면에 국민총행복은 다차원적으로 행복에 접근하여 사회적·문화적·환경적·정신적 요소 등 행복에 미치는 다양한 요소를 균형 있게

• 벤담은 1817년에 『의회개혁안』을 쓰면서 잉글랜드에서 처음으로 여성 투표권을 주장했다. 그러나 그것은 모든 여성의 투표권은 아니다. 영국은 1832년 선거법 개정을 통해 산업 혁명의 과정에서 성장한 신흥 도시에 많은 의석이 할당되었고, 투표권을 행사할 수 있는 범위를 넓혔다. 그렇지만 여전히 투표권은 남성에게만 주어졌고, 그것도 성인 남성의 20%에게만 투표권이 주어졌다.

파악한다. 국민총행복의 증진을 목표로 하지만, 그것은 국민행복의 총량을 증진시킨다는 의미는 아니다. 단지 GNP 또는 GDP에 대비되는 개념이라는 것을 분명히 하기 위해 총(gross)을 사용한다.* 국민총행복의 '총'은 앞서 언급했듯이 첫째, 모든 분야의 균형발전이라는 다차원적 의미이고, 둘째, 모두의 행복이라는 공유의 의미를 담고 있다. 벤담의 '최대다수의 최대행복'과 무엇보다 다른 점은 국민총행복은 '아직 행복하지 않은 사람의 행복'에 초점을 맞추고 있는 것이다.**

가난하지만 행복한 나라로 알려진 부탄은 오래전부터 국민총행복을 국정철학으로 삼았다. 부탄의 일인당 GDP는 2020년 기준 3280달러로 우리나라의 10분 1에도 미치지 못한다. 그러나 부탄은 일인당 국민소득이 200달러밖에 되지 않던 1970년대부터 무상의료와 무상교육에 관심을 갖기 시작했고, 오늘날은 외국인 여행객에게도 무상의료를 실시하고 있으며, 대학교육까지 무상으로 하고 있다. 따라서 적어도 돈이 없어서 치료를 받지 못하거나, 돈이 없어서 대학을 가지 못하는 사람은 없다.

부탄은 환경보호를 매우 중시해 헌법에 전 국토의 60% 이상이 반드시 자연 숲에 의해 덮여 있도록 규정했다. 실제로 국토의 70% 이상이 숲이며, 생태적 보호지역이 전체 면적의 51%에 달한다. 부탄은 정체성을 문화에서 찾는다. 우리 문화를 상실하는 순간 부탄은 부탄이

* 국민총행복은 사회전체의 행복 수준을 총량이 아니라 행복지수로 평가하고, 사회 전체의 행복지수를 높이기 위해 행복한 사람보다는 '아직 행복하지 않은 사람'의 행복에 집중한다.

** '아직 행복하지 않은'(not-yet happy) 사람은 말 그대로 지금은 행복하지 않지만 개인과 사회의 노력에 의해서 행복해질 수 있는 가능성을 열어둔 개념이다. 불행한 사람(unhappy people)은 어떤 의미에서 낙인효과가 있어서 사용을 피한다.

아니다는 생각으로, 전통문화와 전통적 가치를 매우 소중히 생각한다. 부탄 사람에게 "행복하다고 생각하는 근거가 무엇이냐?"라고 물으면 거의 모든 사람이 가족과 친족, 이웃 간의 사회적 유대와 사회 안전망이라고 말한다.

부탄이 우리처럼 가난했던 1970년대 초부터 국민총행복을 국정운영 철학으로 삼은 배경에는 4대왕 지그메 싱기에 왕추크(Jigme Singye Wangchuck)라는 걸출한 인물이 있었다. 그는 17세에 왕위에 올라 국민총행복 정책을 고민하기 시작했고, "국내총생산보다 국민총행복이 더 중요하다"고 말했다.

> 모든 나라 정부와 국민들이 경제적 부를 늘리기 위해 노력하는데, 그것을 성취한 사람들은 안락한 생활을 하지만, 많은 사람들은 나라의 부가 늘어나도 빈곤하고 비참한 삶을 살고 심지어 사회적 소외를 당하고 있다. 또한 경제적 부를 증대하기 위해 환경을 파괴한다. 모든 사람은 행복을 열망한다. 따라서 한 나라의 발전 정도는 사람들의 행복에 의해 측정되어야 한다. GDP보다 GNH가 더 중요하다.[30]

부탄의 국민총행복은 4개의 기둥(pillar)으로 이루어져 있다. 첫째 기둥은 지속가능하고 공평한 사회경제적 발전이다. 둘째 기둥은 문화의 보전과 증진이다. 문화는 민족 정체성의 기초이고, 사람들을 하나로 통합시키며, 공동체적 유대를 강화시키기 때문에 행복을 위해서는 절대적으로 필요하다. 셋째 기둥은 생태계의 보전이다. 부탄 헌법 5조는 정부와 부탄 인민 모두가 현세대와 미래 세대를 위해 환경

표 2-2 국민총행복의 4개의 기둥과 9개 영역

기둥 1	지속가능하고 공평한 사회경제 발전	1. 생활수준
		2. 교육
		3. 건강
기둥 2	문화의 보전과 증진	4. 문화 다양성과 회복력
		5. 공동체 활력
		6. 시간 사용
		7. 심리적 웰빙
기둥 3	생태계의 보전	8. 생태적 다양성
기둥 4	굿 거버넌스	9. 굿 거버넌스

자료: 박진도 엮음, 『부탄 행복의 비밀』(한울엠플러스, 2021), 33쪽.

을 가꿀 책무가 있다고 규정하고 있다. 넷째 기둥은 좋은 거버넌스(good governance)로, 이는 앞의 세 기둥을 실현하기 위한 수단이다.

이와 같은 네 개의 기둥을 토대로 국민총행복의 9개 영역을 설정하고 9개 영역의 고른 발전을 추구한다. 9개 영역은 생활수준, 교육, 건강, 문화 다양성과 회복력, 공동체 활력, 시간 사용, 심리적 웰빙, 생태적 다양성, 굿 거버넌스로 구성된다. 4개의 기둥과 9개 영역의 관계는 〈표 2-2〉와 같다.

부탄의 국민총행복 정책에서 또 하나의 놀라운 사실은 국민총행복을 증진하기 위해 '아직 행복하지 않은 사람'의 행복 증진에 초점을 맞춘다는 것이다. 국민총행복 정책을 실시한 초대 민선 총리 지그메 틴레이는 "행복은 한 사람이 다른 사람과 공유하지 않으면서 사적으로 또는 개인적으로 얻을 수 있는 것은 아니다. 당신이 다른 사람의 행복에 기여할 때, 당신 자신의 행복이 증진될 기회가 증대하고 그만큼 공동체의 구성원으로서 사회적으로 책임성 있고 가치 있는 사람이 될 것이다"[31]라고 했다. 즉, 행복은 개인과 사회 사이의 상호 연관 속에서 실현되고, 개인의 행복은 다른 사람의 행복을 증진시킨다고 보는 것이다.

부탄의 국민총행복 정책이 우리에게 주는 교훈은 명백하다. 물질은 행복을 위한 수단이지 그 자체가 목적은 아니다. 행복을 위해서는 경제, 사회, 문화, 환경이 고르게 발전하고, 무엇보다도 '아직 행복하지 않은 사람 또는 부문'의 행복이 증진되어야 사회 전체의 행복도가 높아질 수 있다. 경제성장 지상주의에 의해 희생되어 '소멸 위기'에 처한 지역의 재생이야말로 국민총행복의 길이다.

국민총행복과 농업·농촌의 역할[32]

우리나라 헌법 10조는 "모든 국민은 인간으로서의 존엄과 가치를 가지며, 행복을 추구할 권리를 가진다. 국가는 개인이 가지는 불가침의 기본적 인권을 확인하고 이를 보장할 의무를 진다"고 행복추구권을 규정하고 있다. 국민총행복을 위해서는 농업과 농촌이 국민을 위한 삶터, 일터, 쉼터로서의 본래 기능을 다할 수 있어야 한다. 구체적으로는 일자리, 소득과 더불어 건강, 교육, 환경, 문화, 공동체, 여가, 심

그림 2-10 국민총행복(GNH)의 다차원성(9개 영역)

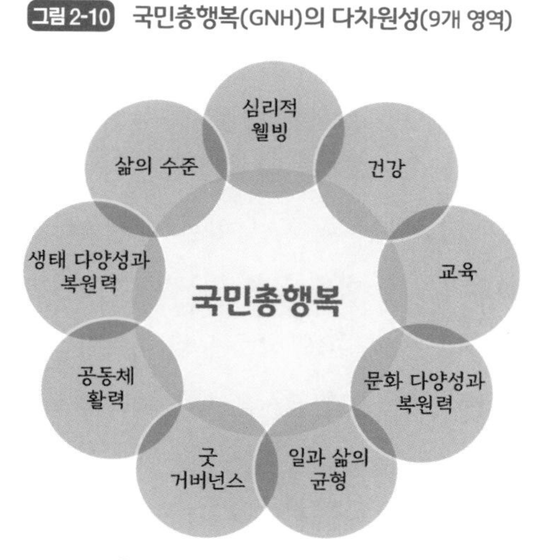

자료: 박진도 엮음, 『농민이 행복해야 국민이 행복하다』(지역재단, 2021), 21쪽.

리적 웰빙 등 국민총행복을 위해 필수불가결한 요소들의 근간에 농업과 농촌이 있다(<그림 2-10>).

건강(먹을거리)[33]

먼저, 국민총행복을 위해 가장 중요한 것은 건강이다. 『동의보감』에 "식약동원(食藥同源)"이라 했듯이 몸에 좋은 음식을 먹어야 건강하다. 정체불명의 수입 농산물에 우리의 건강을 맡길 수는 없다. 우리의 곡물자급률은 20%, 식량자급률은 40%, 칼로리자급률은 35% 수준에 지나지 않는다. OECD 국가 가운데 가장 낮다. 일상생활에 필요한 칼로리의 3분 2 이상을 외국에 의존하고 있다. 식량주권을 지키고 국민의 먹을거리 기본권을 보장하기 위해서는 우리 농업이 좀 더 힘을 내야 한다.

문화(정체성)

정체성을 상실한 사람은 행복할 수 없다. 정체성의 뿌리는 문화다. 우리가 외국 사람과 다른 이유는 얼굴 모습이 달라서가 아니라 우리의 고유한 문화가 있기 때문이다. 문화는 삶의 양식이다. 살아가는데 무엇을 어떻게 먹느냐, 어떤 옷을 입느냐, 어떤 곳에서 생활하느냐가 문화의 근본이고, 이러한 의식주 문화 위에 문학과 예술이 꽃피운다. 우리가 자랑하는 반만년 역사의 대부분은 농업·농촌의 역사이고, 우리의 고유한 문화의 뿌리는 농경문화이다. 그런데도 불과 반세기에 지나지 않는 산업문화에 의해 우리의 고유한 문화가 많이 훼손되었다. 지역 전통 축제가 사라지고, 지역마다 최고 음식을 한우로 내세울 만큼 고유한 음식 문화를 찾기 어렵다. 시골 동네에 뜬금없이 고층 아파트가 들어선다. 효율성과 편의성만 앞세운 획일적인 도시 문화를 벗어나 자연과 사람이 공존하고 사람과 사람이 서로를 느끼며 사는 지역마다의 다양한 문화가 회복되어야 한다.

환경[34]

환경은 우리의 행복에서 대단히 중요하다. 그러나 우리는 경제성장을 위해 환경을 너무도 훼손하고 희생시켰다. 환경과 생태계의 파괴는 전 세계적으로 기후 위기를 초래하고 있다. 온실가스로 인한 기후변화로 지구의 온도가 올라가고, 해수면이 상승하고, 이상 기후(폭염, 혹한, 태풍, 가뭄, 홍수 등)가 빈발하고 있다. 우리나라의 온실가스 배출량은 세계 7위 수준을 기록 중이고, OECD 국가 중에서 이산화탄소 배출량 증가율이 가장 높아 '기후악당'으로 지목되고 있다. 온실가스의 원인인 이산화탄소(CO_2), 메탄(CH_4), 아산화질소(N2O) 등의 배출 원인은 산업 공정, 에너지 등 다양하지만, 농업도 일조한다. 우리나라는 집약적 농업과 공장식 축산으로 환경 부하가 세계적으로 가장 높은 수준이다.

공동체

유엔의 행복지수와 OECD의 '더 나은 삶 지수'에서 우리나라가 경제 수준에 비해 점수가 가장 낮은 것은 공동체 분야다. 유엔 행복보고서의 '사회적 지원(social support)' 조사는 "만일 당신이 어려움에 빠졌다면 도움을 청할 만한 누군가가 있는가?"라고 묻는다. OECD의

'더 나은 삶 지수'의 '사회적 관계(social support network)' 조사도 "어려운 시기에 의지할 사람이 있는가?"라고 묻는다. '사회적 지원'이든 '사회적 관계'이든 우리나라는 거의 꼴찌 수준이다. 극심한 경쟁 속에서 각자도생의 삶을 살고 있는 우리의 모습이다. 그러나 이것이 우리의 본모습은 아니다. 이웃사촌이라는 말처럼 우리는 공동체적 삶을 중시했으나, 그 뿌리인 농촌사회가 급격히 붕괴되면서 삶의 모습이 바뀐 것이다. 농촌사회의 공동체 문화를 살리는 것을 시작으로 오늘날에 적합한 새로운 공동체 문화를 형성해야 한다.

여가(워라밸)[35]

행복의 중요한 요소 중 하나는 여가다. 도시의 삶은 돈을 버느라 바쁘고, 쓰느라 바쁘다. 도시인들은 바쁜 일상에서 벗어나 여행을 간다. 최인철 교수의 행복에 관한 연구[36]에 따르면 의미와 재미가 있는 행위로서 사교, 산책, 데이트, 운동 등을 들고 있는데 가장 순위가 높은 것이 여행이다. 농촌은 도시 사람들이 여가를 즐기며 여행하고 힐링하기 위한 최적의 공간이다. 벼가 누렇게 익어 고개 숙인 가을 들녘은 세상에서 가장 아름다운 수채화이고 마음을 풍요롭게 한다. 생산주의 농정의 규모화, 시설화로 파괴된 농촌의 환경과 경관을 회복하는 일이 긴요하다.

교육[37]

우리나라가 국제 행복 비교에서 상대적으로 높은 점수를 받는 분야가 교육이다. 교육 연한과 고등교육 진학률이 높기 때문이다. 우리나라의 교육열은 전 세계적으로도 유명하다. 아이들은 초등학교에 입학하기 전부터 사교육에 내몰리고, 중고등 학생들은 아침부터 밤 늦게까지 학교와 학원을 전전한다. 아이들이 자연을 접할 기회가 없다. 자연으로부터 '소외'된 아이들은 인지능력이나 정서, 사회, 문화 모든 면에서 부족할 수밖에 없다. 자연교육을 강화하고, 자연과 함께 하는 시간을 늘려, 인간이 자연생태계의 일부라는 사실을 인식하고, 자연과 환경을 소중하게 받아들이도록 해야 한다. 초중고생들의 교육과정에 농사 체험을 신설하고, 어른들의 텃밭 농사나 도시 농업을 장려해야 한다. 농사는 농민만이 짓는 것이 아니라, 농민과 소비자, 도시인이 함께 짓는 것이라는 인식을 가져야 한다.•

일자리

농업과 농촌은 일자리 창출에서도 중요한 역할을 한다. 우리나라는 식량자급률이 매우 낮은 나라이기 때문에 식량자급률을 높이기 위해 진지하게 노력한다면 농업 내부에서 새로운 일자리가 많이 만들어질 것이다. 그뿐만 아니라 농업이란 단순히 농작물만을 생산하는 산업이 아니다. 농업이 산업으로서 성립하기 위해서는 생산을 위한 투입재가 필요하고, 생산 이후 가공, 유통, 판매하는 과정이 필요하다. 이처럼 농업은 전후방 효과가 있는데, 이를 총칭해 농업 관련 산업(agribusiness: agriculture + business)이라고 한다. 선진국의 경우 전체 GDP

• 부탄에서는 자연 교육을 매우 중시한다. 인간은 자연으로부터 생활에 필요한 것을 얻고 지혜를 배우기 때문이다. 부탄에서는 국민총행복을 위한 녹색학교(Green School)를 교육 이념으로 삼고 있다.

에서 농림업이 차지하는 비중은 1~2% 수준으로 낮지만, 전후방 연관 산업을 포함한 농업 관련 산업의 전체 비중은 나라마다 차이는 있지만, 5~10%로 여전히 높은 비중을 나타낸다.•

농산물의 가공, 유통, 판매, 소비, 관광 등 전 과정에서 새로운 부가가치를 창출하는 6차 산업(1차 × 2차 × 3차)을 발전시킨다면 많은 일자리를 창출할 수 있다. 이때 지역의 먹을거리 문화, 주거 문화, 축제, 예술 등 지역문화를 재창출하는 것이 중요하다. 농산어촌은 보물창고다. 그곳에는 수천 년 동안 내려오며 쌓인 삶의 문화가 있다. 새마을운동과 근대화로 떠내려 간 지역의 문화를 다시 살려야 한다.

농촌은 재생에너지 생산 분야에서도 많은 일자리를 창출할 수 있다. 우리나라는 에너지 자립도가 매우 낮은 나라다. 에너지의 대부분을 수입 화석연료에 의존하고 있다. 재생에너지의 생산 증대는 기후변화에 대응하면서 새로운 일자리를 만들어낼 수 있다. 농촌은 태양광, 풍력(해상풍력 포함), 바이오에너지, 소(小)수력 등 재생에너지의 보고다.

지역사회 유지[38]

마지막으로 농업·농촌은 국민경제의 근간을 이루며 지역사회 유

• 다만 여기서 주의할 점이 있다. 첫째, 국내 농업과 농업 관련 산업이 어느 정도 연계성이 있는가 하는 점이다. 국내 농업은 쇠퇴하고, 수입 농산물을 원료로 하는 식품 가공, 유통(판매) 등이 늘어나서 농업 관련 산업의 비중이 유지된다면 별 의미가 없다. 둘째, 농업 관련 산업에서 수직적 통합이 이루어져 독과점이 형성될 가능성이 높아지고 있다. 「개발을 위한 농업과학기술 국제평가(IAASTD)」의 최종 보고서는 "거대한 기업이 식료의 생산, 가공, 판매에 압도적인 영향을 미치고 있고", 이 때문에 농가와 소비자의 관계가 단절되고, 거대 기업이 이익을 독점하는 결과를 나타낸다고 했다. 전미국농민동맹(NFU)의 추계에 따르면 미국의 소비자가 식품에 1달러를 지불하면 농민이나 축산업자의 손에는 겨우 20센트만 들어온다고 한다.

지에 크게 기여한다. 2020년 우리나라 전체로 보면 농림어업의 GDP 비중은 1.7%, 취업자 비중은 5.4%에 지나지 않는다. 1970년에 GDP 비중이 30%, 취업자 비중이 50%였던 것에 비하면 지난 50년 동안 얼마나 산업구조가 급격히 변했는지를 알 수 있다. 그렇지만 이것은 전국적 상황이고, 지역의 관점에서 보면 그림이 사뭇 달라진다. 서울을 제외하면, 광역 시·도 차원에서도 농림어업의 경제적 비중은 적지 않지만, 시·군, 읍·면 단위에서 농업은 지역사회를 지탱하는 근간이다. 예를 들어, 충청남도 전체를 보면 2020년에 농림어업은 GDP의 4.1%, 취업자의 13.8%를 차지하는 중요 산업이다. 더욱이 시·군 단위에서 농림어업의 비중은 압도적이다. 충청남도 부여군의 경우, 농림어업은 지역내총생산(GRDP)에서 23.5%, 취업자 중 48.5%를 차지하는 가장 중요한 산업이다. 면 단위로 내려가면 농업의 중요성은 더 말할 나위 없다.

국민경제는 다양한 경제 주체가 모인 유기체다. 이것을 행정·지리적 관점에서 보면 동심원을 이루고, 깊은 연관 속에 존재한다. 부여군의 부여읍은 도시적 성격을 띠면서 주변 면과 마을들의 중심지 역할을 하는데, 이 주변 지역들의 경제에서 농업의 비중은 절대적이다. 세도면의 농업이 쇠퇴하면 부여읍 경제가 뿌리째 흔들리고, 부여군 경제가 흔들리면 충청남도 경제의 중심지 역할을 하는 대전광역시의 경제가 흔들린다. 대전광역시의 경제가 흔들리면 서울과 대한민국의 경제가 위태롭다. 우리 경제가 수출주도형 경제성장으로 세계경제에 포섭되어 재벌 중심의 수도권 경제가 되면서, 농업과 농촌이 우리 사회를 지탱하는 뿌리라는 매우 간단한 진실을 사람들은 쉽게 망각한다.

경제발전과 농업·농촌의 역할[39]

공업화 시기의 농업·농촌의 역할

국민경제에서 농업·농촌의 역할은 경제·사회 발전에 따라 변화한다. 한 사회가 농업 중심 사회에서 산업사회로 이행하는 과정에서 농업은 매우 중요한 역할을 수행한다. 첫째, 농업은 공업화에 필요한 식량 및 원료를 공급한다. 둘째, 공업화를 위한 노동력을 공급한다. 셋째, 공산품에 대한 시장을 제공한다. 넷째, 공업화에 필요한 자본은 농업 부문에서 형성된 잉여에서 조달한다. 다섯째, 농산품 수출을 통해 공업화에 필요한 외화를 획득한다.

우리나라의 공업화 과정에서도 농업은 중요한 역할을 했다. 우리나라는 1960년대 이후 이른바 수출주도형 공업화를 통해 급속한 경제발전을 이룩했다. 수출주도형 경제에서 가장 큰 무기는 값싸고 좋은 노동력이었다. 농촌은 양질의 저임금 노동력을 공급하는 저수지(pool) 역할을 했다. 특히 공업화 초기에는 노벨경제학상 수상자 아서 루이스(Arthur Lewis)의 말을 빌리면, 공업 부문에 임금 상승 없이 무제한적으로 노동력을 공급했다.[40] 저임금을 위해서는 노동자의 필수재인 식량 가격이 싸야 한다. 정부는 식량 가격을 최대한 억제하기 위해 증산에 힘쓰는 동시에 해외에서 값싼 식량을 수입했다. 이른바 저곡가-저임금에 기초한 수출 증대 정책이 실시되었다.

공업화 초기에 우리나라 공산품은 품질 면에서 국제 경쟁력을 갖지 못해 싼값으로 경쟁하는 덤핑 수출이 불가피했다. 1990년대 초까지만 해도 미국 등 선진국 시장에서 한국의 전자제품은 가난한 서민을 위한 값싼 제품으로 인식되었다. 덤핑 수출이란 원가 이하의 수출을 말한다. 수출기업들은 덤핑 수출의 손실을 국내 시장에서 비싸게 팔아 메웠다. 적어도 1970년대 말까지 우리나라 국민의 약 절반이 농촌에서 거주했고, 필요한 식량의 70% 이상을 국내 농업이 담당했다. 우리 농업과 농촌이 제공한 식량, 노동력, 상품시장이 없었다면 수출주도형 공업화는 없었을 것이다. 이 외도 공업화에 필요한 자본 공급이나 외화 조달에도 농업이 적지 않은 기여를 했다.

성숙사회에서의 농업·농촌의 역할

경제가 성장하여 성숙사회로 이행하게 되면 농업과 농촌의 역할은 좁은 경제적 관점에서 벗어나 다차원적(경제적·사회문화적·생태적) 관점으로 확장된다. 경제발전 과정에서 농업 부문의 상대적 비중이 낮아지는 것은 보편적 현상이다. 그렇지만 농업·농촌의 본질적 가치와 고유한 역할이 줄어드는 것은 아니고, 오히려 그만큼 중요성이 더 커진다고 할 수 있다. 예를 들어, 국민의 절반이 농업 부문에 종사하면서 국민이 필요로 하는 식량을 제공하던 1960~1970년대에 농민 한 사람이 수행했던 역할에 비하면, 농업 부문 종사자 비중이 5%밖에 되지 않는 요즘에 농민 한 사람이 수행하는 역할이 훨씬 크고 소중하다. 공업화 시기와 성숙 시기에 농업(농민)의 가치와 역할에 변화가 있을 따름이다.

선진국의 경우 오늘날 농업이 국민총생산에서 차지하는 비중은 1%대 수준에 지나지 않는다. 그렇지만 안전한 식품의 안정적 공급, 경제적 일자리 제공, 농촌 지역사회의 유지, 국토 및 환경의 보전, 전통 및 문화의 계승이라는 농업의 가치는 날로 높게 평가되고 있고, 이러한 가치는 농산물 교역을 통해서는 얻을 수 없는 가치들이다. 또한 생활 공간, 경제활동 공간, 환경 및 경관 공간, 문화·교육 공간으로서의 농촌의 역할도 나날이 증대하고 있다. 이러한 농업·농촌의 본질적 가치와 고유한 역할은 국민소득이 높아지고 국민들이 물질적 풍요보다는 삶의 질을 중시하게 될수록 중요해진다.

환경 및 경관 공간으로서의 농촌의 역할

최근에는 환경 및 경관 공간으로서의 농촌의 역할이 주목받고 있다. 1993년의 OECD 보고서 『우리 농촌의 미래?(What Future for Our Countryside?)』는 농촌개발의 목적을 크게 두 가지로 제시하고 있다.[41] 하나는 사회경제적 발전, 즉 고용 창출, 소득 격차 축소, 기본적 서비스의 충족 등을 통해 농촌 주민을 일반 국민과 동등한 생활수준을 누릴 수 있도록 하는 것이다. 다른 하나는 농촌 지역에 존재하는 주요한 국가 유산(즉, 인간과 자연환경의 상호작용의 산물인 수많은 어메니티와 유산들)을 보호하고 발전시키는 것이다. 또한 농촌 지역이 지닌 풍부한 사회적 유산, 공동체적 연대, 아름다운 경관, 깨끗한 물, 그리고 레크리에이션 자산들은 사회 일반에 대해 많은 편익을 제공할 수 있다고 지적했다.*

* 농촌 어메니티에 관한 연구는 주로 OECD 위원회를 중심으로 이루어졌다. 1990년에 구성된 OECD 농촌개발위원회는 농촌개발과 관련하여 농촌 어메니티를 최우선 과제로 삼았고, 1994년에 어메니티에 관한 이론을 다룬 『농촌 개발과 어메니티(The Contribution of Amenities to Rural Development)』를 출간했고, 1996년에는 농촌개발을 촉진하기 위해 활용했던 어메니티 관련 정책 수단을 수집하여 『농촌 개발을 위한 어메니티: 정책 사례(Amenities for Rural Development: Policies Examples)』를 출간했다.

1999년 OECD 보고서 『어메니티와 지역개발』[42]은 "농촌 지역은 풍부하고 다양한 어메니티들의 근원지로 보고 있다. 순수한 야생지(wilderness)에서부터 주의 깊게 관리되는 경관에 이르기까지, 고대의 역사 유적에서부터 지금도 살아 숨 쉬는 문화적 전통에 이르기까지 어메니티의 범위는 매우 넓다. 그리고 소득 수준의 향상으로 인해 도시인들이 농촌에서 어메니티를 향유할 수 있는 시간과 돈이 많아지면서 이 어메니티들에 대한 수요가 증가하고 있다. 이렇게 자연과 문화유산에 대한 관심이 증대되면서 도시보다 경제발전이 뒤처진 농촌 지역들에 새로운 경제적 기회가 마련되고 있다"고 지적했다. 이처럼 OECD는 농촌 어메니티를 한편으로는 보호하고 발전시켜야 할 자산으로서, 다른 한편으로는 농촌개발을 위한 중요한 자원으로서 인식하고 있다.

3장

지역을 살리는 농정 혁신 가이드라인

생산주의 농정에서 다기능 농정으로

동족끼리 잡아먹는 농업 트레드밀

헬스장의 러닝머신이 죄수들의 고문 기구인 트레드밀(treadmill)에서 유래한다는 것을 아는 사람이 많지 않다. 트레드밀은 트레드(tread: 밟다), 밀(mill: 방앗간, 공장)의 결합어다. 즉, 밟는 방앗간이다. 이 밟는 방앗간은 1818년 영국에서 개발된 고문 기구인데, 죄수들에게 중노동을 시키면서 동시에 생산성을 높이기 위해 고안된 것이다. 죄수들은 트레드밀에서 원통형의 계단을 다람쥐 쳇바퀴 돌듯이 제자리에 서서 하염없이 밟아 올라가면서 증장비 모터 역할을 했다. 인간 풍차라고도 불린 끔찍한 고문 기구인 트레드밀은 1898년에 폐쇄되었다.

미국의 농업경제학자 윌러드 코크레인(Willard Cochrane)은 1958년에 미국 농업의 발전 과정을 트레드밀 이론으로 설명했다.[1] 앞서 가는 소수의 농민들이 생산을 늘리고 생산비를 낮추기 위해 새로운 기술을 도입하면 초과이윤을 얻을 수 있다. 그런데 그것도 잠시, 다수의 다른 농민들이 그 기술을 선택하면 생산이 증가해 가격이 하락하면서 초과이윤이 사라진다. 그러면 더 효율적인 신기술을 도입하지만, 이 효과도 곧 사라지고 다시 원래 상태로 돌아간다. 트레드밀 위에서 앞으로 가기 위해 열심히 걸어도 제자리에 있는 것과 같다.

트레드밀의 속도에 맞추지 못하는 사람(농민)은 탈락할 수밖에 없다. 대규모의 공격적이고 혁신적인 농민들은 생산 규모를 키워가지만, 소규모의 덜 효율적이고 덜 공격적인 농민들은 차례로 농업생산에서 쫓겨난다. 코크레인은 이와 같은 농업 기술 변화의 트레드밀 효과를 식인종에 비유하여 "동족끼리 잡아먹는 과정(cannibalism)"[2]이라며 개탄했다.

트레드밀 이론은 경제적으로만 보면 농업뿐 아니라 다른 분야에도 적용할 수 있다. 다만, 농업 트레드밀은 단순한 시장경제 현상만은 아니고 생산주의 농정에 의해 가속화되었다. 국가는 공업화 과정에서 도시의 산업 노동자들에게 값싼 식량을 제공하기 위해 농업생산성을 향상하고 생산비를 낮추려고 노력했다. 농업 연구개발(R&D)로 노동절약적이며 다수확이 가능한 기술을 개발하는 한편, 농민들이 이러한 기술을 채택하도록 자본 증여나 투입재를 보조했다. 이러한 정부의 노력은 농업 관련 산업 기업 및 농과학자의 이해와 일치하면서 강화되었다. 영국의 농업경제학자 데이비드 굿맨(David Goodman)은 이러한 현상을 국가, 농업 관련 자본, 농과학자의 '공생'이라고 했다.[3]

생산주의 농정은 농업 트레드밀

생산주의 농정은 '농업생산성 향상 = 농업발전 = 농가소득 증대 = 농촌 발전'을 상정하고, 농업생산성 향상을 국가가 지원하는 농정이다. 우리나라에서 농민들은 생산주의 농정에 의해 두 차례 반강제적으로 농업 트레드밀에 올라탔다. 1970년 정부는 부족한 식량 문제와 식량 수입에 따른 외화 위기를 벗어나기 위해 '통일벼'라는 이름의 다수확 신품종을 개발했다. 신품종은 한국인이 먹는 자포니카와 다수확 품종인 인디카를 교배한 것으로 다수확성이 확인되면서, 이른바 녹색 혁명의 "기적의 쌀"로 불리었다. 정부는 신품종의 보급을 위해 모든 행정력을 동원했다. 벼 수매 가격을 인상하고 통일벼를 우선 수매하는 당근을 제시했다.

그러나 많은 농민들이 신품종을 거부했다. 통일벼는 밥맛이 없어 정부 수매 이외에는 팔기 어려웠다. 신품종은 농약과 비료를 많이 투입해야 하고 병충해가 빈발하고, 물과 노동력도 많이 필요했다. 더욱이 볏짚이 짧고 매가리가 없기 때문에 가마니나 새끼를 꼴 수 없어 농한기의 유일한 수입원인 볏짚 가공품을 생산할 수 없었다. 독재 정부는 신품종 보급을 위해 '채찍'을 동원했다.[4] 이문구 작가는 소설 『우리동네』에서 최 씨의 심경을 빌려 당시의 상황을 증언한다.

> 요새 벱씨 가지구 시끄런 것 봐. 재래종 심으면 면이나 군에서 오죽 지랄허겄나. 통일베 안 심으면 면장이 직접 모판만 갈아엎는 게 아니라, 벱씨 담근 통에 마세트라나 무슨 약을 쳐놓아 싹두 안 나게 헌다는 겨, 군수가 못자리 짓밟을라구 장화 열다섯 켜리 사놓구 벼른다는 말두 못들어 봤남 …… 천상 통일베를 심으야 헐텐디.[5]

농민들은 '당근'과 '채찍'에 의해 통일벼 트레드밀에 올라탔다. 다만, 통일벼 트레드밀은 비료와 농약 등 화학적 기술에 의존하기 때문에 속도가 크게 빠르지 않아, 많은 농민들이 적응했다.

그러나 두 번째 트레드밀은 첫 번째와 차원이 달랐다. 정부는 가트(GATT)의 우루과이 라운드(Uruguay Round)에 대응해 1989년 4월 '농어촌발전종합대책'(약칭 농발대책)을 발표했다. 농발대책은 '국제 경쟁력 있는 농업'만이 살길이라는 경쟁력 지상주의를 농정 이념으로 삼았다. 즉, 농산물 시장 개방은 피할 수 없으므로 한국 농업이 살길은 농업 구조 개선을 통해 국제 경쟁력 있는 강한 농업을 육성하는 것이고, 이를 위해 영세농은 탈농을 유도하고, 소수의 상층농에게 규모 확대를 위한 지원을 집중한다는 것이다.

농발대책 발표 이후 '문민정부'는 6공 정부가 수립한 '농어촌구조개선대책'(이른바 42조 원 투융자 계획)의 3년 조기 집행을, '국민의 정부'는 1999년에 45조 원의 제2단계 농업·농촌투융자계획을, '참여정부'는 2004년에 10년간 119조 원을 투입하는 '농업·농촌종합대책'을 추진했다. 이명박 정부와 박근혜 정부는 이전 정부의 개방에 대응한 수세적 경쟁력 주의를 뛰어넘어 세계시장을 상대로 한 공격적 경쟁력(네덜란드를 모델로 한 수출 농업)을 주장했다. 각종 대책은 종합적 성격을 지니지만, 실제로 사용된 재정의 거의 대부분은 경쟁력 강화를 위한 구조 개선(특히 쌀 농업)에 사용되었다.

경쟁력 지상주의를 이념으로 한 생산주의 농정(농업구조정책)은 소수의 대농을 육성하고, 농업생산성을 크게 높였다. 그러나 '국제 경쟁력 있는 농업'이라는 목표는 달성하지 못했고, 농업과 농촌의 전반적 상황은 악화되었다. 숫자 놀음에 지나지 않는 농업투융자계획에 대해 보수 언론은 천문학적 재정 운운하면서 농업 투자를 "밑 빠진 독에 물 붓기"라고 비난했다. "농자천하지대본"이라는 국민들의 농본주의적 정서는 급속히 붕괴되었다. 농업을 바라보는 국민들의 눈초리는 차가워졌고, 점차 관심 밖으로 사라졌다.

생산주의 농정이 초래한 심각한 문제들

이제 우리 사회에서 농업과 농촌은 섬과 같은 존재가 되었다. 그 이유는 생산주의 농정의 트레드밀이 초래한 심각한 경제적·사회적·환경적 문제 때문이다.

첫째, '성장과 소득의 괴리'가 날로 심각해지고 있다. 이정환(2016)의 연구에 따르면 1990년대 이전에는 총생산과 소득이 같이 증가했으나, 구조정책이 본격적으로 추진된 1995~2012년 사이에 실질 농업총생산은 연평균 1.1% 증가했으나 실질 총농업소득은 연평균 2.6%나 감소했다. 이는 농산물 수입 증가와 생산 증가로 농산물 가격이 하락했기 때문인데, 그 이면에는 농업 트레드밀이 작용하고 있다.

농민들은 생존을 위해 외부 투입재와 외부 자본에 점점 더 의존할 수밖에 없어 농민이 차지하는 몫은 작아진다. 농민은 줄어든 몫을 보충하기 위해 규모를 키울 수밖에 없고, 그만큼 외부 자본에 대한 의존도가 높아진다. 경쟁력주의에 기초한 생산주의 농정은 이러한 '죽기 살기식 경쟁의 트레드밀'의 악순환을 가속했다.

농기계 및 시설 등 농업 투입 비용은 급속히 늘어났다. 농업 총수입에서 농업소득이 차지하는 비율을 나타내는 농업소득율은 1970년 75.8%에서 녹색혁명이 시작된 이후 1990년에는 56.9%로 낮아지고 1990년대의 구조농정 이후 급격히 하락해 2022년 현재 27.4%에 지나지 않는다. 과거에는 100원어치 농산물을 생산하면 76원이 농민 몫이었는데, 이제는 28원이 채 되지 않는다. 같은 소득을 올리기 위해서는 규모를 2.5배 이상 키워야 한다. 2022년 현재 전체 농가의 0.9% 밖에 안 되는 경지 규모 10ha 이상 농가만이 농업소득으로 가계비를 감당하는 놀라운 일이 벌어지고 있다.

둘째, '농민 소득의 상대적 박탈'과 농촌 내 소득불평등이 심화하고 있다. 1995~2022년 도시근로자 가구와 농가의 상대 소득은 95%에서 59.1%로 하락했다. 실질 농업소득의 감소로 농가소득이 전반적으로 악화했지만, 생산주의 농정에 힘입어 '억대 농부'들이 나타나면서, 농가소득의 불평등과 양극화가 심각한 수준에 이르렀다. 소득 5분위 배율(최상위 20%의 평균 소득/최하위 20%의 평균 소득)은 1995년 6.3에서 2018년에는 11.1로 높아졌다. 이는 전국 평균인 5.2의 두 배가 넘는 수준으로 그만큼 도시에 비해 농촌의 양극화가 매우 심하다는 것을 보여준다.

셋째, 농업 트레드밀로 인한 급격한 이농과 고령화로 농촌 공동화가 급속히 진행되고 있다. 농가인구는 1970년 1442만 명(전체 인구의 45.9%)에서 2022년 217만 명(4.2%)으로 줄어들었을 뿐만 아니라, 65세 이상 인구의 비중은 4%에서 50%로 높아졌다. 같은 기간에 농촌인구도 반 토막이 나서 1970년에는 우리나라 인구의 절반 이상이 농촌에 거주했으나 2020년에는 18%(면에는 9%)만이 농촌에 산다. 사정이 이렇다 보니, 이른바 지방소멸이 거론되고, 향후 30년 내 228개 시·군·구의 52%(118개)가 소멸할 것이라는 불온한 예측이 횡행하고 있다. 우리나라의 농업 트레드밀의 속도가 얼마나 빨랐는지는 전체 취업자 중 농업 취업자 비중이 40%에서 16%로 줄어드는 데 걸린 시간을 보면 알 수 있다. 영국 70년, 미국 95년, 일본 31년에 비해 우리나라는 14년밖에 걸리지 않았다.[6]

넷째, 농업 트레드밀의 가장 심각한 문제는 환경 및 생태계의 파괴다.[7] 우리나라는 집약농업과 공장형 축산으로 인한 환경 부하가 세계적으로 가장 높은 수준이다. 우리나라의 비료 사용량은 1ha당 질소의 경우 OECD 평균의 3.4배, 인의 경우 8.6배에 달한다. 농약도 주요 선진국의 4~10배에 달하는 엄청난 양을 사용하고 있다. 축산도 사육밀도가 OECD 평균보다 3.1배 높아 분뇨와 악취로 인한 환경 파괴가 심각한 사회문제를 야기하고 있다. 비료와 농약, 축산 폐기물은 토양 오염을 가져올 뿐 아니라 하천과 강으로 흘러들고, 결국은 바다로 가서 해양 오염의 원인이 되고 어족 자원을 고갈시킨다.

농업 트레드밀로 인한 토양의 산성화, 심지어 콘크리트화는 탄소 흡수 기능을 약화하고, 이산화탄소와 메탄, 질소산화물의 형태로 온실가스를 배출하여 기후변화의 주요 원인으로 지목되고 있다. 집약적 농업은 필연적으로 단작을 초래해 생물다양성을 파괴한다. 그뿐만 아니라 우리가 감당하기 어려운 수준의 물을 필요로 한다. 예를 들어, 쇠고기 1kg를 생산하는 데 1만 5000리터의 물이 사용되고, 곡물은 1500리터, 과일은 1000리터가 필요하다.

다섯째, 생산주의 농정은 경쟁력 강화를 표방했으나 국제 경쟁력이 오히려 악화했다. 식량자급률은 1990년 70.3%에서 2010년 55.1%, 2021년 44.4%로, 곡물자급률은 같은 기간에 43.1%, 27.6%, 20.9%로 낮아졌다. 쌀은 간신히 자급을 하고 있으나, 이는 경쟁력이 높아져서가 아니라 쌀 수입 제한에 따른 것이다.

농업 트레드밀에 의한 살농정책은 중단해야

생산주의 농정의 농업 트레드밀은 이처럼 처참한 결과를 초래했다. 농산물 시장 개방에 효과적으로 대응하지 못한 것이다. 나는 1989년 농발대책이 발표된 후 모 신문 칼럼에 '국제 경쟁력 지상주의'에 매몰된 엘리트 농정은 농업 트레드밀에 의한 '살농(殺農)정책'이라고 혹평했다. 불행하게도 나의 경고는 틀리지 않았다.

환경보호단체 '지구의 벗'은 1991년 "트레드밀을 멈춰라(Off the Treadmill)"라고 외쳤다.[8] 농업 트레드밀을 멈추어야 한다. 다만, 트레드밀 자체는 시장경제에서의 합리성을 일정 정도 갖고 있기 때문에 전면적으로 멈추기는 어렵다. 따라서 정부는 농업 트레드밀의 폐해를 줄이기 위해 노력해야 한다. 그런데 정부는 오히려 농업 트레드밀의 속도를 최고조로 올리는 스마트팜 육성에 열을 올리고 있다. 이제 농민들은 정부의 지원을 받는 스마트 엘리트 농기업과 죽기 살기로 경쟁해야 한다. 이른바 4차 산업혁명 시대에 농업의 스마트화, 스마트 기술의 농업 부문 응용을 위한 정부의 연구개발 노력은 필요하다. 그러나 정부가 나서서 수천억 원의 예산을 들여 극소수의 엘리트 농민(농기업)을 양성할 일은 아니다. 제2차 세계대전 이후 포드주의 축적 체제의 산물인 생산주의가 탈성장의 21세기에, 한국에서 여전히 맹위를 떨치고 있다. 생산주의 농정의 미몽에서 하루빨리 벗어나야 희망을 논할 수 있다. 농업 트레드밀을 둘러싼 국가와 농업 관련 자본, 농과학자의 '공생(삼각 연합)' 관계를 단절해야 한다.

농업·농촌의 다원적 기능과 공익적 가치

오늘날 세계는 농업생산 기능뿐 아니라 농업·농촌의 다원적 기능과 공익적 가치에 주목하고 있다. 이러한 논의를 촉발한 것은 1980년대 말부터 시작된 우루과이 라운드 농업협상이다.[9] 우루과이 라운드는 농산물 시장 개방과 자유무역을 주요 이슈로 다루었다. 미국을 필두로 한 농산물 수출국의 강한 시장 개방 요구에 대해 농산물 수입국은 이른바 비교역적 관심 사항(Non-Trade Concerns: NTC)으로 맞섰다. 농업은 국민경제 또는 한 사회에 대해 교역으로는 해결할 수 없는 다원적 기능을 수행한다는 것이다. 나라마다 제출한 NTC의 내용은 조금씩 차이가 있었으나 식량안보, 지역사회의 유지, 국토와 환경의 보전, 수자원의 보전과 함양, 홍수 방지, 토양 침식 방지, 대기 보전, 자연경관과 휴식 제공, 전통문화 계승 등이 비교역적 관심 사항으로 제기되었다. 〈표 3-1〉은 경제협력개발기구(OECD)와 유엔식량농업기구(FAO)에서 정리한 농업의 다원적 기능이다.

농업·농촌의 다원적 기능은 다기능 농업(multifunctional agriculture)이라는 개념으로 발전했다.[10] 다기능 농업의 개념은 유럽(특히 네덜란드)을 중심으로 발전하고 있다. 농업과 농촌이 농업의 기초적 기능인 식량생산을 넘어 생물다양성 회복, 환경 정화, 어메니티 복원, 문화유산 활용, 식량안보 등 과거에 주목받지 못했던 다양한 사회적 요구를

표 3-1 OECD, FAO의 농업의 다원적 기능 세부 내용

구분	기능	
OECD	① 경관(Landscape), ② 종·생태계 다양성(Species and ecosystem diversity), ③ 토양의 질(Soil quality), ④ 수질(Water quality), ⑤ 대기의 질(Air quality), ⑥ 물이용(Water use), ⑦ 경지보전(Land conservation), ⑧ 온실효과(Green-house gasses), ⑨ 농촌 활력화(Rural viability), ⑩ 식량안보(Food security), ⑪ 문화유산(Cultural heritage), ⑫ 동물복지(Animal welfare)	
FAO	사회적 기능 (Social function)	① 도시화 완화(Mitigation urbanization) ② 농촌공동체 활력(viability of rural communities) ③ 피난처 기능(Sheltering function)
	문화적 기능 (Cultural function)	④ 전통문화계승(Transmission of cultural heritage, identity, value and tradition) ⑤ 경관 제공(Offering beautiful rural land scape)
	환경적 기능 (Environmental function)	⑥ 홍수방지(Preventing flood) ⑦ 수자원 함양(Retention of water) ⑧ 토양보전(Soil conservation) ⑨ 생물다양성(Biodiversity)
	식량안보 (Food security function)	⑩ 국내식량공급(Supplying domestic foods) ⑪ 국가 전략적 요청(National strategic needs)
	경제적 기능 (Economic function)	⑫ 공동체의 균형발전과 성장(Balanced development and growth of communities) ⑬ 경제위기 완화(Buffer of economic crisis)

자료: 서동균·권오상·한두봉, 『농업의 다원적 기능에 관한 가치평가 연구』(농촌진흥청, 2023).

수행한다는 것이다. 이러한 농업의 다기능성을 활용해 농업과 농촌 분야에서 다양한 소득 기회와 경제활동의 가치사슬(value chain)이 형성된다.

'농(農)'에 대한 인식의 전환이 필요하다

생산주의 농정에서 다원적 기능 농정으로 전환하기 위해서는 농(農)에 대한 인식의 전환이 필요하다. 즉, 생산(산업) 관점에서 다기능(지역) 관점으로 전환해야 한다. 생산(산업) 관점에 따르면 농업의 역할(목표)은 식량을 값싸게 공급하는 것이다. 이를 위해 농업생산 규모를 키워 농업생산성을 높이고 비용을 최소화한다. 농업의 기계화, 현대화, 시설화가 추구되고 정부는 그에 필요한 자금을 보조한다. 따라서 정부의 지원은 대농과 기업농에 집중된다. 대량 생산을 추구하기 때문에 농업생산이 단작화하는 경향이 있고, 농산물 판매는 중앙(대도시)의 대규모 시장을 지향한다. 고투입 농법을 지향하기 때문에 환경에 부담을 준다.

다기능(지역) 관점은 지역의 지속가능한 통합적 발전을 지향하고, 지역의 역량 개발을 중시한다. 농업생산뿐 아니라 농업의 다원적 기능을 극대화하려고 한다. 대량 생산보다는 다품목 소량 생산을 지향하고, 외부 투입재를 최소화하고 지역 내 자급을 중시하기 때문에 정책은 대농보다는 중소농과 가족농 육성에 초점을 맞춘다. 농산물의 판매도 직판, 지역시장 등 로컬 푸드를 우선적으로 지향한다. 환경을 중시하고 도시와 농촌의 상생을 추구하며 지역의 관점에서 농업정책을 농촌정책에 통합해 사고한다. 이러한 정책이 성공하기 위해서는 중앙정부의 하향식이 아니라 다중적 거버넌스와 파트너십에 기초한 상향식 내발적 발전이 추구되어야 한다(<표 3-2>).

표 3-2 **농의 가치: 인식의 전환**

	생산주의(산업) 관점	다기능(지역) 관점
목표	식량 공급	지역의 지속가능한 통합적 발전 / 역량 개발
성과 기준	규모의 경제: 생산성 제고/ 비용 최소화	다원적 기능의 극대화
생산물	표준화·획일화된 농산물	지역성을 갖춘 고품질 친환경 농산물
생산방식	단작·대량 생산 / 외부 자원 고투입	다품목 소량 생산 / 저투입 / 지역 내 자급 지향
판매방식	지역 외부, 중앙시장, 수출시장	로컬푸드, 직판, 지역시장 지향
사회적 영향	영세농과 대농의 양극화/ 농촌과 도시의 대립	공동체 지향/ 농촌과 도시의 상생
환경적 영향	고투입농법으로 환경 부하 증대	친환경적 농법으로 환경 부하 최소화
정책적 함의	산업정책으로서의 농업정책 → 농산업의 경쟁력 강화 - 시장가격 지지 - 농업보조금 - 농가소득 감소분 직접지불	지역정책으로서의 농촌정책 → 농업·농촌의 다기능성 극대화 - 농업·농촌의 공익적 기능에 대한 직접지불 - 6차 산업화를 통한 내발적 발전
주체	중대농, 기업농	중소농, 가족농
정책추진 체계	중앙정부 하향식	다층적 거버넌스와 파트너십: 상향식 - 중앙-지방 - 민간-행정 - 지역 주제 간

자료: 박진도 엮음, 『농민이 행복해야 국민이 행복하다』(지역재단, 2021), 37쪽.

우리를 더는
불행하게 하지 마라

정부와 지자체는 지역을 살리고 주민을 행복하게 하겠다고 막대한 재정을 투자해 여러 가지 사업을 하고 있지만, 과연 제대로 성과를 내고 있을까?

나는 전국 8개 도의 지역리더들과 함께 '국민총행복과 농산어촌개벽대행진 전국추진위원회를 결성하여, 2021년 10월부터 2022년 1월까지 전국 8개 도 18개 시·군을 순회하며 '국민총행복과 농산어촌개벽대행진'을 하고 민회(民會)를 개최했다. 민회에서 농민들은 우리를 행복하게 해주지 않아도 좋으니 "더 이상 불행하게 만들지 마라"며 절규했다. "왜, 우리의 생존 기반인 농지를 빼앗아 가느냐?", "왜 산업폐기물을 우리 농지에, 우리 밥상에 마구 버리느냐?", "기업이 버린 오염물질과 오폐수 때문에 식수와 농업용수를 사용할 수 없다", "풍력 발전의 소음 때문에 청력을 잃었다", "송전탑 설치로 동네가 둘로 갈라져 싸운다", "태양광 시설을 왜 도시에는 하지 않으면서 우리 논밭에 하느냐?" 등 "이대로만 살게 해달라"고 호소했다. 이제 일인당 소득 3만 달러가 넘는 세계 10위권의 경제 선진국에서 여전히 3농(농어업, 농어촌, 농어민)을 성장을 위한 희생물로, 농촌을 도시와 자본의 폐기물이나 배설물을 처리하거나 자원(농지, 물, 에너지 자원 등)을 수탈하는 도시의 식민지로 취급하고 있으니, 어찌 농촌 주민들이 분노하

그림 3-1 『농어촌의 분노와 희망』 표지

소빈 박진도 교수는 도올 김용옥 선생, 전국 8개 시·도의 지역리더들과 함께 '국민총행복과 농산어촌개벽 대행진 전국추진위원회'를 결성하여, 2021년 10월 26일 해남 땅끝 마을에서 2022년 1월 19일 서울 광화문까지 전국 8개 시·도 18개 시·군을 순회하며 '국민총행복과 농산어촌개벽대행진'을 하고 민회를 개최했다. 기후 위기, 먹을거리 위기, 지역 위기를 극복하고자 하는 각지 주민들의 호소와 바람은 '농정대전환'으로 모두가 행복한 나라 3강·6략으로 집약, 당시 대통령 선거 각 당 후보에게 전달되었다.

자료: 사진은 대행진과 민회의 전 과정을 기록한 백서, 『농어촌의 분노와 희망』(도서출판 지역재단, 2022.9.29).

지 않겠는가![11]

나라살림연구소의 연구에 따르면 2020년 현재 28조 원을 들여 건립한 전국 지자체 공공시설 882개 가운데 791개(90%)가 적자 운영을 하고 있고, 적자액은 1.2조 원에 달했다.[12] 적자의 원인은 이용객이 많지 않은 반면에 운영 비용이 크게 늘어나고 있기 때문이다. 한마디로 지자체의 애물단지가 되고 있다.

지역경제 살리기라는 명목으로 전국에 산업단지가 우후죽순처럼 생겨났다. 2022년 12월 기준으로 전국의 산업단지는 1274개에 달한다. 산업단지 건설에는 수백억 원에서 수천억 원의 예산이 투입되지만 산업단지가 실제로 지역경제에 어느 정도 도움이 되는지는 미지수다. 반면에 산업단지는 임야뿐 아니라 농지를 파괴하여 식량안보를 위협하고 환경문제를 야기하여 주민들과 심각한 갈등을 야기하고 있다. 산업단지의 또 다른 문제는 산업폐기물 처리장도 함께 들어오는 것이다.[13] 전국 곳곳에서 산업폐기물처리장 설치를 반대하는 투쟁이 벌어지고 있다.

그뿐만 아니라, 각 지자체는 관광객을 불러올 것이라는 막연한 기대에 앞다투어 케이블카나 출렁다리를 설치하고 있다. 하나에 수백 억 원이 들어가는 관광용 케이블카는 현재 20여 개 운행 중이고, 추진 또는 계획 중인 케이블카까지 합치면 그 숫자가 50개에 이른다. 수지가 맞는 케이블카는 적을 뿐 아니라, 환경 파괴로 인해 거의 예외 없이 주민들과 갈등을 빚고 있다. 환경 파괴 문제로 케이블카에 대한 지역 주민들의 저항이 강해지자 지자체들은 출렁다리 설치에 열을 올리고 있다. 2010년 63개였던 출렁다리는 2022년 현재 208개에 달하고 있다. 2009년 충청남도 최초로 개통한 207미터 길이의 청양 천장호 출렁다리는 2015년 77만 명의 방문객이 다녀갔지만, 2021년 32만 명으로 급감했다. 2019년 402m로 만들어졌던 예산의 예당호 출렁다리도 첫해인 2019년 방문객이 295만 명에 달했으나 2022년 100만 명 정도로 줄었다. 그럼에도 2021년 10월에는 이웃 동네 논산에 길이 600m의 동양 최대 출렁다리가 개통되었다.[14] 출렁다리가 난립하면서 희소성이 사라졌고 출렁임 말고는 특색도 없다 보니 흥미를 끌지 못하고 있는 것이다. 더불어 지역경제 효과도 감소할 수밖에 없다. 이것이 다가 아니다. 스카이워크, 집라인 설치 경쟁을 하며 예산만 낭비하고 있다.

농산어촌을 살린다는 명목으로 농촌마을종합개발사업, 산촌마을종합개발사업, 어촌마을종합개발사업을 비롯해 많은 다양한 마을개발사업이 이름을 바꾸어가며 추진되고 있다. 이 가운데 제대로 운영되고 있는 곳이 얼마나 될까? 강원도 I군은 접경 지역 지원 사업으로 29개 마을에 마을당 대략 30억 원의 예산을 투입해 도시민 유치를 위한 펜션 등 관광시설을 건설했다. 그 가운데 경상 운영비라도 나오는 곳은 한 군데뿐이라고 한다. 전국에서 건설 중인 각종 도로와 철도 등은 농촌 지역에서 사람, 돈, 자원을 대도시로 끌어내는 파이프라인 역할을 하고 있다. 고속열차가 돈과 사람을 수도권에 집중시키는 현실을 직시해야 한다.

농어촌 주민에게 '국토·환경·문화·지역 지킴이 수당'을!

"가이사의 것은 가이사에게"라는 『성경』 구절처럼 농촌 주민의 것은 농촌 주민에게 돌려주어야 한다. '농촌개발'은 틀린 말이다. 농촌은 개발의 대상이 아니다. 국가의 책무는 그곳에 사람들이 행복하게 살 수 있는 여건을 마련하는 것이다. 개발이란 이름으로 외부 자본과 외부 사람들이 농촌으로 들어가 파괴하는 행위를 중단해야 한다. 농촌 살리기라는 명분으로 천문학적인 돈을 농촌에 투입하지만, 농촌 주민에게는 별 도움이 되지 않는다. 사회간접자본(soc)과 공공시설 등에 대한 정부의 보조금 사업은 지역 유지들과 공무원, 정치인에게 떡고물을 남기고, 도시인이 운영하는 각종 업체를 통해 돈이 다시 도시로 되돌아간다. 지역에 남는 것은 주민 갈등과 관리 운영비 하마인 각종 시설과 텅 빈 도로뿐이다.

지역개발 예산(보조금)을 정리해 지역경제와 주민의 삶에 직접 도움이 되는 '국토·환경·문화·지역 지킴이 수당'(약칭 농산어촌 주민수당)을 농산어촌 주민에게 지급하자. 이는 농어촌기본소득을 농어촌 주민에게 '국토·환경·문화·지역 지킴이' 수당으로 지급하는 것이라 할 수 있다. 단순한 기본소득이 아니라 '지킴이' 역할에 대한 대가로 농어촌 주민에게 지불하는 것이라는 점을 분명히 함으로써 국민의 공감대를 얻기 위한 것이다. 또한 농어촌 주민은 자기 역할에 대한 자각과 자긍심을 높일 수 있다.

지역재단에서는 '농산어촌 주민수당'의 도입 필요성과 현실성 있는 추진 방안에 대해 지역 활동가들의 의견을 수렴한 바 있다.[15] 당시 설문조사에 응답한 119명 중 85%가 농산어촌 주민수당의 필요성에 동의했다. 동의하는 이유는 다음과 같다.

- 농촌소멸 위협 극복과 국토 불균형발전을 해소하기 위해 수당을 지급하여 도시로의 인구 유출 방지와 외부 인구의 유입이 필요하다(35.8%, 73명).
- 현행 하드웨어 중심의 농산어촌 개발 정책보다 농산어촌 주민수당이 더 정책 효과가 클 것이기 때문이다(19.1%, 30명).
- 농산어촌 공동체 활성화와 지역순환경제 촉진을 위해 필요하기 때문이다(16.7%, 34명).
- 농산어촌 주민들이 경제적으로 너무 낙후되어 있어 경제적 안정이 필요하기 때문이다(14.7%, 30명).
- 농산어촌 주민들의 삶의 질 개선을 위해서 필요하기 때문이다(12.7%, 26명).

지역개발사업 보조금을 줄여 농산어촌 주민수당 예산을 마련하는 방안에 응답자의 78%가 찬성했다. 이는 현재의 지역개발 예산이 지역(주민)에 별 도움이 되지 않는 현실을 반영한 것이다.

실제로 2021년 6월에 있었던 전라남도 K군 J면(인구 약 2000명)의 지역리더들과의 대화에서도 이런 사실을 확인할 수 있었다. 우선 정부가 벌이는 각종 농촌개발 사업이 J면의 미래에 도움이 되는지 물었더니 모두가 도움이 되지 않는다고 답변했다. J면에는 이웃의 다른 면보다 돈이 덜 들어왔고, 중심지 활성화 사업 같은 큰돈이 아직 안 들어온 것은 불행 중 다행이라고들 했다. 지역 의정 보고에 따르면 당시 J면에서 시행되는 보조 사업들의 예산은 관광개발사업비 180억 원을 비롯해 400억 원에 달했다. 적지 않은 돈이다. 주민 일인당 2000만 원이다. 돈이 훨씬 많이 들어왔다는 이웃 S면의 실태는 어떨까? "S에는 많은 개발 사업이 들어와 땅값이 오르고, 사업을 주도한 사람들은 땅을 팔아서 도시에 아파트를 사서 돈을 벌었다. 땅값이 오를 것을 기대하여 사람들이 땅과 집을 내놓지 않아 지역발전을 저해하고 있다"고 답했다.

그러나 주민의 힘만으로는 지역 살리기에 한계가 있다. 어떻게 하면 좋을지를 물었다. "그 답은 교수님이 잘 알고 있지 않습니까? 기본소득 개념으로 농촌 주민들에게 직접 현금으로 수당을 지불하는 것이 답이라고 생각한다", "지금은 농촌 지역이 너무 피폐해 개발에 한계가 있고, 어느 정도 회복될 때까지는 직접 지원이 반드시 되어야 한다". 내가 구상하는 농산어촌 주민(면 지역)을 대상으로 한 '국토환경지역지킴이 수당' 프로그램을 설명했더니 100% 찬성이란다.

이 지역재단의 설문조사에서 농산어촌 주민수당 시행으로 기대되는 효과에 대해서는 다음과 같이 응답했다.

- 지역 내 소비 활성화로 지역경제가 활성화될 것이다(지역순환경제) (27.4%, 60명).

- 농산어촌 주민들의 경제적 불안이 어느 정도 해소되어 행복도가 상승할 것이다(26.0%, 57명).
- 도시 사람들의 농산어촌 유입이 활발해질 것이다(24.7%, 54명).
- 중앙정부와 지자체 정책에 대한 신뢰도가 상승할 것이다(4.6%, 10명).
- 지역 내 주민 간 갈등이 최소화되고 공동체성이 강화될 것이다(3.2%, 7명).

또한 설문조사에서 응답자 가운데 가장 많은 사람들(38%, 45명)이 월 40만 원의 수당 지급이 적정하다고 했고, 다음으로 30만 원(32.8%, 38명), 20만 원(13.0%, 16명), 15만 원(10%), 25만 원(4%, 5명), 35만 원(3.0%, 3명)이 적정하다고 했다.

'농산어촌개벽대행진'에서 우리는 지역개발 예산을 대폭 줄여 농어촌 주민에게 1인당 월 30만 원의 농산어촌 주민수당을 지급할 것을 주장했다. 지급 대상이나 금액 등에 대해서는 앞으로 심도 있게 논의해야겠지만, 우선 소멸위험에 처한 읍·면·동 지역의 주민들을 대상으로 시작하여 점차 확대해 가는 것이 좋겠다. 금액도 논의를 통해서 점차 증액하거나 지역별 차등을 두는 방안 등도 있겠다. 이에 대해서는 4장에서 자세히 다루겠다.

국민에게 건강한 먹을거리를

사람은 누구나 언제, 어디서나 자신의 생존에 필수적인 건강하고 안전한 먹을거리를 안정적으로 섭취할 권리가 있다. 유엔은 '1948년 세계인권선언'(제25조)과 1966년 '경제적, 사회적 및 문화적 권리에 관한 국제규약'(제11조)을 통해 '적절한 먹을거리(adequate food)'를 인간의 기본권리(인권)로 선언했다. 우리나라는 국제규약에 1990년 가입했다. 우리나라 사람들은 과연 얼마나 먹을거리 기본권을 보장받고 있는가?

한약방에서 보약이 아니라 다이어트약을 판다

나는 아버지의 남다른 교육열로 일찍 유학(遊學)했다. 초등학교 6학년 때 강원도에서 아버지의 고향인 부산으로 전학을 갔고, 중학교 때 대학 가는 큰누이를 따라 서울로 올라왔다. 누이와 둘이서 장마만 지면 물이 넘치는 문간방에서 자취를 했다. 사과를 담아 파는 나무 궤짝 두 개를 겹쳐 찬장 대신 사용했고, 곤로 하나로 취사를 해결했다. 아무래도 먹는 것이 변변치 않아 얼굴색이 좋지 않았다. 가끔 서울에 올라오신 아버님은 아들이 걱정되어 큰 맘 먹고 1년에 한 차례씩 한약방에서 보약을 지어주셨다. 그렇다. '나 때'는 보약이 최고의 건강식이었고, 한약방의 주요 수입원이었다. 그런데 얼마 전 한의원을 하는 친구를 만났더니 요즈음은 보약을 찾는 사람이 별로 없다고 한다. 무엇으로 돈을 버느냐고 하니 다이어트약이 주된 수입원이란다.

한약이 보약에서 다이어트약으로 극적 전환되었듯이, 영양 부족에서 비만을 걱정하는 시대가 되었다. 주위에 먹을거리가 지천이다. 음식물의 7분의 1은 먹지 않고 쓰레기로 버려지고, 그로 인한 경제적 손실이 연간 20조 원에 달한다고 한다. 옛 어른들은 "밥은 하늘"이고, "음식을 버리면 천벌을 받는다"고 했으나, 지금은 '밥이 다이어트의 적'으로 천대받는 세상이다. 이러니 밥을 생산하는 농민이 사회적으로 좋은 대우를 받을 수 없다. 농자천하지대본이 아니라 '농자천하지대봉'이라는 비아냥거림조차 들린다.

정체불명의 수입 농산물이 건강을 망친다

그런데 알고 보면 우리가 생산한 것을 먹고 버리는 것이 아니다. 우리나라의 식량자급률은 44.4%(2021)에 지나지 않는데, 이도 사실상 착시 현상을 불러오는 수치다. 사료용 곡물을 제외하고 사람이 직접 먹는 주식용 곡물만을 대상으로 산정했기 때문이다. 우리는 주식용 곡물보다 사료용 곡물을 훨씬 많이 수입한다. 사료를 먹여 키운 소, 돼지, 닭, 생선 등을 먹어서 필요한 에너지를 보충하기 때문에, 사료용 곡물을 포함한 곡물자급률이 더 정확한 지표다. 우리나라의 곡물자급률은 20%에 지나지 않는다. 우리가 섭취하는 칼로리를 기준으로 해도 자급률은 35%에 지나지 않는다. 더욱 심각한 문제는 이러한 자

그림 3-2 곡물자급률과 식량자급률 추이

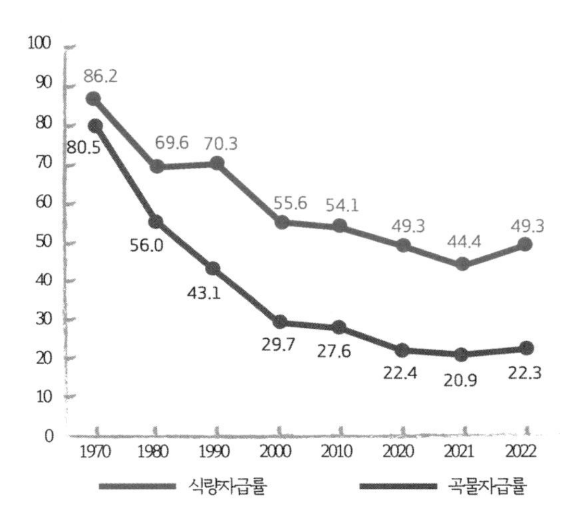

자료: 농식품부, 2023 농림축산식품 주요통계.

급률이 매년 낮아지고 있다는 것이다. 우리나라의 곡물자급률은 1975년 73%에서 1995년 29.1%로 급격히 하락한 후 2015년 23.9%, 2021년 20.9%로 하락했다.

우리나라는 매년 1700만 톤 이상의 곡물을 수입하는 세계 5대 곡물 수입국이다. 곡물별 자급률(2021)을 보면, 쌀은 84.6%이지만, 밀 0.7%, 옥수수 0.8%, 콩 5.9% 등으로 쌀을 제외한 전체 곡물자급률은 3.4%에 지나지 않는다. 우리나라는 EU에서 수입이 금지된 유전자조작식품(GMO)을 세계에서 가장 많이 수입하는 나라다. 2022년 국내에 수입 승인된 식품용 및 사료용 GMO는 총 1105.3만 톤(42.6억 달러)인데, 식품용이 165.3만 톤(15%), 사료용이 940만 톤(85%)으로, 2008

년 대비 각각 6.5%, 33.9%로 증가했다. 콩은 전체 수입량의 80%, 옥수수는 전체 수입량의 75%가 GMO 농산물이다.

먹을 것이 넘치고 의약이 발달하여 우리나라 사람의 기대수명은 통계청의 '2022년 생명표'에 따르면 82.7세로 세계적으로도 긴 편이다.* OECD 평균보다 2년 길다. 그런데 건강수명은 65.8세다. 17년을 건강하지 않은 상태로 삶을 이어간다는 말이다.** 더욱이 문제인 것은 건강수명이 정점을 찍고 내리막에 들어선 것이다. 건강수명은 2020년 66.3세에서 2022년 65.8세로 불과 2년 만에 0.5년 줄어들어 10년 전인 2012년 수준(65.7세)으로 되돌아갔다. 우리 국민 1명이 받은 외래진료 횟수는 연간 17.2회로, OECD 국가 중 가장 많았다. OECD 국가 평균 6.8회의 2.5배 수준이다. 여러 가지 이유가 있겠지만 그 주된 이유 중 하나는 잘못된 서구식 식습관과 농약과 방부제에 찌든 정체불명의 수입 농산물에 우리의 건강을 맡기고 있기 때문일 것이다. 내가 먹은 음식이 내 몸을 만든다.

그러나 우리나라에서 생산된 농산물이라 해서 반드시 안전하고 건강한 농산물이라 할 수 없다. 우리나라는 주요 선진국에 비해 단위면적당 농약과 비료를 과도하게 사용하고 있다. 화학비료 사용량은

* 기대수명은 2022년에 태어난 아이가 앞으로 살날을 의미한다. 그동안 기대수명은 길어졌는데, 2021년에 정점인 83.6세를 찍고 2022년에는 내리막을 타고 있다.

** 건강수명이 줄어든 가장 큰 원인은 비만으로 파악하고 있다. 한 지역사회 건강조사 자료에 따르면 국내 비만율은 2013년 24.5%에서 2022년 32.5%로 무려 8%나 증가했다. 질병관리청에 따르면 2022년 전체 사망자 중 74.3%인 약 28만 명이 만성질환으로 사망했는데, 비만과 높은 콜레스테롤혈증이 주요 원인으로 꼽힌다. 노진섭, 「기대수명 82년의 한국인, 17년을 골골거린다」, ≪시사저널≫, 2024.1.1.

ha당 2012년 267kg에서 2021년에 286kg, 농약은 2012년 9.9kg에서 2021년 11.8kg으로 증가했다. 그 결과 토양 내 질소(N)와 인(P)의 집적률이 OECD 국가 평균의 3.4배와 8.6배에 달해 가장 높다. 축산도 공장식으로 밀식 사육을 하기 때문에 가축집적도가 OECD 평균의 3배가 넘는다. 여기에 우리 농토에 맞지 않는 고성능·고가의 농기계가 과다 투입되고 있다. 고투입 농업은 소비자 건강과 환경에 부정적인 영향을 미친다. 농자재 과다 투입으로 농가 수입은 줄어들고, 농업생산성은 노동, 토지, 자본의 측면에서 모두 감소하고 있다.

먹을거리 불균형과 불평등

먹을거리가 넘친다고 해서 모든 사람이 충분한 영양을 제대로 섭취하고 있는 것은 아니다. 질병관리청 '국민건강영양조사'(2021년 기준)에 따르면, 에너지 권장 섭취량의 75% 미만을 섭취하는 영양 섭취 부족자가 적지 않다. 연령대별로 보면 65세 이상 연령층에서 22.8%, 50~64세에서 14.2%, 30~49세에서 16.2%, 19~29세에서 20.1%, 12~19세에서 23.6%가 영양 섭취 부족자다. 소득수준이 낮은 계층에서 영양 상태가 더 좋지 않다. 2021년 하위계층의 영양 섭취 부족자 비율은 20.7%로 2012년 17.7%보다 늘어났다. 특히 아침식사 결식률이 심각하다. 연령대별로 결식률이 심한 순서로 보면, 19~29세 53.0%, 30~49세 39.1%, 12~18세 34.5%, 6~11세 18.0%, 50~64세 17.9%, 3~5세 9.1%, 65세 이상 6.3% 등이다.

먹을거리 불평등으로 인한 먹을거리 취약계층의 건강권이 심각하게 침해받고 있다. 미국에서 공부할 때 슈퍼마켓에서 만난 비만 여성의 모습이 떠오른다. 그녀는 자신의 몸무게를 이길 수 없어 휠체어에 의존해 식품을 구입하고 있었는데, 손에는 빈곤층에게 지급되는 푸드 스탬프가 들려 있었다. 푸드 스탬프는 저소득층 등 취약계층에게 식료품 구입비를 지원하기 위한 바우처다. 미국 전체 가구의 약 16%인 4200만 명이 푸드 스탬프를 받는다.• 정크 푸드와 잘못된 식습관이 가난한 그녀의 건강을 망치고 있었다. 미국이 우리의 미래가 되지 않기 바란다.

국민의 먹을거리 기본권을 위한 네 가지 조언

국민의 먹을거리 기본권을 보장하는 것은 국가와 지방자치단체의 가장 중요한 의무다. 무엇을 어떻게 해야 할 것인가?

첫째, 먹을거리의 국내 공급력을 높여 식량안보를 확보하고 식량주권을 회복해야 한다. 세계무역기구(이하 WTO) 체제하에 확대되는 농산물 무역은 식량안보를 심각하게 위협하고 있다. 국제 농산물 시장의 구조는 매우 취약하다.[16] 농산물은 공산품과 달리 세계시장에서 교역량의 비중이 매우 적은 전형적인 '엷은 시장(thin market)'이다. 예를 들어, 우리가 주식으로 하는 쌀의 경우 국제시장에서 거래되는 양은 전체 쌀 생산량의 5% 내외에 지나지 않는다.

• 푸드 스탬프는 지금은 '영양보조지원 프로그램(Supplemental Nutrition Assistance Program: SNAP)으로 명칭이 바뀌었다. SNAP의 운영 시스템에 대해서는 Center on Budget and Policy Priorities, "A Quick Guide to SNAP Eligibility and Benefits"(2023).

그림 3-3 세계 곡물시장의 '빅브라더', 4대 메이저 기업의 시장점유율

(단위: %, 2009년 기준)

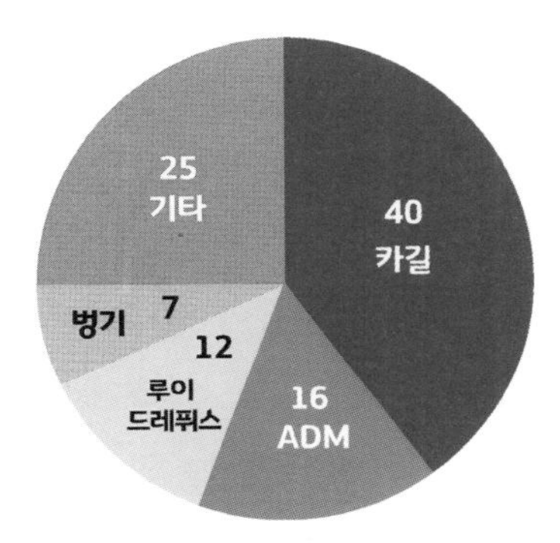

자료: 한국농촌경제연구원.

세계 곡물시장은 기본적으로 공급자의 과점(寡占)시장이다. 곡물 수출국은 소수인 반면에 수입국은 다수이기 때문이다. 미국, 호주, 캐나다 3대 곡물 수출국의 주요 농산물에 대한 비중을 보면 밀 60%, 사료곡물 70%, 쌀 65%, 콩 90% 이상을 차지한다. 2018년 식용 밀의 경우에는 미국이 48%, 호주 44%, 캐나다 8%로 100%를 차지한다. 이러한 곡물시장은 ADM, 벙기(Bunge), 카길(Cargil), 루이 드레퓌스(Louis Dreyfus) 등 이른바 'ABCD' 곡물메이저 기업이 지배하고 있다.

곡물 메이저 기업이 지배하는 '엷은 시장'에서는 생산량이 조금만 줄어도 곡물 가격이 폭등할 수밖에 없다. 세계가 주기적으로 식량 위기를 겪는 이유다. 더욱이 기후 위기로 인해 전문가들은 식량 위기가 더 심화할 것으로 전망하고 있다. 우리나라 5000만 국민의 건강을 곡물 메이저 기업에 맡길 수 없다. 식량자급률을 높여야 한다. 정부도 그 필요성을 잘 알고 있지만 실천하지 않는다. 농림축산식품부는 2013년

에 발표한 '농업·농촌 및 식품산업 발전계획'에서 2022년 식량자급률 목표를 60%, 곡물자급률 목표를 32%로 정했다. 2018년에는 그 목표치를 각각 55.4%, 27.3%로 낮추었으나 실제로는 이 수치에도 훨씬 미치지 못한다. 식량자급률 제고를 위한 비상한 노력이 필요하다.

둘째, 국민 누구나 먹을거리 기본권을 보장받아야 한다. '먹을거리 보장(food security)'이란 '모든 사람이 언제나 활동적이고 건강한 삶을 위해 충분하고 안전하며 영양 있는 먹을거리를 필요와 기호에 따라 물리적·사회적·경제적으로 접근할 수 있는 상태'를 말한다. 이를 위해서는 소득 수준이 낮아 영양을 제대로 섭취하지 못하는 절대적 먹을거리 취약계층뿐 아니라 인구 구조(고령화) 및 가구 구성의 변화(1인 가구의 증가)나 식생활 소비 패턴의 변화(외식 및 패스트푸드), 잘못된 식습관 등으로 인한 사회적 먹을거리 취약계층 모두를 대상으로 하는 먹을거리 정책의 공공성을 강화해야 한다.

구체적으로는 국가와 지방자치단체가 학교급식 및 공공급식 등 먹을거리에 대한 공공 조달체계를 구축해야 한다. 또한 취약계층을 대상으로 한 먹을거리 바우처 제도를 전면 확대 도입하고, 아동·학생·노인·장애인·청년·임산부 등 계층별 특성에 맞는 먹을거리 공급체계를 갖추어야 한다. 아울러 지역 내 먹을거리를 기반으로 한 사회적 경제 조직을 육성해 먹을거리 기반 공동체를 활성화해야 한다.

셋째, 건강하고 안전한 먹을거리 시스템이 구축되기 위해서는 식생활 교육과 식문화 가치 확산이 중요하다. 먹을거리 기본권을 보장하는 것은 국가와 지방자치단체의 의무이지만, 그것은 '먹을거리 시민(food citizen)'의 실천을 통해 실현된다. 먹을거리 시민이란 먹을거리에 대한 바른 의식을 갖고 무엇을 먹고 어떻게 생활하고 실천할지 아는 사람을 말한다.[17] 먹을거리 시민이 되기 위해서는 농업과 환경을 배려하는 식생태(食生態) 교육을 유·초·중·고등학교의 교과 과정에 의무화하고, 평생학습 차원에서 생애 전 주기별로 올바른 식생활 교육을 강화해야 한다.

넷째, 기후 위기에 대응한 지속가능한 먹을거리 생산체계를 갖추기 위해서는 관행 농업을 친환경 생태농업으로 전환해야 하고, 지역 먹을거리 순환체계를 확립해야 한다. 이를 위해서는 농민의 공익기여직불을 대폭 확대해야 하고, 먹을거리의 생산-가공-유통-소비-폐기 전 과정에서 지역순환성을 높여야 한다. 시장원리에만 맡길 수 없는 농산물의 특성을 고려해 지역 먹을거리 체계를 통해 생산자와 소비자의 관계 유통을 확대하고, 친환경농업에 필요한 투입재를 지역에서 조달하며, 남은 음식이나 음식물 폐기물을 지역에서 자원화하는 노력이 필요하다.

농정 틀 전환과 대통령의 역할

문재인 정부 농어업·농어촌대책위원회의 좌절

문재인 대통령은 2017년 대선 과정에서 "국가 농정의 기본 틀을 바꾸겠다", "이를 위해 대통령이 농정을 직접 챙기기 위해 대통령직속 농어업특별기구를 설치하겠다"고 약속했다. 임기 3년 차인 2019년 4월에야 대통령직속으로 농어업·농어촌특별위원회(약칭 농특위)가 간신히 설립되었다. 그 이유는 청와대 정책실이 '농특위'에 대해서 기본적으로 부정적이었기 때문이다. 정책실은 '농특위'에 대해서만 부정적이었던 것은 아니다. 대통령직속 위원회의 신설 자체에 대해 전반적으로 부정적이었다. 심지어 "할 일도 없으면서 완장 차려고 하는 거 아니냐"라는 반응까지 보였다. 그러나 문재인 정부의 이른바 농업 패싱이 심각한 상태에 이르러, 농업과 먹을거리 분야 인사들이 청와대 앞에서 목숨을 건 단식투쟁을 전개하자, 청와대는 국회에서 입법을 하면 설치하겠노라 후퇴했고, 국회가 2018년 12월 말에 「농어업·농어촌특별위원회 설치 및 운영에 관한 법률」을 제정하기에 이른다.

우여곡절 끝에 '농특위'가 설치되었고, 대통령 임기 중반에 과연 제 역할을 할 것인지에 대한 우려의 목소리가 작지 않았지만, 농업계의 기대는 대단히 컸다. 왜, '특별' 위원회이니까. '농특위'는 출범부터 역설적으로 '특별'했다. 통상은 청와대 대변인이 위원회 출범 소식을 전하며 아무개가 적임자라 위원장에 임명했다고 언론에 알린다. 그런데 농특위는 농특위 사무국이 언론보도 형식으로 스스로 출범 소식을 세상에 전했다. 위원장과 위원은 대통령이 위촉하지만, 흔히 말하는 위촉장 전수식조차 없이 농특위 사무국이 인사처에 가서 위촉장을 받아왔다.

농특위의 역사적 소명은 '농정 틀 전환'

억지 춘향으로 만들어지고 보통 대우도 받지 못하며 출범한 '특별'위원회이지만, '농정 틀 전환'이라는 역사적 소명을 다해야 한다. 우루과이 라운드 이후 30년 묵은 개방농정의 때를 벗기고 새로운 농정을 설계한다는 것이 얼마나 가슴 벅차고 중요한 일인가. 그동안 우리 농정을 지배해 온 기본 이념은 '생산주의 농정'이다. 생산주의 농정의 원조는 이른바 녹색혁명으로 대표되는 증산 농정이다. 녹색혁명은 농약과 비료, 종자, 에너지 등 외부 투입재를 많이 사용하여, 단위면적당 또는 일인당 농업생산성을 높여 농산물의 생산비를 낮추는 것을 목적으로 한다. 생산주의 농정은 우루과이 라운드 이후 농산물 시장 개방과 맞물려 '국제 경쟁력 있는 농업만이 살길'이라는 경쟁력(지상) 주의 농정으로 강화되었다. 외국의 값싼 농산물과 경쟁하기 위해 생산성을 높이고 생산비를 낮추려는 규모화, 시설화, 집약화, 단작화가 농업의 구조 조정이라는 이름으로 강력히 추진되었다.

생산주의 농정을 넘어 다원적 기능 농정으로

생산주의 농정에서는 농업·농촌의 다원적 기능을 무시하고 오로지 값싼 농산물의 공급만을 강요했다. 그 결과는 참담하다. 우리 농민과 농촌 주민의 삶은 악화되고, 국민은 불행하다. 첫째, 규모화와 시설화는 농민을 자본에 심각하게 종속시켰다. 둘째, 생태계를 파괴하고 기후변화를 초래하고 있다. 셋째, 급격한 이농과 고령화로 농촌 공동화가 급속히 진행되고 있다. 넷째, 도시와 농촌의 소득 격차를 초래하고 농민을 우리 사회의 빈민 계층으로 전락시킬 뿐만 아니라, 농촌 내 불평등 심화로 농촌 공동체가 급속히 붕괴하고 있다. 다섯째, 생산주의 농정의 설계주의는 농민의 주체성과 창의성을 약화했다. 여섯째, 무분별하게 추진된 지역개발은 난개발로 인해 농촌의 주요한 자원인 농지, 물, 자연, 경관, 역사, 문화를 파괴하여, 농촌의 정체성이 상실되고 있다. 여섯째, 식량자급률이 낮아져 식량안보가 위협받고, 정체를 알 수 없는 해외 농산물 수입이 급증해 국민 건강을 크게 해치고 있다.

생산주의 농정으로부터 '농정 틀 전환'은 더 이상 늦출 수 없는 시대적 소명이다. 농정 틀 전환을 위해 무엇을 어떻게 할 것인지에 대한 논의는 농특위 내부에서 비교적 순조롭게 진행되었다. 오랫동안 그에 대한 논의가 있었고, 2018년에 대통령직속 정책기획위원회 농정개혁 TF에서 대략의 밑그림을 그려놓았기 때문이다. 농정 틀 전환의 기본 방향은 생산주의 농정이 무시하고 왜곡한 농업·농촌의 본래 기능(다원적 기능)을 살려내는 것이다. 다시 말해 농업·농촌의 경제적·사회문화적·생태적 기능을 회복하여, 지속가능한 농업과 지속가능한 농촌사회를 만드는 것이다. 그리고 그것을 통해 농민 행복과 국민

그림 3-4 농정 틀 전환 4대 이념, 12대 개혁 어젠다

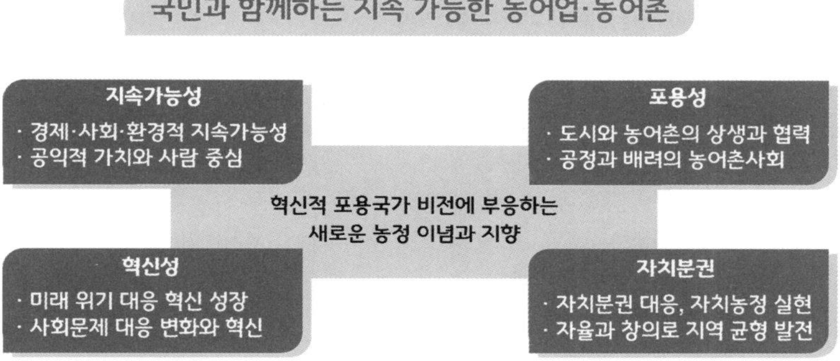

국민과 함께하는 지속 가능한 농어업·농어촌

지속가능성
· 경제·사회·환경적 지속가능성
· 공익적 가치와 사람 중심

포용성
· 도시와 농어촌의 상생과 협력
· 공정과 배려의 농어촌사회

혁신적 포용국가 비전에 부응하는 새로운 농정 이념과 지향

혁신성
· 미래 위기 대응 혁신 성장
· 사회문제 대응 변화와 혁신

자치분권
· 자치분권 대응, 자치농정 실현
· 자율과 창의로 지역 균형 발전

농정 틀 전환을 위한 12개 개혁 어젠다

01. 공익기여지불 예산제도로 전환
02. 농수산물 가격과 농어가 경영의 안정은 국가 기본 책무임을 명확화
03. 농어촌의 다양한 자원과 사회적경제를 활용한 농어촌경제 활성화 촉진
04. 청년·여성 등 농어촌사회의 미래를 열어가는 새로운 주체 형성
05. 농어촌 주민의 삶의 질 향상과 농어촌인구 20% 확보
06. 기후변화 대응과 농어촌의 자원 보전 및 환경성 강화
07. 국민건강과 지역순환경제를 강화하는 먹거리체계 확립
08. 불법 농지 소유 근절과 농민의 농지이용권 철저 보호
09. 중앙정부-지방정부-민간의 협치에 기반한 농정 추진 체계 개편
10. 협동조합의 정체성 확립과 조합원 중심의 농협·수협·산림조합 개혁
11. 남북농림수산 협력 강화로 평화경제의 초석 마련
12. 지속 가능 농정과 분권 농정 실현을 위한 조직·제도 개혁

자료: 대통령직속 농어업·농어촌특별위원회, 『지속가능한 농어업·농어촌 비전과 전략』(2019), 1, 15~19쪽.

행복의 증진에 이바지하는 것이다. 농특위는 "농어민이 행복해야 국민이 행복하다"는 캐치프레이즈를 앞세우고, 농정 틀을 생산주의 농정으로부터 다원적 기능 농정으로 전환하기 위해 12개의 의제를 설

정했다(<그림 3-4>).

'농정 틀 전환'에 대한 기득권의 저항

농정 틀 전환을 위한 의제 설정, 여기까지는 어려움이 없지 않았지만 대체로 무난하게 진행되었다. 문제는 그러한 의제를 어떻게 실천하고 실현하는가다. 농정 틀 전환은 기존의 농정을 근본적으로 바꾸는 개혁으로서 무모할 만큼 어려운 일이다. 작은 정책 하나 바꾸기도 어려운 것이 현실인데 자문기구에 지나지 않는 농특위가 기득권 세력의 저항을 물리치고 '농정 틀'을 전환할 수 있겠는가? 강산이 세 번 바뀌는 동안에도 변함없이 농정 예산으로 몸집을 불려온 일부 상층 부농과 그들의 농정 파트너들이 기득권을 놓으려 하지 않을 것이 분명하다. 특히 '농정 틀 전환'을 지금까지 자신들이 해온 농정에 대한 부정으로 받아들이는 관료들의 저항은 불 보듯 뻔했다. 3농(농어업, 농어촌, 농어민)에 대한 국민의 무관심, 재정 당국과 경제계의 차가운 시선을 어떻게 극복하고 농정개혁에 대한 국민적 공감대를 형성할 수 있을까?

더 이상 물러설 곳이 없다는 절박함과, 30년 만에 농정을 바꿀 수 있는 절호의 기회라는 농어업계의 열망에 힘입어 나는 온 힘을 다했다. 그러나 지금 돌이켜 보면, 농특위의 자문기구로서의 한계, 농특위의 현실적 위상을 생각할 때 농정 틀 전환은 오만하고 무리한 욕심이었다. 예상했던 바이지만, 기득권 특히 농협과 농림축산식품부(약칭 농식품부)의 저항은 예상보다 훨씬 강력했다. 2019년 9월 말 농특위는 농협중앙회장 직선제를 골자로 한 「농업협동조합법」 개정을 의결하고 국회에 개정안을 제출했다. 그런데 농식품부가 국회 농림축산식품해양수산위원회(이하 농해수위)에서 '부가의결권' 문제를 제기하며 제동을 걸었다. 나는 농식품부 장관에게 "차관이 참석한 농특위 회의에서 의결한 것을 주무 부처인 농식품부가 무시한다면, 농특위는 필요 없는 거 아니냐"라고 강하게 항의했다. 그렇지만 거기까지였다. 농식품부가 반대해서 결국 「농업협동조합법」(이하 농협법) 개정은 무산되었다. 농협중앙회장 직선제는 농협 개혁의 본질도 아니고 아주 작은 시작에 불과하다. 그런데 이런 것조차 관철할 힘이 없는 농특위가 농협을 개혁한다, 더군다나 농정 틀을 전환한다? 어떻게, 무슨 힘으로 하겠는가?

자문기구의 한계를 뛰어넘고자 전국 순회 타운홀 미팅 개최

그러나 좌절하고 주저앉기에는 농특위의 시대적 사명이 너무 막중했다. 농정 틀 전환의 필요성을 전체 국민에게 직접 호소하고, 국민적 공감대라는 힘을 빌리기 위해 2019년 하반기에 '농정 틀 전환을 위한 전국 순회 타운홀 미팅'을 시작했다. 10월 30일 제주도를 시작으로 9개 도를 순회한 타운홀 미팅은 12월 5일 경상남도를 끝으로 유종의 미를 거두었다. 타운홀 미팅은 기대 이상의 성과를 거두었고, 청와대도 이를 인정하여 대통령과 함께 12월 12일 '농정 틀 전환을 위한 2019 타운홀 미팅 보고대회'를 개최하기로 했다. 위원장 취임 후 대통령과 농정에 대해서 한 번도 직접 대화를 나눌 기회가 없었던 나로서는 절호의 기회였다. 그러나 그러한 기회조차 없이 '보고대회'가 열렸다. '보고대회'이니 당연히 타운홀 미팅을 통해 수렴한 농정 틀 전환의 방향과 과제가 중심이 될 것으로 기대했다. 그러나 청와대

농해수비서관이 들고 온 계획안은 농정 틀 전환과 거리가 멀어도 한참 멀었다. 나는 2018년 말 청와대에서 열린 대통령 참석 행사에 있었던 해프닝인 농민은 안중에 없으면서 청년 농부 띄우기를 예로 들며, 차라리 보고대회를 하지 않겠다고 강력하게 반발했다.

대통령 말씀은 관료의 겉표지 갈아 끼우기 신공(神功)에 의해 허공으로

우여곡절 끝에 "사람과 환경 중심으로의 농정 전환"이라는 대통령의 중요한 말이 있었다. 그 내실은 아쉬운 점이 많았지만, 중요한 것은 대통령의 말을 화두로 이행계획을 잘 수립하는 것이었다. 그런데 농특위는 실행계획 수립의 주체가 아니었고, 농식품부가 주도하여 계획안을 만들고, 농해수비서관실이 TF를 구성하여 여러 의견을 조율하는 형태로 진행되었다. 지금까지 생산주의 농정을 수립하고 집행해 온 농식품부에 그것을 뒤바꾸는 계획을 수립하라고 하니, 제대로 된 개혁안이 나올 리가 없었다. 농식품부 이행계획안은 제목과 목차를 바꾸고 겉표지만 갈아 끼워 옛것을 새것같이 둔갑시키는 관료의 신공(神功)이 돋보였다. 나는 농식품부 초안을 받아들일 수 없으니 농특위안을 중심으로 수정할 것을 요구했다. 그러나 관철할 힘이 없었다.

나는 사무국장에게 차라리 TF에서 탈퇴하여 농특위의 독자안을 수립하라고 지시했으나 이행되지 않았다. 농식품부가 '공익형 직불제' 중심으로 예산을 개편한다고 하면서, 2020년부터 5년간 직불제 예산을 2조 4000억 원에 동결한 것은 받아들일 수 없었다. 이것은 "공익형 직불제로의 전환"이라는 대통령의 뜻과도 맞지 않았다. 농특위는 공익기여지불을 2021년에 3조 원으로 늘리고 문재인 정부가 마지막으로 편성하는 2023년 예산에는 5조 원까지 확대할 것을 제안했다. 이처럼 공익기여지불 예산을 늘려가기 위해서는 기존의 생산주의 농정과 지역개발에 사용하던 보조금을 대폭 삭감하고, 새로 늘어나는 농정 예산을 공익기여지불에 우선적으로 배정해야 한다. 과연 농식품부가 그러한 개혁을 단행하려고 하겠는가? 12·12 대통령 보고대회에 따른 이행계획 수립도 몇 차례 논의되었으나 그나마도 흐지부지되고 말았다. 결국 농식품부가 주관한 2020년 11월 11일 농업인의 날 대통령 기념사에서 '농정 틀 전환'은 한마디도 언급되지 않은 채 허공으로 날아가고 말았다.

윤석열 정부, 경제성장주의와 생산주의 농정을 강화하다

윤석열 대통령은 대선 과정에서 다음과 같이 공약했다. '튼튼한 농업, 활기찬 농촌, 잘사는 농민'의 실현을 위해 중소 가족농 소득 안정, 농촌 인력난 해소, 농업의 디지털 생산·유통 혁신과 가격 안정, 농업의 공익적 가치에 대한 농업 직불금 확대, 식량주권 회복을 위한 농지 보전 강화, 탄소중립을 위한 저탄소 농업의 확산, 고령 농업인의 편안한 노후와 건강관리, 청년농 집중 육성, 농촌 주민 삶의 질 향상, 국민에게 안전하고 건강한 먹거리 제공, 환경 친화적 축산업 구축과 가축질병 예방 강화 등을 농정 공약 기본 방향으로 설정했다.

사람들은 이 정도의 공약이라도 정말 추진된다면 3농(농어업, 농어촌, 농어민)의 현실이 지금보다는 조금 나아질 텐데 과연 잘 지키겠냐는 의심의 눈초리를 보냈다. 이를 의식한 듯 윤석열 후보는 "제가 차기 정부를 맡게 되면 농업·어업·축산 정책과 그 예산을 대통령이 직접 확실하게 챙기겠습니다"라고 했다. 역대 정부의 대선 농정 공약(公約)은 대체로 빈 약속(空約)으로 끝났다. 윤석열 정부의 농정을 전면적으로 평가하기에는 아직 이르다. 그러나 지금까지 보여준 농정 방향이나 농정 철학을 보면 대선 공약을 지키기는 어려워 보인다.

2023년 5월 통계청은 2022년도 평균 농가소득이 4615만 원으로 전년 대비 3.4% 감소하고, 이 중 농업소득이 949만 원으로 전년 대비 26.8% 감소했다는 조사 결과를 발표했다.• 나는 농업소득이 10년 만에 1000만 원 아래로 떨어진 것에 충격을 받았다. 물가 상승을 고려하면 실질 농업소득은 10년 전에 비해 반 토막 수준에도 미치지 못한다. 농민의 입장에서 농가소득과 농업소득의 안정이 무엇보다도 절실한 과제다. 이것은 윤석열 대통령의 제1 농정 공약이기도 하다.

그러나 윤석열 정부의 농정은 농민의 절절한 호소에는 별 관심이 없는 것 같다. 왜 이토록 농업소득은 날로 하락하는 것인가? 농업소득은 농산물 조수입에서 농업 경영비를 뺀 것이다. 농업소득이 감소하는 것은 농산물 조수입은 증가하지 않는데 농업 경영비는 빠르게 상승하기 때문이다. 농산물 조수입을 결정하는 가장 중요한 요소는 농산물 가격이다. 윤석열 정부는 농산물 가격 보장보다는 물가 안정을 앞세워 농산물 가격을 낮추기에 급급한다.[18] 가장 강력한 수단은

• 농식품부 장관은 국감에서 이것을 농업 통계의 문제 탓으로 돌렸다. 농업 통계의 부정확성에 대한 문제 제기는 진작부터 있어왔지만 농업소득 하락 문제를 통계 탓으로 돌리는 것은 너무 옹색한 변명이다. 부정확한 통계라도 시계열 자료는 추세를 반영하기 때문이다.

값싼 해외 농산물의 수입이다. 출범 직후 대통령이 주재한 비상경제 민생회의에서는 물가 부담을 완화하겠다면서 "농축산물 긴급 수입 확대"를 발표한 것을 비롯해, 2023년 8월 31일 발표한 정부 합동 추석 민생대책에는 파인애플과 망고 등의 무관세 수입을 확대한다는 내용이 포함되었다. 2023년 10월 17일 열린 민생·물가 안정 관계 장관 회의에서도 "수입 과일, 탈지·전지분유 관세 할인"을 추진한다고 했다. 농민들은 농산물 생산량이 늘어도 가격 하락으로 고민이지만 최근에는 기후변화로 인해 과일 등 많은 농산물의 작황이 좋지 않다. 생산량이 줄었는데, 수입 농산물로 가격이 하락하니 농산물 조수입이 증가할 수 없다. 반면에 농업 경영비의 대부분을 차지하는 비료와 농약 등 자재비와 인건비는 대폭으로 늘어났다. 특히 농업 노동력의 부족과 코로나 팬데믹이 겹쳐 인건비는 천정부지로 상승했다.

윤석열 정부는 농민들의 어려움을 해결하기보다는 푸드테크(Food + Technology)에 열을 올리고 있다. 푸드테크는 로봇·AI를 사용한 식품의 제조 공정이나 스마트팜, 대체육 사업 등을 말한다. 푸드테크는 말할 나위 없이 일반 농민과는 별 관계가 없고, 식품기업에 농업 진출의 길을 열어주는 것이다. 정보통신기술(ICT)을 활용한 첨단기술을 농식품 분야에 활용하는 것은 필요한 일이지만, 그것만으로 우리 농식품 분야의 미래가 열리는 게 아니다.

정부는 스파트팜을 우리 농업의 미래라고 하며 적극 육성하고 있다. 스마트팜은 스마트 농업 또는 농업의 스마트화와 구분해서 생각해야 한다. 스마트 농업은 생산, 가공, 유통, 소비 등 농업 가치사슬의 모든 단계에 걸쳐 데이터·인공지능(SW)에 기반을 두고 농업 혁신을 창출하는 광의의 개념이다. 이에 대해 스마트팜은 주로 생산 기능을 강화하기 위한 시설·장비(HW)에 초점을 둔 협의의 개념이다. 스마트팜은 비닐하우스, 유리온실 등의 시설원예, 축사 등에 사물인터넷(IoT), 빅데이터, 인공지능, 로봇 등 정보통신기술을 접목해 작물과 가축의 생육 환경을 원격·자동으로 적정하게 유지·관리할 수 있는 농장을 말한다.

우리나라의 스마트 농업정책은 스마트팜 육성 중심이다. 대표적인 것이 스마트 농업 혁신밸리사업인데, 이는 다목적 대규모 유리온실 단지를 조성하는 것을 핵심 내용으로 한다. 경북 상주 43ha에 1332억 원, 경남 밀양 47ha에 876억 원, 전남 고흥 30ha에 1100억 원, 전북 김제 21.3ha에 963억 원을 투입하는 사업 등이 추진되고 있다. 스마트팜은 많은 자본이 투자되기 때문에 대규모 농장이 아니면 채산을 맞추기 어렵다. 스마트팜의 경우 딸기·참외·토마토·파프리카 4개 품목에 80% 이상이 집중되어 있고, 노지 작물, 과수 부문과 축산 부문의 보급 실적은 미미한 수준이다.

스마트팜 농산물의 유통구조는 기존 농업과 차별화되어 있지 않다. 생산량 증가는 경쟁으로 인한 가격 정체·하락 요인으로 작용하여 일반 농가의 불만을 초래한다. 스마트팜 육성 목표 중 하나는 청년 창업생태계를 마련하는 것인데, 실상 청년들의 참여는 저조하다. 청년 농업인들은 초기 투자 비용, 기술, 농지 확보 등에 어려움을 겪고 있다. 스마트팜을 부정할 필요는 없지만, 스마트팜이 발달한다고 해서 오늘날 우리가 직면한 지역 위기나 식량 위기, 기후 위기에 대응할 수 없다.

스마트팜은 농업이라기보다는 식물공장에 가깝다. 농업의 본질은 탄소, 질소 등 무기질을 이용하여 태양에너지를 농축시킨 식물성 생명체를 창출하고, 이를 다시 동물성 생명체로 전환시켜 인간에게 필요한 에너지를 전달하는 것이다.[19] 그러나 스마트팜은 인공 구조물을 만들고 태양이 아닌 전기에너지를 사용하고, 흙이 아닌 인공 양분에 의존하여 농산물을 생산하는 자원(자본) 집약적 식물공장이다. 따라서 식물공장은 태양에너지를 농축하는 탄소 중립적이고 친환경적이라는 농업의 기본 이념에 반하므로 지속가능하기 어렵고 기후 위기를 가속할 우려가 있다. 식물공장은 식량보다는 시설원예에 적합하기 때문에 식량 위기에 대응할 수 없다. 그리고 매우 자본 집약적이기 때문에 고용 창출 효과가 거의 없다.[20]

스마트팜은 과거 실패한 문민정부의 유리온실 정책을 떠오르게 한다.[21]* 스마트팜은 생산주의 농정의 끝판왕이라 할 만하다. 그럼 왜 윤석열 대통령은 중소 가족농의 소득 안정이라는 자신의 공약을 파기하고 농민들과 별 관계없는 푸드테크에 열을 올리는 것일까? 그것은 윤석열 대통령의 경제 철학이 기본적으로 극단적인 경제성장주의에 기초하고 있기 때문이다. 윤석열 정부는 과거 어느 정부보다도

• 정부는 우루과이 라운드 이후 농가소득 보전을 위한 고소득 작물개발과 고급원예작물의 수출 증대에 목표를 두고 시설원예 부문을 국제 경쟁력을 갖춘 자본·기술 집약적 산업으로 육성하기 위해 최첨단 시설인 유리온실을 적극 지원했다. 그 결과 1991년 5ha에 불과했던 유리온실 면적은 1998년 323ha로 크게 증가했다. 그러나 1997년 말 IMF 경제 위기로 경영비 증가, 소비 위축으로 고비용 유리온실 농가는 큰 타격을 받았다. 정부의 유리온실 투자 실적을 보면, 1995년과 1996년에는 2000억 원을 넘었으나 1997년 이후 급감했고, 1998년에는 시설원예 사업비로 678억 원을 책정했지만 신청 농가가 적어 물량을 소화하지 못했다. 그 후 유리온실 정책은 대표적인 실패 사례로 많은 비판을 받았다.

경제성장에 진력하고 있다. 윤석열 대통령은 후보 시절 "일주일에 120시간이라도 바짝 일하고, 이후에 마음껏 쉴 수 있어야 한다", "전두환 시기에 경제가 안정되고 성장했다"라고 하는 등 성장주의 철학을 거침없이 드러냈다. 그리고 당선 이후에는 친기업적 행보를 하면서 민주노총에 대해서는 적대적 태도를 보이고 있다. 윤석열 정부는 '자유민주주의와 시장경제'를 통치 철학으로 하고 있다.

'자유민주주의와 시장경제'라는 구시대적 성장주의를 국정 철학으로 하는 한, "농업·어업·축산 정책과 그 예산을 대통령이 직접 확실하게 챙기겠다"는 윤석열 대통령의 공약은 거짓말로 끝날 가능성이 높다. 윤석열 대통령은 초대 총리로 "뼛속까지 시장주의자, 개방주의자"라는 한덕수를 지명했다. 3농은 시장주의, 개방주의의 가장 커다란 피해자임은 말할 나위없다. 대통령 비서실장을 비롯해 경제 장관들은 이명박·박근혜 시절에 신자유주의 정책을 밀어붙인 사람들로 채워졌다. 대통령의 공약과는 달리 3농의 험난한 앞날이 전망되어 우울하다. '역내 포괄적 경제 동반자 협정(RCEP)'의 발효에 이어 '포괄적·점진적 환태평양 경제 동반자 협정(CPTPP)'과 미국 주도의 '인도·태평양 경제 프레임워크(IPEF)' 등 메가 자유무역협정(Mega FTA)이 줄줄이 이어질 전망이다. 3농은 태풍에 휩싸일 것이다. 시장주의 경제 관료들이 공익형 직불금을 2배(2.4조 원에서 5조 원)로 늘리겠다는 윤석열 당선자의 대표 농정 공약을 과연 지킬 것인지 의심스럽다. 현재(2023) 공익형 직불금 3.1조 원을 임기 말까지 5조 원으로 하기 위해서는 매년 최소한 5000억 원 이상씩 늘려가야 한다. 그러나 2024년도 예산에 공익형 직불금은 1원도 늘어나지 않았다.

대통령직속 농특위법 개정해서 농정 틀을 전환해야

농민들이나 농업계 학자들은 입버릇처럼 농업문제 해결을 위해서는 "대통령의 의지가 중요하다"고 말한다. 3농의 불행은 농어민만의 문제가 아니다. 도시민이 겪고 있는 주거, 교통, 환경, 일자리, 교육 문제의 근원이 농산어촌의 붕괴와 수도권 집중에 있다는 사실은 삼척동자도 다 안다. 그런데 성장 신화와 성장 중독에서 벗어나지 못한 정치인과 언론인, 관료, 학자들은 눈귀를 닫고 애써 외면한다. 3농은 우리 사회에서 섬으로 전락했다. 그래서 농업계는 "대통령이 직접 나서야만 한다"고 하고, 후보들은 표를 얻기 위해 직접 챙기겠다고 약속하는 것이다. 프랑스의 사회심리학자 귀스타브 르봉(Gustave Le Bon)은 『군중심리』에서 "당선될 수만 있다면 과장된 공약을 남발해도 괜찮다. 유권자는 공약에 박수를 보낼 뿐 얼마나 지켰는지 알려고 하지는 않는다"고 했다.

대통령의 역할이 중요하기는 하지만 성장주의 국정 철학에서 3농이 설 자리는 없다. 농업과 농촌이 국민총행복에 기여할 수 있는 방향으로 농정 틀을 전환하기 위해서는 성장주의를 먼저 극복해야 한다. 지난한 얘기지만 그렇게 하지 않으면 답이 없다. 농정 틀을 전환하기 위해서는 이미 실패했지만 그래도 대통령직속 농어업·농어촌 특별위원회가 제 역할을 해야 한다. 농특위가 농정 틀 전환을 추진하려면 당연한 말이지만 그에 걸맞은 권한이 있어야 한다. "중이 제 머리 못 깎는다"고 농식품부를 탓해야 소용이 없다.

농특위는 그동안 논의되어 온 농정 틀 전환의 비전, 방향, 과제, 추진 전략 등 개혁 로드맵을 발전적으로 재정립한다. 그리고 이 로드맵을 토대로 농업계, 소비자 조직, 시민사회단체, 노동계, 경제계, 정계, 언론계 등을 망라한 전 사회적 합의를 도출한다. 이를 위해서는 「농특위법」을 개정하여, 농특위의 미션과 권한을 명확히 해야 한다. '농정 틀 전환'을 농특위의 미션으로 법에 명시한다. 농특위가 단순한 자문기구에 머물러서는 그 역할을 할 수 없다. 농특위가 농정 틀 전환의 로드맵에 기초하여 '농어촌 주민의 삶과 농어업·농어촌의 발전을 위한 기본계획'을 수립하고, 점검·평가하는 기능을 통해 해당 부처에 이행을 강제하는 권한을 가져야 한다. 이를 위해서는 농특위의 위원을 지금처럼 농어민 중심이 아니라 각계의 대표들로 구성해야 한다. 3농이 우리 사회에서 섬으로 존재하는 상황을 벗어나기 위해서도 농어민만이 아니라 국민 모두의 행복을 위한 농정 틀 전환이 필요하다. 지금 정부에서 못한다면 차기 정부에서라도 반드시 농정 틀을 전환해야 한다.

4장

농어민이 행복해야 국민이 행복하다

농정대전환을 위한 농정개혁 과제

농업 재정 개혁:
농업 보조금에서 농업공익기여지불로

생산주의 농정에서 다기능 농정으로 전환하기 위해서는 농업 부문의 재정 개혁이 필요하다. 농업생산성 향상을 위한 각종 투융자와 보조금 등을 줄이고, 농업의 다원적 기능과 공익적 가치를 증진하는 방향으로 농업 예산을 사용해야 한다. 근대 재정이론의 창시자 리처드 머스그레이브(Richard A. Musgrave)는 『재정학이론(The Public Finance)』(1959)에서 재정의 3대 기능으로 경제 안정 및 성장, 소득 재분배, 자원 배분을 제시했다. 경제 안정 및 성장 기능이란 고용, 물가, 국제수지 등 거시경제를 안정적으로 유지하면서 경제를 성장시키는 기능이다. 소득 재분배와 자원 배분 기능은 '시장 실패'를 보완하기 위한 기능이다. 소득 재분배는 시장에서의 소득 분배의 불평등을 시정하기 위한 것이고, 자원 배분은 시장에서의 독과점을 막고 시장에서 공급되지 않는 공공재 등 외부 효과가 있는 재화를 국가 재정으로 공급하는 기능이다.

이러한 재정이론에 비추어 보면, 농업 재정은 제 기능을 하지 못했다. 농업 재정은 경제 안정 및 성장 기능을 중시한 반면에, 소득 재분배 및 자원 배분 기능은 소홀히 다루었다. 우리나라는 국가 전체로 보더라도 재정이 경제성장에 치우쳐 있는데, 농업 재정은 그보다도 훨씬 성장 기능에 경도되어 왔다. 우루과이 라운드 이후 국제적으로

표 4-1 농정 틀 전환의 새로운 전략 목표와 프로그램 목표

전략 목표	농업의 공익적 가치 발전	농업의 지속가능성 확보	안전한 먹거리 안정적 보장	지속가능한 농촌 구현
프로그램 목표	* 공익기여지불 (기본형)	경영 안정	농산물 공급 안정성 확보	농촌정주 및 복지
	* 공익기여지불 (선택형)	* 농업 인력 및 지식체계 형성	농산물 안전, 안심 확보	* 지역활성화와 혁신
	* 농업 다기능성 지원	* 농업자원 관리	순환형 먹거리 사슬 구축	* 경제활동 다각화
		* 농업 환경 보존	* 먹거리 복지 보장	농림축산식품 행정 지원

주: * 표시된 프로그램은 앞으로 국민과 농민이 함께 행복한 농정 틀 전환의 새로운 농정 전략에서 예산의 역할이 중요한 정책 영역이다.

자료: 이명헌 외, 「농식품 재정구조 개편 및 농정추진체계 재편 방안」, 농어업·농어촌특별위원회(2019), 62~63쪽.

그림 4-1 농업·농촌의 공익적 기능

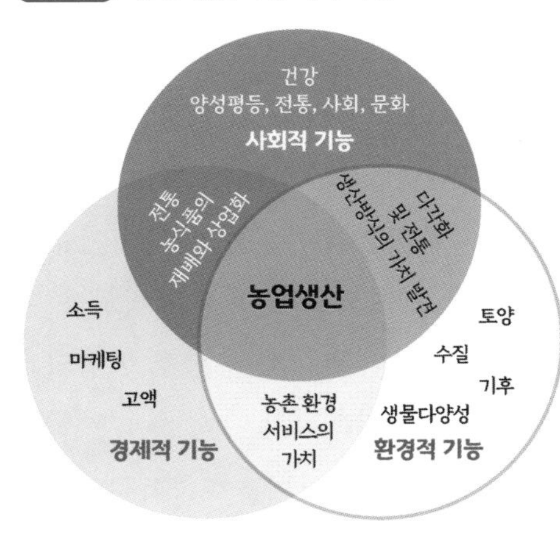

공익적 기능은 '다원적 기능'이라고도 한다.

- **경제적 기능**
농산물·농업 관련 서비스·부가가치 증진, 지역경제 활성화, 일자리 유지·창출 등
- **사회적 기능**
농사 체험의 휴양·치유·교육 효과, 지역사회 유지, 공동체성 및 전통과 역사, 문화 유지 등
- **환경적 기능**
대기 정화 등 기후변화 완화, 생태환경 보전·유지, 생물다양성 유지, 수자원·토양자원 유지·보전, 농촌다운 자연·경관·문화 유지

자료: IAASTD 보고서(2008).

경쟁력 있는 농업을 육성하기 위한 생산주의 농정이 추진되었기 때문이다. 그동안의 농정은 생산성 향상에는 어느 정도 기여했지만, 농촌인구의 급속한 감소로 '지방소멸'을 염려하게 되고, 식량자급률의 하락으로 식량안보가 위협받게 되었다는 점에서 안정화 기능조차 제대로 실현하지 못했다. 더욱 심각한 문제는 '시장 실패'를 보완하기는커녕 소득 분배와 자원 배분을 왜곡하고 악화했다. 도시와 농촌 간의 소득 격차가 확대되었을 뿐 아니라, 농촌 내 양극화가 심화되었다. 생산성 제일주의는 농촌의 생태환경을 파괴해 농업·농촌의 공익적 가치를 잠식했다.

농업공익기여지불, 농민 1인당 월 30만 원 지급할 수 있다

대통령직속 정책기획위원회 농정개혁 TF는 2018년에 농정 예산을 직불제 중심으로 개편할 것과, 정책 명칭을 직접지불제에서 농업기여지불제로 변경하고 그 예산 규모를 2022년까지 농업 예산 대비 약 30%인 5조 2000억 원으로 확대할 것을 제안했다. 이를 위해 기존 농업 예산에서 5000억 원을 확보하고, 새로 늘어나는 농업 예산 가운데 5000억 원을 확보하여 매년 1조 원씩 직불금을 늘려가는 방안을 제시했다. 그러나 2020년의 농업 예산에는 이런 사항이 전혀 반영되지 않았다.

2019년 5월에 출범한 대통령직속 농어업·농어촌특별위원회(농특위)는 농정 예산 개혁을 제1과제로 설정하고, 연구용역(농식품 재정구조 개편 및 농정추진체계 재편 방안)을 발주하고 토론회를 거듭했다. 연구용역 결과보고서는 농업·농촌의 지속가능성과 다원적 기능 강화를 위해서 '친환경 농업'과 '경제활동 다각화', '환경 및 경관 보전'(기후변화 대응 포함), '주체 역량 강화' 등 '공익기여지불' 예산을 늘릴 필요가 있고, 이를 위해 농정 예산 구조를 개편해야 한다고 제시했다.[1] 농특위가 공익형 직불금 대신 공익기여지불이라는 용어를 사용한 것은 '농업의 공익적 기능에 대한 지불'이라는 것을 분명히 하고자 한 것이다. 이는 직불금이 농민 소득 보전을 위한 퍼주기라는 비난을 피하고, 농민들에게는 공익적 기여에 대한 대가를 지불하는 것이므로 농민의 의무(예, 생태환경 보전)를 다해야 함을 분명히 하기 위한 것이었다.

연구에 따르면 공익기여지불 범주에 해당하는 예산의 규모는 2020년 기준으로 2.8조 원(직불제 예산 2.4조 원, 나머지 0.4조 원, 농식품부 예산의 17.6%)으로 추정할 수 있는데, 이것을 2028년까지 7조 원(농식품부 예산의 36.3%) 내지 10조 원(농식품부 예산의 51.8%)까지 늘려갈 것을 제안했다. 10조 원의 경우 농식품부 예산이 매년 2.5% 증가한다고 가정하면, 기존의 생산주의 농정과 지역개발 예산 등으로부터 2023년까지 누적 약 1조 원을 감액하고, 그 후 5년간 다시 누적 약 2.7조 원을 감액할 필요가 있다. 이렇게 하면 농민들에게 매월 1인당 평균 30만 원 이상을 공익기여직불금으로 지급하는 것도 가능하다.

그런데 이 연구는 재정 지출만 다룰 뿐 조세 지출을 통한 농가 간접 지원 비용은 다루지 않고 있다. (재)더미래연구소(소장 김기식)의 「농가 지원 재정, 조세 지출의 농민기본소득으로의 전환에 관한 정책보고서」(2021년 3월)에 따르면, 2020년에 정부는 '소득 직접 지원 재정 지출'(약 3.8조 원) 이외에도 매년 6.2조 원을 세금 감면 등 조세 지출로 지원하고 있다. 농림어업용 기자재 부가가치세 영세율(1조 9400억 원), 자경농지 양도소득세 감면(1조 6000억 원), 농림어업용 석유류 간접세 면세(1조 2400억 원), 기타 비과세·면세 등으로 간접 지원하고 있다. 이 보고서에서는 언급하고 있지 않지만, 농사용 전기도 저렴한 요금으로 지원하고 있다. 2005년부터 2016년까지 농사용 전력의 소비 대체 현상으로 인한 누적 추가 비용은 3조 2582억 원으로 파악되고 있다.

조세 지출 등에 의한 간접 지원은 그 혜택이 대농 및 수도권과 대도시 인근 농민에게 편중되어 있어 형평성에서 심각한 문제가 있고, 부정의 온상이 되고 있다. 예를 들어, 자경농지 양도소득세 감면은 2000년 1321억 원에서 2020년 1조 6005억 원으로 10배 이상으로 늘어났다. 양도소득세 감면은 농지 가격 상승이 큰 대도시권에 더 많은 혜택을 주고 있다. 양도세 감면을 노리는 부재지주들은 자경을 위장하고, 임차농에게 임차계약서조차 작성하지 못하게 한다. 불법적인 농지 소유와 농지 질서 문란의 원인이 되고 있다. 농사를 계속하려는 농민에 대한 지원이 아니라 농사를 그만두려는 농민에게 양도소득세 감면을 지원할 명분은 없다. 면세유도 필자의 2015년 연구[2]에 따르면 연간 면세 경유를 1만 리터 이상 소비하는 농민은 전체 농민의 3.1%이지만, 이들이 사용하는 면세유의 양은 총사용량의 45.6%를 차지했다. 한편 석유류 간접세 면세는 국제적으로 화석연료에 대한 보조금 철폐가 눈앞에 닥쳐 지속가능하지 않다(국제적으로 화석연료에 대한 보조금 철폐). 농사용 전기요금제는 영세한 농민의 생산활동을 지원하기 위한 것인데, 실제 최대 수혜자는 농산물 수입업체, 대규모 시설재배 및 축산기업농이다.[3]

대농과 대도시권 농민(심지어 가짜 농민)에게 혜택이 집중된 조세 지출은 축소하거나 폐지하고, 농업공익기여지불로 전환해야 한다. 농민수당, 공익형 직불제 예산과 매년 증액되는 농정 예산과 함께 기존 생산주의 농정 보조금과 조세 지출을 합리적으로 조정하여 직불금으로 전환한다면, 농정 예산을 무리하게 늘리지 않더라도 최소한 연간 8~10조 원의 재정을 마련할 수 있을 것이다.

지금까지의 재원 마련 방안은 주로 기존 재정의 조정을 통한 것이다. 그러나 만약 농림수산 분야 예산을 중앙정부 예산 증가율만큼만 증가시킨다면 재원 조달 문제는 일거에 해결될 수 있다. 최근 3년간 연평균 예산 증감률을 보면 중앙정부 16대 분야가 평균 13.68%인 데 반해 농림수산 분야의 최근 3년간 연평균 증감률 평균은 6.54%에 불과하다. 전 분야 평균의 절반도 되지 않는다. 만약 농림수산 분야 예산이 16대 분야 평균에 준하는 13.68%씩 증가한다고 가정하면, 2023년의 예산은 기존 예산액에 비해 7.6조 원이 더 많아지게 된다.

농민기본소득과 농업공익기여지불

정부는 2020년 5월 쌀소득보전직불제를 폐지하고, 이른바 공익형 직불제를 도입했다. 한편 많은 기초자치단체와 광역단체들이 앞다투어 다양한 명칭(농민수당, 농업인수당, 농어민수당, 농어업인 수당, 농어민 공익수당, 농민공익수당)의 수당을 지급하고 있다. 2020년 2월 농민기본소득 전국운동본부가 창립되어 농민기본소득의 법제화를 강력하게 촉구하고 있다. 2021년 6월에는 66명의 국회의원이 공동 발의하여 '농민기본소득법안'을 제출했다.

농민수당, 공익형 직불, 농민기본소득 등은 기본적으로 농어민에게 현금을 직접 지급하는 제도다. 명칭은 다르지만 비슷한 성격의 직접 지원이 동시에 논의되면서 많은 사람들이 혼란을 겪고 있다. 현재 시행 중이거나 논의되는 세 가지 직접 지불제도는 목적, 지급 요건, 지급 대상 등의 세부 사항에서는 차이가 있지만, 크게 보면 그 목적은 다르지 않기 때문에 '농업공익기여지불'(가칭)로 통합해 확대하는 것이 바람직하다.

첫째, 농민수당, 공익형 직불, 농민기본소득은 기본적으로 농업의 공익적 가치 실현과 농민 소득 보전이라는 동일한 목적을 지닌다.

전국 최초로 2018년 12월에 '농어업보전 등을 위한 농어민수당지급 조례'를 제정한 해남군은 그 목적을 "농어업인의 소득안정을 도모함으로써 농어업인 삶의 질을 향상시키고 농어업과 농어촌의 지속가능한 발전과 공익적 기능 증진"(제1조)을 위한 것이라 하고 있다. 2020년 3월 광역자치단체 가운데 처음으로 '농어민수당 지원에 관한 조례'를 제정한 충청남도는 그 목적을 "농어업 활동이 창출하는 공익적 가치를 보장하고 증진"(제1조)하는 데 두고 있다. 2020년 5월부터 시행되고 있는 「농업·농촌 공익기능 증진 직접지불제도 운영에 관한 법률」은 "농업·농촌의 공익기능 증진과 농업인 등의 소득안정"을 목적으로 한다. 2021년 6월 국회에 발의된 '농민기본소득법안'은 "농업·농촌은 다양한 공익적 기능을 수행하고 있으나, 농가소득 감소 등으로 위기를 맞고 있다"고 제안 이유를 밝히고 있다.

농민수당, 공익형 직불금에 농민기본소득까지 지원한다면, 농민들이야 쌍수를 들어 환영할 것이다. 실제로 국회에 제출된 '농민기본소득법안'을 보면 "정부의 공익직불금이나 자치단체의 농민수당 지원 외에 농민의 사회적 기본권 보장을 위한 소득안전망 구축(농민기본소득)이 필요하다"는 조항이 있다. 그렇지만 유사한 목적의 세 가지 사업에 세금을 사용하는 것은 일반 국민들의 공감을 얻기는 쉽지 않을 것이다.

둘째, 국민의 공감대를 형성하기 위해서는 농민의 공익적 가치 창출에 대한 보상이라는 점을 분명히 해야 한다. 국민들은 왜 농민에게만 수당이나 기본소득을 주어야 하는지에 대해 의문을 제기한다.

농민수당, 공익형 직불금, 농민기본소득을 주장하는 사람들은 모두 농업·농촌이 공익적 가치를 수행 또는 창출하고 있다고 전제하고 있다. 과연 이 전제는 타당한가? 농업·농촌은 본래 공익 기능이 있다는 것과 현재 우리나라 농업·농촌이 그러한 공익 기능을 잘 수행하고 있느냐 하는 것은 다른 차원이다. 「농업·농촌 공익기능 증진 직접 지불제도 운영에 관한 법률」이나 '농민기본소득법안'을 보면 농업·농촌은 식량의 안정적 공급, 국토환경 및 자연경관의 보전, 수자원의 형성과 함양, 토양 유실 및 홍수의 방지, 생태계의 보전, 전통문화의 보존, 지역공동체의 유지 등 다양한 공익적 기능을 수행한다.

과연 우리 농업과 농촌이 이러한 공익 기능을 잘 수행하고 있는가? 우선 가장 중요한 식량의 안정적 공급 기능을 제대로 수행하지 못하고 있다. 그뿐만 아니라 생산주의 농정에 따른 환경 및 생태계 파괴가 심각하다. 과연 농촌공동체가 살아 있고, 전통문화가 보존되고 있는가? 이러한 상태에서는 농업·농촌의 공익적 기능을 전제로 해서 농민에게 현금을 지급하는 것은 정당성을 확보하기 어렵다. 국민행복을 위해서는 농업·농촌의 공익적 기능이 잘 발휘되어야 하는데, 현재의 3농 상황으로는 그것이 어렵다. 따라서 농업·농촌의 공익적 기능 증진에 기여하는 농민에게 그 보상으로 현금을 지불(농업공익기여지불)해야 국민의 공감을 얻을 수 있다.

농민기본소득을 주장하는 사람들은 EU의 경우 예산의 70% 이상을 직접 현금으로 지급하는 반면에, 우리나라는 그 비중이 15% 전후에 지나지 않기 때문에 농민기본소득으로 직접 지불을 늘려야 한다고 한다. 이 말은 반은 맞고, 반은 틀렸다. 우리의 직접 지불 비중이 낮다는 것은 사실이지만, EU의 직접 지불금은 농민기본소득과 성격이 전혀 다르다.

농정개혁을 선도하고 있는 EU는 1992년 농산물의 과잉 생산을 억제하고, EU 농업의 국제 경쟁력을 높이기 위해 목표가격과 개입가격을 인하하고, 그에 따른 손실은 소득보상지불에 의해 직접 보상하기로 했다. 이는 농가에 대한 소득 지지를 시장가격 지지(소비자 부담)에서 직접적인 소득 지지(재정 부담)로 전환한 것이다. 그리고 '어젠다 2000'은 EU의 공동농업정책을 농업 중심의 부문정책에서 농촌개발 및 환경을 고려한 통합정책으로 전환했다. 이러한 개혁 과정을 거쳐 EU의 농업예산에서 차지하는 직불금 예산의 비중이 2013년 72%로 증가했다. 그러나 소득보상지불은 대규모 농가에 편중되고, 농업생산으로 인한 환경 파괴가 사회적 이슈로 등장하면서 비판의 대상이 되었다. EU는 2013년에 소득 보상적 성격의 직불제는 줄이고 환경 보전을 비롯한 공익적 기능을 촉진하는 방향으로 직불제를 개편했다. 2021년 개혁에서는 환경 보전과 기후변화 대응을 더욱 강화했다. 소득 보상 중심의 직불제가 아니라 농민의 자발적 환경 보전 활동 등 공익 기여에 대한 보상금을 지급하는 방식으로 변화하고 있다. EU가 농민에 대한 직불금 지급의 근거를 소득 보상이 아니라 환경 보전이나 생물다양성, 경관 보전이라는 공익적 활동으로 옮겨 간 것은 농민에게 직불금을 지불하는 정당성(사회적 공감대)을 확보하기 위한 노력이다.

셋째, 재원 확보를 위해서다. 재원은 새로운 예산을 통해 마련하거나, 기존 예산의 조정을 통해 마련할 수 있다. 농민기본소득전국운동본부와 '농민기본소득법안'은 농민 일인당 월 30만 원씩 지급할 것을 요구한다. 대략 연간 8조 원의 예산이 필요하다. 현재 농림축산식품부의 연간 예산 16조 원의 절반에 해당한다. 현재의 예산으로는 감당할 수 없다. 예산이 대폭 늘어나야 한다. 농민기본소득전국운동본부는 국가 예산에서 농업 예산의 비중을 현재 3%에서 5%로 올려 재원을 마련하면 된다고 한다. 5%의 논거는 전체 인구에서 농가인구의 비중이 4.3%이니, 인구 비중만큼 예산을 배정하라는 것이다.

이런 논리에는 두 가지 약점이 있다. 우선 농업 예산의 비중이 매년 줄고 있는 현실을 직시해야 한다. 국가 전체 예산 중 농식품부의 예산 비중은 2018년 3.4%에서 2023년에는 2.7%로 낮아졌다. 농업계는 '농업 홀대'를 강하게 비판하지만, 큰 반향을 일으키지 못하는 분위기다. 농업·농촌의 공익적 가치에 대한 국민적 공감대가 약하기 때문이다. 농업·농촌의 공익적 가치를 높이기 위한 농업계 스스로의 비상한 노력과 공감대가 형성되어야 농업 예산의 증액이 가능할 것이다. 또한, 농가인구의 비중은 지속적으로 감소하고 있어, 이 논리대로라면 본의 아니게 인구 비중이 낮아지는 만큼 농업 예산의 비중 저하를 인정하는 꼴이 된다. 그리고 농민을 위한 예산은 보건복지부를 비롯해 전 부처에 들어 있으니(심지어 국방 예산에도 들어 있다) 농식품부 예산 비중만으로는 따질 수 없다.

농업공익기여지불의 한계를 보완하는 방법

공익기여지불은 농민기본소득처럼 모든 농민이 같은 금액을 받는 것이 아니라, 공익적 가치 창출에 대한 기여도에 따라 차이가 날 수밖에 없다. 농사를 많이 짓는 농민은 식량 공급 기능이 크므로 기본형 공익기여지불금을 많이 받을 것이고, 소농이라 하더라도 지역사회 유지와 환경 보전이나 생물다양성 증진에 기여하거나 경관 보전 및 전통문화 보존 등에 대한 기여도에 따라 선택형 공익기여지불금을 많이 받을 수 있다.

규모가 큰 농가와 젊은 농민이 공익 기여도가 클 테니 아무래도 상대적으로 농민공익기여지불을 더 많이 받을 가능성이 높다. 중소농의 소득 문제 해결에는 한계가 있고, 소외되는 농민이 있을 수도 있다. 농민기본소득 논자들은 지역균형발전, 농촌소멸에 대응하는 차원에서도 필요성을 주장한다. 이러한 주장은 타당하지만, 이를 위해서는 농민뿐 아니라 농촌 주민 전부에게 현금을 지불해야 한다. 이와 같은 여러 문제는 농산어촌 주민 모두에게 '국토·환경·문화·지역 지킴이 수당'을 지급하는 것으로 보완할 수 있다.

농업공익기여지불에 대한 오해[4]에 답하다

농민기본소득론자들은 현행 공익형 직불이 면적 기준이라 대농에 유리하다고 비판한다. 맞는 말이다. 현행 공익형 직불은 면적 중심의 쌀소득보전직불을 약간 변형한 것으로 무늬만 공익형이다.

그러나 농업공익기여지불은 현행 공익형 직불과는 전혀 다르다. 공익기여지불은 기본형과 선택형으로 나뉜다. 기본형은 지금의 공익형 직불처럼 면적이 중요한 역할을 할 것이다. 왜냐하면 농업의 공익적 가치 가운데 식량 생산이 중요하기 때문이다.

나는 공익기여지불을 현행 2.4조 원에서 다음 정부에서는 8조 원까지 늘리자고 주장하는데, 이는 기본형보다는 선택형을 늘리자는 것이다. 물론 기본형 직불도 조금 늘어날 것이다. 선택형 지불은 환경 및 생태적 가치를 중시한다. 따라서 이것은 반드시 규모에 비례하지 않는다. 오히려 규모에 역행할 수 있다.

예를 들어, 대규모 공장식 축산 농가의 경우 선택형 지불의 대상이 되지 않는다. 반면에 소규모의 친환경 축산 농가는 선택형 지불을 받을 수 있을 것이다. 유기축산으로 한우를 사육하는 경우 30두 내외가 바람직하다고 한다. 그렇지만 30두로는 소득이 불충분하기 때문에 규모를 늘리고 싶은 유혹이 생긴다. 이들에게 친환경축산지불이 주어진다면 유기축산을 유지하는 데 커다란 도움이 될 것이다.

마찬가지로 경종농업에서도 친환경지불은 대규모 농가보다는 소규모 농가에 더 도움이 될 것이다. 무분별하게 늘어나는 대형 비닐하우스 농사를 억제하는 효과도 있을 것이다. 소규모 농가가 농사를 지으며 토종 종자를 보존한다든지, 생물다양성을 확보하기 위해 조류 서식지 보호, 둠벙(웅덩이) 유지 등 다양한 활동을 한다든지, 사회적 농업을 한다든지, 동물복지 축산을 한다든지, 조건 불리 지역이나 한계농지에서 영농을 하는 등의 농업의 공익적 가치를 증진하기 위한 다양한 활동에 대한 보상이 가능하다.

공익기여지불이 모든 농민에게 똑같이 주어지지는 않지만, 현행 공익형 직불처럼 대농에게 편중되는 것을 막을 수 있다. 화석연료 의존형 농업으로부터 생태친화적 농업으로의 전환을 위해서는 농민기본소득보다 농업의 공익기여지불이 훨씬 효과적이다.

그리고 농업공익기여지불의 경우 그 재원의 상당 부분을 현재 대농 중심으로 주어지는 생산 보조금을 줄여서 마련한다. 생산 보조금이야말로 농촌 환경 파괴와 농민 양극화를 초래한 주범이다. 이것만으로도 양극화 해소에 상당히 도움이 될 것이다. 이미 주고 있는 보조금을 빼앗는 것이 아니라 앞으로 그러한 생산 보조금은 줄이고, 그 돈을 공익기여지불에 사용하는 것이니 반발이 있을 수 없다.

지역개발 재정의 혁신:
지역개발보조금에서 농산어촌 주민수당으로

나는 3장에서 지역(주민)에 별 도움이 되지 않는 지역개발 예산을 대폭 축소하여 농산어촌 주민에게 월 30만 원의 '국토·환경·문화·지역 지킴이 수당'을 지급할 것을 제안했다.

누구에게 어떻게 줄 것인가

농산어촌 주민수당을 도입한다면, 다양한 점진적인 추진 방안이 논의될 수 있다. 전국 1182개 면의 평균 인구는 3923명인데, 인구감소 완화에 초점을 맞추면 인구 3000명 이하 또는 5000명 이하의 면 지역을 대상으로 우선 실시할 수 있다. 2021년 현재 3000명이 안 되는 면의 전체 인구수는 645개 면 123만 명이고, 인구수 5000명이 안 되는 960개 면의 인구수는 244만 명이다(참고로 7000명 미만인 1053개 면의 인구는 299만 명). 주민등록인구의 허수(대략 10~20%)를 제외하면 실거주 인구는 훨씬 적을 것이다. 인구 유입을 고려하더라도 3000명 미만 지역을 대상으로 한다면, 소요 재원은 5조 원, 5000명 미만 지역으로 확대해도 10조 원이면 충분하다. 재정 여건을 고려해서 대상 지역을 점차 확대하거나, 청년을 우대하거나(예, 50만 원 이상 지급), 인구수에 따라 차등 지급하거나(예, 3000명 미만 지역은 일인당 월 50만 원, 3000~5000명은 30만 원, 5000~7000명은 10만 원 등) 농산어촌 주민수당을 연차적으로

표 4-2 인구감소, 지역 위기를 극복하는 농산어촌 주민수당의 지급 방안

지급 내용	국토·환경·문화·지역을 지키는 농산어촌 주민에게 월 30만 원의 농산어촌 주민수당을 지급
지급 대상	소멸위기 시·군의 면 지역부터 지급하고 도입 후 단계적 확대
지급 재원	범부처의 지역개발예산 조정 및 지방소멸대응기금 등을 활용, 국비·지방비 매칭 조달
지급 방식	농산어촌 주민수당 등의 절반 이상을 지역화폐로 지급, 농어촌을 국민의 일터·삶터·쉼터로 혁신하고 지역경제를 활성화하여 지역균형발전 시대를 선도
재원 활용	지원액 일부를 마을공동체기금으로 공동 조성하게 하여 마을자치 활성화 및 마을공동체 유지관리 재원으로 운영 지원(공동시설 및 경관보전 관리, 지역사회 통합돌봄 재원 등)

늘려가는 방안도 고려할 수 있다.

농산어촌 주민수당을 면 지역 주민에게만 주는 것에 대해 읍 지역 주민이 불만이 있을 수 있다. 우리나라는 행정구역상 읍·면을 농촌으로 파악하고 있기 때문이다. 하지만 대부분의 읍 지역은 농촌이라기보다는 면의 중심지로서 도시적 기능을 한다. 만약 우리가 농산어촌 주민수당의 일정 부분(예, 50%) 이상을 지역화폐로 지급하고 해당 시·군에서 사용하게 하면, 지역경제 활성화에 크게 기여할 것이다.

농산어촌 주민수당은 농산어촌 기본소득과는 다르다. 행정구역상 읍·면 지역의 모든 주민에게 주는 것은 아니고, 어차피 지급 대상 지역(예, 인구위기지역)을 선별해야 하고, 무조건이 아니라 '국토·환경·문화·지역 지킴이' 활동을 해야 하기 때문이다. 전국에 주민자치회가 만들어져 나름 마을 자치를 위해 노력하고 있다. 그러나 역량과 예산이 절대적으로 부족하여 어려움을 겪고 있다. 농산어촌 주민수당의 10~20%는 개인에게 지급하지 않고 주민자치회가 중심이 되어 공동체 기금(예, 월 30만 원을 인구 3000명인 면에 지급한다면 매년 10~20억 원)을 마련하여 '국토·환경·문화·지역 지킴이' 활동을 하도록 유도하는 것도 하나의 방안이다.

1인당 월 30만 원의 수당을 농산어촌 주민에게 지급하자

기후 위기에 대응하여 식량주권을 지키고 친환경 생태농업을 실천하는 농민에게 일인당 평균 월 30만 원의 '농민공익기여지불'이 지급되고, '국토·환경·문화·지역 지킴이' 활동을 하는 모든 농산어촌 주민에게 일인당 월 30만 원의 농산어촌 주민수당이 지급된다면, 농산어촌 지역에 '개벽'에 가까운 변화를 일으킬 토대가 마련될 것이다. 이를 위해서는 대략 연간 20조 원가량의 예산이 필요하지만, 기존의 재정 지출과 조세 감면을 조정하면 국민의 추가적인 부담 없이 시행할 수 있다. 당연히 기득권자들의 저항이 예상된다. 이런 저항을 이겨내고 개혁하는 것이 정치의 역할이다.

농산어촌 주민수당은 소멸위험에 처한 읍·면·동 지역의 주민들을 대상으로 하는 것이 좋지만, 소멸위험지역을 특정하기는 쉽지 않다. 행안부는 지역소멸대응기금을 매년 1조 원씩 마련하여 89개 시·군의 인구감소 지역을 지원하겠다고 발표하면서 대상 지역을 연평균 인구증감률, 인구 밀도, 청년 순이동률 등 8개 지표를 사용해 정했다. 마찬가지로 경기도 농촌기본소득은 인구 증감률과 인구 규모 등 10개 지표를 활용하여 실험 대상 지역을 선정했다.[5] 이러한 지표들을 보완해 인구위험지수를 산정하고 대상 지역을 선정하면 큰 무리는 없을 것

표 4-3 농산어촌 주민수당과 목표 및 기대효과

농촌의 공익적 기능 최대화	공동체 활성화와 농촌사회 발전	농촌주민의 일과 삶의 균형
주민수당과 국토·환경·문화 지역 지킴 - 지속가능한 국토·환경 가꾸기 - 농촌다운 경관환경 유지·보전 - 농촌 공통체 문화 복원·조정 - 지역사회 유지 및 인구감소 완화	**주민수당과 농촌사회 변화** - 공동체 활성화, 포용성과 평등 - 지역순환경제 - 농업 유산 보전과 농촌의 지속가능성 - 지역발전 촉진(미래 먹거리 공간으로서 농촌의 가능성)	**주민수당과 개인 삶의 변화** - 행복(삶의 만족도, 신뢰) - 삶의 균형(자기계발, 공동체 활동) - 신체적 건강과 정신적 건강의 조화 - 가계경제의 건실성

이다. 인구감소율과 인구 규모 등을 고려해서 대략 추정해 보면, 농산어촌 주민수당의 대상 인구는 300~500만 명으로 추산된다.

일인당 월 30만 원의 수당을 지급하는 경우, 연간 10조 8000억 원(300만 명 대상)에서 18조 원(500만 명 대상)이 소요될 것이지만, 대상 인원을 300만 명에서 400만 명, 500만 명으로 순차적으로 확대하는 방안을 고려할 수 있다. 재원은 1차 연도에는 중앙정부의 융자사업의 일부를 이자 차액 보전으로 전환하고, 지방자치단체의 순세계잉여금을 사용하면 된다. 2차 연도 이후에는 중앙정부는 적극적 지출구조 조정 및 재정의 자연 증가분을 활용하면 재원을 마련할 수 있다. 지방자치단체는 이월을 엄격하게 제한하고 재정안정화기금 등을 활용하면 된다.•

• 자세한 것은 박진도, 「국민총행복과 농산어촌 주민수당」, ≪한국농정신문≫, 2021.11.7. 우선 1차 연도에 중앙정부는 융자사업(46조 원)의 약 절반만 이차보전으로 전환하면 20조 원의 재원이 마련되는데, 이 가운데 5.4조 원(50% 매칭)~6.5조 원(60% 매칭)을 농산어촌 주민수

농산어촌 주민수당과 농민기본소득

농산어촌 주민수당은 '국토·환경·문화·지역 지킴이' 역할에 대한 대가로 지불되는 것이므로 국민의 공감대를 얻기 쉽고, 농산어촌 주민에게는 자기 역할에 대한 자각과 자긍심을 높일 수 있다. 농산어촌 주민수당 또는 농촌기본소득보다 농민기본소득을 먼저 시작하고 확대하자는 주장도 있다.

나는 농민기본소득을 굳이 반대할 생각은 없지만, 정책화하기에는 해결해야 할 몇 가지 문제가 있다. 첫째, 누가 농민인가? 「농업·농촌 및 식품산업 기본법」 시행령은 ① 300평 이상의 농지를 경작하거나 경영하는 사람, 또는 ② 농산물 연간 판매액이 120만 원 이상인 사람, 또는 ③ 1년 중 90일 이상 농업에 종사하는 사람을 농업인(농민)이라 정의하고 있다. 이 정의에 따르면 누구라도 쉽게 농업인이 될 수 있다. 따라서 농민 수가 이론적으로는 무한히 늘어날 수 있다. 거주지 제한도 소용이 없다. 예를 들어, 부여읍에서 작은 가게를 하거나

당 재원으로 활용할 수 있다. 지방자치단체는 대상 읍·면이 속하는 시·군의 순세계잉여금을 사용하면 된다. 예를 들어, 인구가 2015~2020년에 연평균 1% 감소하고 인구 1만 명 이하인 읍(46개)과 면(732개)이 속한 131개 시·군의 2020년 순세계잉여금은 11.2조 원인데, 이것을 활용한다면, 연간 4.3조 원~5.4조 원을 마련하는 것은 어렵지 않다. 2차 연도 이후에는 중앙정부에서 적극적으로 지출 구조를 조정하고 재정의 자연 증가분을 활용하면 재원을 마련할 수 있다. 2021년 중앙정부 예산 가운데, 지출 구조 조정이 필요한 농촌 관련 지역개발 및 사회간접자본사업은 612개에 19.8조 원(농림수산 분야 예산은 제외, 2021년 국가 예산 558조 원의 3.5%)으로 추산되었다. 이 돈의 40%(7.9조 원) 정도와 재정의 자연 증가분 일부(3~4조 원)를 활용하면 7~ 10조 원의 재원 마련은 충분히 가능하다. 지방자치단체는 이월을 엄격하게 제한하고(30.3조 원), 재정안정화기금(7.6조 원)을 활용하고, 재정 지출 구조 조정(3조 원), 지방소멸대응기금(1조 원), 지역상생발전기금(4400억 원), 재정 분권에 따른 지방소비세수 증가 등을 고려하면 중앙정부 이상의 재원 마련도 가능하다(나라살림연구소 추정).

특별한 소득이 없는 사람이 농민기본소득을 받기 위해 인근 농촌 지역에 땅을 사거나 빌려 농사를 짓는 것을 막을 수 없다.

둘째, 이처럼 농지를 구입하거나 빌려서 농민이 늘어난다면 농지 가격이 상승하거나 임차료가 상승하여 기존의 농민에게 타격을 주고, 농업발전에는 도움이 되지 않는다.

셋째, 농민기본소득을 받는 사람과 받지 않는 사람 사이에 심각한 갈등을 야기할 수 있다. 우리나라의 읍면 지역 인구는 970만 명이고, 면 지역만 해도 470만 명이다. 반면에 농가인구는 220만 명에 지나지 않는다. 예를 들어 부여군 외산면은 인구가 2335명인데, 농가인구는 1104명으로 절반이 되지 않는다. 외산면 인구의 절반 이상이 농민기본소득에서 제외되는데, 농민기본소득 때문에 한 동네 사는 사람끼리 우의가 깨지지 않을까?

공익형 직불제는 정부가 현재 하고 있는 것으로 우리가 주장하는 농산어촌 주민수당이나 공익기여지불과는 차이가 있다. 현행 공익형 직불제는 쌀소득보전직불제를 약간 변형한 것이기 때문에 제도 도입에 대한 부작용이나 반발이 거의 없었다. 농민수당 도입 시에도 무늬만 농민과 비농민의 반발 등 부작용에 대한 논란이 있었지만, 농민수당이 농가당 60~80만 원이었기 때문에 그런대로 넘어간 것이다.

그렇지만 농민 1인당 월 30만 원의 기본소득이 주어진다면 사정은 전혀 달라진다. 예를 들어, 현행법상 300평의 땅을 구입해서 적당히 농사를 지으면서 법적으로 농업인이 되었다고 하자. 300평 구입에 필요한 자금은 평당 10만 원이면 3000만 원이다. 이 돈을 은행에 넣으면 연 60만 원(2% 이자 기준)이 나온다.

그런데 농업인이 되어 부부가 농사를 짓는다고 하면 연간 720만 원의 기본소득이 나온다. 여기에 땅은 정직해서 땅값이 오른다. 일석이조다. 농업인이 되고자 하는 유혹을 어떻게 떨칠 수 있을 것인가?

더구나 같은 동네에 사는 은퇴 농민이 있다. 가난하지만 농민이 아니기 때문에 기본소득을 받을 수 없다. 농촌문화예술 활동에 관심이 있어 귀촌한 청년은 농사를 짓지 않아 기본소득을 받지 못한다. 그런데 옆집은 농사도 많이 짓지만 기본소득까지 연간 720만 또는 1080만 원(3인일 경우)을 받는다. 나는 이런 농촌 동네를 상상조차 하기 싫다.

농산어촌 주민수당의 경우 거의 대부분의 농민에게 지급되겠지만, 도시(대도시)에 사는 농민들이 배제되는 문제가 있다. 또한 농산어촌 주민수당을 받는 읍·면의 주민과 그렇지 않은 주민 사이에 갈등이 있을 수 있다. 어차피 모든 사람에게 주는 것이 아니라면 크고 작은 갈등은 피할 수 없다. 부작용을 최소화하면서 시행하는 것이 정책이다. 도시나 인구가 늘어나는 읍·면에 살고 있는 농민이나 주민들은 우리가 대상으로 하는 인구위기지역에 비하면 자산, 소득, 일자리, 농지 가격, 생활 여건 등 모든 측면에서 월등하다. 면에서 읍으로 인구가 이동하는 것도 그러한 이유 때문이다. 불만은 있겠지만 농산어촌 주민수당은 인구위기지역에 대한 정책이고, 상당 부분이 지역화폐로 지급되어 시·군의 지역경제 활성화에 기여하여 간접적으로 혜택을 모두가 받게 될 테니 양해를 구할 수 있다. 그러나 농민기본소득은 바로 이웃집에 사는 비농민(농민보다 더 생활이 어려운 사람이 적지 않다)을 설득할 방법이 마땅찮다.

제시한 세 가지 문제점 이외에도 농민기본소득은 지역소멸 위험에 대응하지 못하고, 귀촌에 별 도움이 되지 않으며, 재원 마련에 어려움이 있다. 나는 최근 두 개 시·군의 농정 담당자에게 농민기본소득법안이 제시한 일인당 월 30만 원이 지급될 경우 지역에 어떠한 변화가 생길 것인지 물었다. 내가 앞서 제기한 세 가지 문제 때문에 수용할 수 없다고 했다. 농민기본소득을 일인당 월 10만 원, 농촌기본소득을 월 5만원 주자는 안이 논의된 것으로 알고 있다. 그렇지만 이러한 안은 농민에게 별 도움이 되지 않을 뿐 아니라, 농민기본소득이 지닌 문제를 해소할 수는 없다. 농산어촌 주민수당을 지급하고, 배제되는 소수의 진짜 농민에 대한 대책은 별도로 고민하는 것이 낫지 않을까?

농산어촌 주민수당은 이러한 문제를 야기하지 않으면서 농업문제와 농촌문제 해결에 도움을 주려고 하는 것이다. 농산어촌 주민수당은 농업 종사자뿐 아니라 농가 세대원 모두에게 그리고 더 나아가 농촌의 비농민에게도 1인당 월 30만 원을 주자는 것이다.

다만, 도시 지역을 비롯해 일부 지역의 농민들이 소외될 수 있다. 예를 들어, 인구 100만이 넘는 대도시인 고양시의 5179호의 농가(전업농가 1917호, 겸업농가 3262호)는 농산어촌 주민수당에서 제외될 수 있다. 곡성군 인구(2021)는 2만 7948명인데 농가인구는 8610명(농가호수 4462호)이고, 농림어업 취업자는 8100명이다. 농산어촌 주민수당은 곡성읍(인구 7788명)을 제외한 10개 면 전체 인구 2만 명이 대상이 될 수 있다(가장 큰 옥과면의 인구가 4000명에 지나지 않는다). 농산어촌 주민수당은 인구 1만 명 미만의 읍·면·동의 인구감소 지역으로 확대하면 곡성읍 주민 또한 농산어촌 주민수당 지급 대상이 될 수 있다(곡성읍의 인구는 2016년 12월 8343명에서 2021년 12월 7788명으로 감소).

농민기본소득 지급 대상에는 고양시와 같은 대도시의 농민까지 포함된다. 이 중 상당수는 농사보다는 농지 값 상승에 더 관심이 있는 농민으로 상당한 자산을 보유하고 있을 것으로 추정된다. 반면에 농산어촌 주민수당은 대도시 농민 소수는 제외되지만 인구위기지역의 모든 주민(농민과 비농민)을 대상으로 한다. 예를 들어, 곡성군의 경우 농림어업 취업자 8100명을 대상으로 한 농민기본소득보다는 곡성군의 농가인구(8610명)뿐 아니라 비농가인구(1만 9338명)를 포함해 곡성군민 모두에게 1인당 월 30만 원의 수당을 지급할 수 있는 농산어촌 주민수당이 낫지 않을까? 고양시와 같은 도시 농민에 대해서는 현재 각 지자체가 지급하는 농민수당을 인상해서 지급하는 방안을 고려할 수 있을 것이다.

농민기본소득이 아니라 농산어촌 주민수당을 지급하는 경우 그 대상이 늘어나니(2~3배) 재정 부담이 문제가 될 수 있다. 그러니 농민기본소득부터 먼저 하자고 주장할 수 있지만, 농민기본소득의 문제점이 해결되지 않는 한 이러한 주장도 설득력이 없다.

농민들이 겪는 어려움은 비단 소득만이 아니다. 의료·교육·교통·돌봄·문화 등 기본적 사회서비스가 부족하다. 그 이유는 농촌에 사는 사람이 적기 때문이다. 농촌 사람 가운데 농민은 4분 1이 채 되지 않는다. 농촌사회가 유지되기 위해서는 농민뿐 아니라 비농민의 생활도 안정되어야 한다.

농산어촌 주민수당에 필요한 예산은 재정 당국을 설득해 농촌 관련 예산을 늘리거나, 그것이 어렵다면 정부 모든 부처와 지자체의 기존의 지역개발 관련 예산(사회간접자본 포함)을 조정해 조달할 수 있다. 물론 쉽지 않을 수 있다. 그러나 그런 것을 하는 것이 정치다.

먹을거리 기본법 제정

먹을거리 기본권을 보장하기 위한 국가 먹을거리 종합 전략을 수립하고 이것을 법제화하고 구체적으로 실천하기 위해 먹을거리 기본법•을 제정해야 한다. 법을 만드는 것도 그것을 실천하는 것도 정책당국의 의지에 달려 있다. 농어업·농어촌특별위원회는 2020년 12월 '국가먹거리종합전략(안)'[6]••을 마련(<그림 4-2>)했으나, 농식품부는 2021년 9월 '국가식량계획'이라는 같은 듯 다른 이름으로 내용을 왜곡하고 축소했다.

'국가식량계획'은 먹을거리에 관한 비전과 구체적 전략이 없는 페이퍼워크에 지나지 않는다. 식량안보 강화를 내세우지만, 식량자급률(곡물자급률)에 관한 목표조차 제시하지 않았고, 농업인의 날 대통령이 언급한 밀과 콩에 대해서만 자급률을 2025년까지 각각 5%와 33%로 높인다는 목표를 제시하고 있을 뿐이다. 그러나 이마저도 실현될 가

• 국민의 먹을거리 기본권 보장과 지속가능한 먹을거리 선순환체계 구축을 위한 먹을거리 기본법(안)은 21대 국회에 세 법안이 발의되어 있다. 민형배 의원 대표발의안(2023.4.10 발의), 강은미 의원 대표발의안(2023.4.25 발의), 이원택 의원 대표발의안(2023.8.11 발의) 참조.

•• 이 연구에 먹을거리기본법(안) 초안이 제시되어 있고, 이 초안에 바탕하여 전국먹거리연대가 2023년 4월 24일 국회 기자회견 및 토론회를 통해 '먹거리기본법(안)'을 정식으로 발표한 바 있다. 국회 발의된 민형배·강은미·이원택 의원 법안들은 전국먹거리연대의 먹거리기본법(안)에 기초했다. 전국먹거리연대, 「먹거리기본법(안)」, 『먹거리기본법 제정 발의를 위한 국회 기자회견 및 토론회 자료집』, 2023.4.24.

그림 4-2 국가먹거리종합전략의 비전과 전략

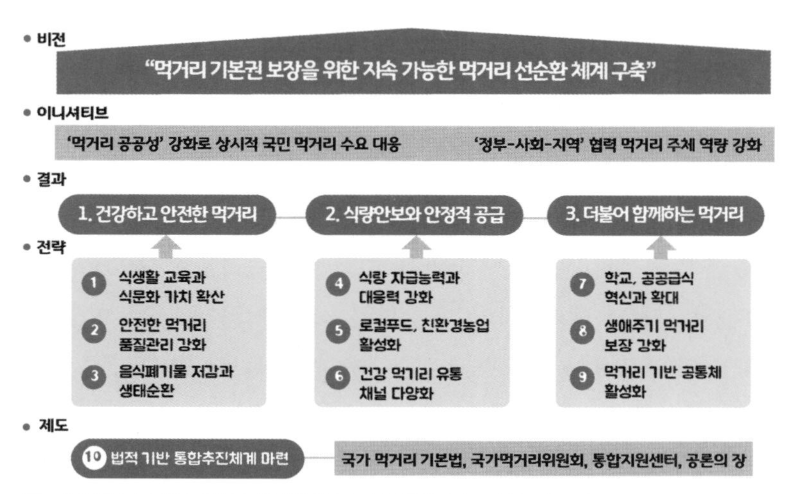

자료: 대통령직속 농어업·농어촌특별위원회, 『국가 먹거리 종합전략 수립 연구』(2020), 95쪽.

능성은 거의 없다. 농식품부는 '농업·농촌 및 식품산업 발전계획'에서 제시한 전체 식량자급률 및 품목별 자급률의 목표치를 한 번도 달성한 적이 없지만, 반성도 없고 책임도 지지 않는다. '전국먹거리연대'는 농식품부의 "'국가식량계획'은 농특위에서 논의하여 마련한 '국가먹거리종합 전략'과는 상당한 거리가 있는 반쪽짜리 계획에 불과하다"고 비판하고, "국민 먹거리 기본권 보장을 위한 먹거리 기본법을 제정하라"고 촉구했다.

기후변화로 농업 위기와 먹을거리 위기가 점점 더 심각해지고 있다. 식량주권을 지키고 국민의 먹을거리 기본권을 보장하는 것은 국민의 생명과 안전을 책임지는 국가의 기본적 의무다.

식량지급률과 곡물자급률이 추락하는 까닭

코로나 팬데믹 이후 상승하기 시작한 국제 곡물 및 식품 가격이 우크라이나·러시아 전쟁으로 급등하자 전 세계적으로 식량 위기가 고조되고 있다. 농림축산식품부는 2022년 8월 10일 새 정부 출범 이후 첫 대통령 업무보고에서 "윤석열 정부는 지속적으로 하락해 온 식량자급률을 반등시켜 '외부 충격에도 굳건한 식량주권을 확보'하는 첫 정부가 되겠다"고 했다. 이에 대통령은 "식량자급률을 50% 이상으로 확보하고 안정적인 국제 공급망을 구축하길 바란다"고 했다. 윤 대통령은 대선 과정에서도 식량주권 확보와 식량안보를 위한 농지 확보와 농지 관리를 공약했다. 이는 그동안 역대 정부마다 해온 익숙한 '익숙한 허언(虛言)'에 그치는 것은 아닐까?

식량주권 확보와 식량자급률 향상은 아무리 강조해도 지나침이 없다. 국민 생명을 위협하는 식량 위기와 식량 무기화가 날로 심각해지고 있기 때문이다. 그런데 문제는 말이 아니라 과연 그것을 어떻게 실현(실천)할 것인가다. 과연 윤석열 정부는 식량자급률을 반등시켜 식량주권을 확보하는 첫 정부가 될 수 있을까?

과거 정부도 국제 곡물 가격이나 식품 가격이 상승하고 해외 공급이 어려워져 식량 위기가 고조되면, 식량주권과 식량안보를 위해 해외 농업 개발을 추진하여 안정적인 해외 공급망을 확보하고 우량 농지를 보전해 식량자급률을 향상시키겠다고 했다. 그러나 식량자급률과 곡물자급률은 바닥을 모르고 추락하고 있으며, 농지가 매년 크게 줄어들고 있다. 그 이유가 무엇일까?

첫째, 정부가 법을 지키지 않고, 아무도 책임지지 않는다. 1999년 2월에 제정된 「농업·농촌기본법」 제6조(국민식량의 안정적 공급)는 "국가 및 지방자치단체는 국민식량의 안정적 공급이 국가의 건전한 발전과 국민의 생활안정을 위해 필수적인 요소임을 인식하고 이를 위해 적정한 식량 자급 수준의 목표를 설정·유지하며 적정한 식량 재고량이 확보될 수 있도록 노력해야 한다"고 했다. 이 법을 전면 개정하여 2007년 12월 제정된 「농업·농촌 및 식품산업 기본법」은 "식량 및 주요 식품의 적정한 자급 목표, 그 추진계획"을 포함하여 '농업·농촌 및 식품산업 발전계획'을 수립하도록 하고 있다.

이에 따라 수립된 '2013~2017 농업·농촌 및 식품산업 발전계획'은 곡물자급률(사료용 곡물 포함)을 2012년 22%에서 2017년 30%, 2022년 32%로 높이겠다고 했다. 그리고 '2018~2022 농업·농촌 및 식품산업 발전계획'은 곡물자급률을 2016년 23.8%에서 2022년 27.3%로 하향 조정하고, 식량자급률(사료용 제외)은 50.9%에서 55.4%로 높였다. 그러나 식량자급률은 2010년 54.1%에서 2021년 44.4%로, 곡물자급률은 27.6%에서 20.9%로 급속히 낮아졌다.

한마디로 식량정책의 참사다. 그러나 국민 생명을 위협하는 곡물 자급률의 지속적 하락에 대해 누구도 책임지지 않는다. 「농업·농촌 및 식품산업 기본법」은 법 서비스이고, 식량안보 강화는 립 서비스에 지나지 않는다. '아니면 말고'식 태도로는 식량 자급 목표를 결코 달성할 수 없다. 법을 밥 먹듯이 어기고 국민을 기만하는 농정 관료에게는 책임을 엄정히 물어야 한다. 우리가 쌀만이라도 자급할 수 있게 된 것은 쌀 생산 목표를 달성하지 못하면 책임을 물어 장관을 경질할 정도로 강하게 몰아붙였기 때문 아닌가?

둘째, 정부는 언제나 농산물을 물가 안정의 희생양으로 삼아 농민의 생산 의욕을 꺾었다. 각종 FTA에서 농수축산 부문을 희생했다. 그뿐만 아니라 물가가 오르면 농산물 가격 잡기에 급급했다. 만만한 것이 농민이다. 사실 농식품부의 대통령 보고에서 가장 중요하게 다루어지는 것은 '농식품 가격 안정'이다. 농식품부는 밥상 물가를 잡기 위해 무·배추·사과·배 등 주요 품목의 국내 공급을 확대하는 한편, 돼지고기·소고기·닭고기 등 축산물과 양파·마늘·감자·배추 등을 해외에서 신속하게 도입하고, 제분업체에 수입 밀가루 가격 상승분의 70%를 지원하기로 했다. 반면 쌀값 폭락, 연료비, 사료비, 비료 값 등 농자재 값의 급등으로 고통받는 농민의 부담을 덜어주기 위한 어떠한 대책도 없었다.

셋째, 정부가 식량생산의 가장 중요한 기반인 농지를 쉽게 파괴하고 있다. 우리나라의 경지면적은 1970년 229만 8000ha에서 2020년 156만 5000ha로 50년 동안 73만 3000ha, 전체 경지면적의 30% 이상이 감소했다. 경지면적이 줄어든 가장 커다란 이유는 농지가 다른 용도로 전용되었기 때문이다. 예를 들어, 농지면적은 1975년의 224만 ha에서 2018년에 159만 6000ha로 64만 4000ha가 감소했는데, 같은 기간 농지 전용 면적은 총 46만 6286ha로 72%를 차지한다. 농지 전용(파괴)의 주범은 국가와 지방자치단체, 대기업이다. 농지가 도로, 철도, 공항, 산업단지, 신도시, 혁신도시, 주택단지 등 다양한 명목으로 파괴되고 있다. 이에 편승해서 농지 투기가 기승을 부린다.

농식품 가격은 물가 상승의 주범 아니다

밥상 물가의 상승은 서민 가계에 직접적으로 부담을 주기 때문에 적절한 대책이 필요한 것은 말할 나위 없다. 그러나 그것이 농산물과 농민의 희생을 통해서 이루어질 이유는 없다. 농식품은 하루도 먹지 않으면 살 수 없으므로 가격 상승의 체감 효과가 크지만, 농산물 가격이 물가나 가계비에 주는 영향은 체감보다는 크지 않다. 통계청이 소비자 물가지수를 산출할 때 사용하는 대표 품목의 가중치를 보면, 총소비를 1000이라고 했을 때 농축산물은 83.8에 지나지 않는다. 즉, 농축산물 가격이 10% 오르면 소비자물가는 0.83% 오른다. 그리고 가계소비 지출 가운데 식료품비 지출의 비율을 나타내는 '엥겔계수'는 최근 조금 높아지기는 했지만, 12.85%로 여전히 선진국 수준이다. 다시 말해 농산물 가격이 조금 상승하더라도 평균적으로 보면 우리나라 국민들에게 큰 부담이 되지 않는다. 다만, 체감도가 높고 언론의 과장된 편향 보도 탓에 크게 느껴질 따름이다. 쌀값이 전년 대비 20% 이상 폭락해 밥 한 공기 값이 220원에 지나지 않아 농민들은 큰 고통을 당하고 있지만, 2023년 소비자 물가 상승률은 5%를 넘을 전망이다. 농민을 희생하여 물가를 잡겠다는 것은 옳지 않다.

농산물 가격 상승이 평균적으로는 가계에 큰 부담이 되지 않는다 해도, 소득 계층별로 그 영향이 매우 다르다. 저소득층과 취약계층일수록 농산물 가격 상승에 따른 부담이 매우 크지만, 고소득 계층에게는 별 부담이 되지 않는다. 통계청에 따르면 소득 하위 20% 계층은 가처분소득의 41.8%를 식비에 사용하고 있다. 따라서 농산물 가격이 급격히 상승하는 식량 위기 시기에는 정부가 저소득층과 취약계층을 위한 특별한 지원을 할 필요가 있다. 지금 정부가 시범적으로 농식품 바우처 제도를 운영하고 있지만, 그 예산이 턱없이 부족하다. 예산을 대폭 늘려야 하는데 우선 당장은 다음과 같은 뻘짓을 하지 말아야 한다.

식품기업을 위한 물가 안정 대책은 그만

정부는 물가 안정을 위해 축산물을 0% 할당관세(무관세)로, 양파·마늘 등에 대해 저율관세할당(TRQ)으로 수입을 늘린다고 한다. 이처럼 무관세 또는 저율관세로 농축산물이 수입되면 식품기업의 이익은 늘어나지만 농가에 커다란 피해를 주는 반면 물가 안정에 기여하는 바는 크지 않다. 제분업체에 밀가루 가격 상승분을 지원하는 것도 제분업체의 배만 불릴 뿐 실제로 밀가루 가격 안정에 기여하는 바는 적다. 그리고 최근 수입 농산물 가격이 상승한 것은 우크라이나·러시아 전쟁 탓도 있지만, 환율 상승 요인이 크다. 관세 인하 효과는 환율 상승으로 상쇄되어 그 효과가 크지 않고, 환율이 안정되어야 수입 농산물 가격도 안정될 것이다.

정책 마인드를 바꾸어야 한다. 농축산물을 무관세와 저율 관세로 수입하면 2000억 원 이상의 재정 수입이 줄어들 것으로 예상된다. 현행 관세를 유지하고 관세수입으로 저소득계층이나 취약계층에게 식품 바우처를 지급하는 게 서민 가계 안정에 효과적이다. 마찬가지로 밀가루 가격을 낮추기 위해 제분업체에 546억 원의 예산을 지원할 것이 아니라, 그 돈도 저소득층을 위한 식품 바우처에 사용하면 좋다.

물가 안정을 위해 농민을 희생하는 정책은 하책이다. 무관세와 제분업체 지원 등으로 인한 재정 부담을 늘릴 것이 아니라, 이런 돈들을 합쳐 식품 바우처를 대폭 확대하여 물가 상승으로 인해 고통을 받는 서민에게 직접 지원하는 것이 상책이다.

윤석열 정부는 과연 '식량자급률을 반등시키는 첫 정부'가 될 수 있을까? 쉽지 않은 일이다. 그렇지만 정부가 그런 의지가 정말 있다면 적어도 다음 몇 가지 점은 반드시 실천해야 할 것이다.

첫째, 법을 지켜야 한다. '농업·농촌 및 식품산업 발전계획'에 명시되어 있는 식량자급률(곡물자급률) 목표치를 반드시 달성해야 한다. 만약 목표를 달성하지 못한 경우에는 그 책임을 엄히 물어야 한다.

둘째, 식량자급률 향상 목표를 달성하기 위해서는 반드시 그에 필요한 농지면적을 정하고 그것을 지켜내야 한다. 지금처럼 국가와 지방자치단체, 대기업이 앞장서서 농지를 파괴(전용)한다면 식량자급률은 지속적으로 낮아질 수밖에 없다.

셋째, 물가 안정을 위해 농민을 희생하는 하책은 사용하면 안 된다. 그런 나라는 없다. 농산물 가격은 농가 경제와 소비자 가계에 직접적인 영향을 주기 때문에, 농산물 가격을 안정시키는 것은 국가의 중요한 역할의 하나다. 그렇지만 그것이 농가의 희생을 전제로 해서는 안 된다.

넷째, 국가는 모든 대책에서 저소득층과 취약계층의 문제 해결에 우선순위를 두어야 한다. 재난과 위기는 모두에게 공평하지 않다. 기후변화와 식량 위기는 누구에게는 돈벌이의 새로운 기회를 제공하지만, 그 피해는 오롯이 아무런 죄도 없는 가난한 사람과 가난한 지역의 몫이다.

'기후악당', '식량악당' 오명에서 벗어나야

거듭되는 그리고 앞으로 더욱 심각해질 식량 위기와 식량 무기화에 대비하기 위해서는 기후변화에 적극적으로 대응해야 한다. 우리 국민이 '식량악당'이나 '식량난민'이 되어서는 안 된다. 조천호 전 국립기상과학원장은 "'기후악당' 된 대한민국 …… 한국인 식량 난민 될 가능성 높다"고 했다. 환경운동가들은 이산화탄소 배출량 세계 7위, 대기 질 OECD 36개국 중 35~36위, 기후변화대응지수 61개국 가운데 58위 등을 근거로 우리나라를 기후와 환경을 해치는 '기후악당(climate villain)'으로 부른다.• 2020년에 옥스팜과 스톡홀름 환경연구소가 낸 보고서에 따르면, 1990년부터 2015년까지 상위 10%의 부유층이 전 세계 탄소 배출량의 절반 이상을 배출했고, 상위 1%는 하위 50%보다 두 배 이상을 배출했다. 우리가 배출한 탄소로 인한 기후변화가 탄소 배출이 가장 적은 아프리카에 가장 커다란 타격을 준다는 의미에서 우리는 '악당'의 일원임이 틀림없다.

마찬가지로 기후변화가 우리나라 사람들에게 당장 심각한 식량

• 영국의 기후변화 전문 미디어 '클라이멋 홈 뉴스(Climate Home News)'에서는 국제 시민단체인 '기후행동추적(Climate Action Tracker: CAT)'의 보고서(2016)를 근거로 "한국이 기후악당을 선도하고 있다"고 보도했다. Karl Mathiesen, "South Korea leads list of 2016 climate villains," *Climate Home News*, 2016.11.4.

위기를 가져오고 있지 않지만, 아프리카 등 제3세계에 많은 식량 난민을 낳고 있다. 더욱이 우리나라는 식량 생산 잠재력이 상당히 있음에도 국내 생산보다 식량의 대부분을 해외에서 수입함으로써 가난한 제3세계의 식량 사정을 더욱 악화시키고 있다. 그런 점에서 우리나라는 '식량악당'이라 해도 과언이 아니다. 그리고 기후변화로 인해 전 세계적으로 식량 위기가 확산되면 곡물자급률이 20%에 지나지 않는 우리나라가 가장 커다란 타격을 입을 것이고, 많은 국민은 '식량난민'으로 전락할 것이다.

기후 위기와 식량 위기가 머지않은 미래에 우리의 삶 자체를 위협하고 있음에도 일반 국민들은 매우 무감각하다. 국제기구와 전문가들이 지속적으로 위기 신호를 발신하고 있지만 사람들은 그것을 심각하게 받아들이지 않고 있다. 심지어 '위기'를 되풀이해 듣다 보면 '위기'를 심각하게 받아들이기보다 오히려 익숙해져 '위기'에 무뎌지기조차 한다. 일상에 매몰되어 하루하루 삶이 바쁜 대중을 탓할 수 없다. 그래서 정치가 있고 정부가 있는 것이다.

먹을거리 기본법, 무엇을 담아야 하나

사람은 누구나 언제, 어디서나 자신의 생존에 필수적인 건강하고 안전한 먹을거리를 안정적으로 섭취할 권리가 있다. 유엔은 1966년 이러한 권리를 인간의 먹을거리 기본권(right to food)으로 선언하고, 각 나라가 이를 국민의 기본권으로 보장할 것을 권고해 왔다. 2004년에는 유엔식량농업기구는 각 나라에 권고한 '먹을거리 기본권 보장 지침'•을 통해 먹을거리 기본권 보장을 위한 법적 체계 구축, 먹을거리 취약계층 지원, 먹을거리 정책 협치체계(거버넌스) 구축 등을 중점 강조한 바 있다.

국민 누구에게나 먹을거리 기본권을 보장하기 위한 법적 체계는 '먹을거리 기본법'으로 대표된다. 우리나라의 경우 먹을거리에 관한 법률이 11개 중앙 부처에 걸쳐 무려 57개가 있으면서 관련 법·제도와 정책·예산들이 분산되고 부처 간 연계·협력이 잘되지 않는다. 따라서 국민의 먹을거리 기본권을 보장하기 위한 국가 및 지방자치단체••의 정책들을 총괄·조정하고 통합적·체계적으로 추진하기 위한 기본법 제정이 절실히 필요하다. 기본법은 국민의 먹을거리 기본권을 보장하기 위한 먹을거리 종합 전략 수립 및 관련 정책 계획의 추진에 관한 국가 및 지방자치단체의 기본 책무를 규율한다.[7]

먹을거리 기본법에는 무엇을 담아야 하나? 크게 보면, 목표와 기본이념, 국가 및 지방자치단체의 책무, 국민의 권리와 의무, 먹을거리 종합 전략과 기본계획 등의 수립·추진, 총괄·조정 기구로서의 먹을거리위원회 운영, 추진 전담 직제 운영, 국민의 정책 참여 제도 운

• 2004년 11월 FAO 제127차 이사회는 'The Right to Food Guidelines(먹을거리 기본권 보장 지침)'으로 약칭되는, 먹을거리 기본권 보장에 관한 각국의 정책 권고안을 채택했다. "Voluntary Guidelines to support the progressive realization of the adequate food in the context of national food security," https://www.fao.org/right-to-food/guidelines(검색일: 2023.12.26).

•• 국가 차원의 상위법으로서 '먹을거리 기본법'이 부재한 가운데 2017년 서울시를 시작으로 광역 및 기초 지자체 수준에서 지역먹거리계획 수립·실행과 정책·재정 지원의 근거인 자치법규를 제정·시행하고 있다. 대체적으로 '먹거리 기본조례' 등의 명칭을 채택하고 있는데, 2023년 말 현재 광역 지자체는 17개 시·도 중 14개, 기초 지자체는 226개 시·군·구 중 80개에서 제정했다. 자치법규정보시스템, http://www.elis.go.kr(검색일: 2023.12.26).

영 등으로 구성된다.*

- **목적** 국민의 먹을거리 기본권 보장을 위해 국가 및 지방자치단체의 책무를 정하고, 국가 먹을거리 기본권 보장을 위한 정책의 수립에 관한 기본적인 사항을 규정함으로써 국민의 건강과 삶의 질 향상에 이바지한다.

- **기본 이념** 먹을거리 공공성에 기반하여 국민이 건강하고 안전한 먹을거리의 생산과 소비를 통해 건강한 삶을 영위하는 데 필요한 권리를 보장받을 수 있도록 한다. 이러한 기본 이념을 구현하기 위한 정책을 추진할 때 고려해야 할 지침으로는 식량주권에 기반한 먹을거리의 자급 능력 향상, 모든 국민에게 상시적인 건강하고 안전한 먹을거리 제공을 위한 먹을거리 접근권 보장, 생태친화적 방식으로 생산된 건강하고 안전한 먹을거리의 생산과 소비에 대한 지원, 지역에 기반을 둔 먹을거리 선순환 체계의 구축, 국민 모두에 대한 식생활 교육의 확산과 강화, 먹을거리 관련 정책 수립에 민관협력 추진 체계의 구축과 운영 등 여섯 가지를 들 수 있다.

- **국가 및 지방자치단체의 책무** 국가와 지방자치단체는 국민의 먹을거리 기본권 보장 수준의 개선과 확대를 위해 먹을거리 기본권 보장에 관한 종합 전략과 실천 기본계획을 체계적으로 수립하고, 그 추진에 필요한 예산과 조직을

* 이 글에서 제시하는 먹을거리 기본법의 주요 체계와 구성 내용은 전국먹거리연대의 법안 내용을 참고했다. 주요 체계와 구성 내용은 앞서 각주에서 소개한 민형배·강은미·이원택 의원 법안들과 비슷하지만, 핵심적인 차이점은 이 글에서 먹을거리위원회의 권한을 '심의·조정·의결'에 둔 반면 세 의원 법안들은 '심의'에 둔 점을 들 수 있다.

확보한 가운데 관련 시책을 수립·추진해야 한다.

- **국민의 권리와 의무** 모든 국민은 성별, 신념, 종교, 인종, 세대, 지역, 학력, 사회적 신분, 경제적 지위나 신체적 조건 등에 의해 먹을거리 기본권 보장 정책으로부터 차별을 받지 않고 정책의 다양한 활동에 자발적으로 참여할 수 있으며 균등한 기회를 보장받는다. 또한, 모든 국민은 먹을거리 기본권 보장 정책의 중요성을 인식하고 타인의 먹을거리 기본권을 침해하지 않으며 윤리적인 생산과 소비를 실천하기 위해 노력하고 국가의 먹을거리 기본권 보장 정책에 적극적으로 협력해야 한다.

- **먹을거리 종합 전략과 기본계획 등의 수립·추진** 대통령은 국민의 먹을거리 기본권 보장 수준을 개선하기 위해 10년을 단위로 국가 먹을거리 종합 전략을 수립해야 하며, 종합 전략에 따라 5년 단위로 기본계획을, 그리고 관계 중앙행정기관의 장과 시·도지사는 기본계획에 따라 연도별 시행 계획을 매년 수립·시행해야 한다.

- **총괄·조정 기구로서 먹을거리위원회 설치·운영** 국가의 먹을거리 기본권 보장 수준의 개선을 위한 정책과 관련 계획 및 그 이행에 관한 사항을 심의·조정·의결하고, 민·관의 협력을 촉진하며, 관계 중앙행정기관 및 지방자치단체 간의 조화로운 정책 추진을 총괄·조정하여 종합 전략을 효율적으로 추진하기 위해 국가 먹을거리 위원회를 둔다. 그리고 시·도지사는 관할 지역의 먹을거리 종합 전략에 관한 주요사항을 심의·조정·의결하기 위해 시·도 먹을거리 위원회를 둔다.

- **추진 전담 직제** 대통령은 국가 먹을거리 종합 전략과 기본계획을 고유한 정책 영역으로 정착시키고, 관계 중앙행정기관의 합동 정책회의를 주관하며, 이 법에 의한 감독과 보고 업무를 객관적으로 수행할 수 있도록 중앙 부처 정부 조직으로서 추진조직을 설치한다. 그리고 국가와 지방자치단체의 먹을거리 기본권 보장 수준을 개선하고 종합 전략의 원활한 추진을 지원하기 위한 중간 지원조직으로서의 공공기관(국가 먹을거리 통합 지원센터, 시·도 먹을거리 통합 지원센터)를 설치·운영한다.

- **국민의 정책 참여 제도** 국가 및 지방자치단체는 국민이 먹을거리 정책에 참여할 수 있도록 상설 숙의 기구를 설치·운영한다. 상설 숙의 기구는 먹을거리 기본권 보장에 관한 사항, 종합 전략 수정·보완 요구 사항, 그 밖에 먹을거리 위원회가 요청한 의제 사항 등에 관한 적절한 숙의 참여 제도로 운영되며, 숙의 과정에서 도출된 결과가 최대한 정책에 반영되도록 노력해야 한다.[8]

먹을거리 기본법은 국가 및 지방자치단체로 하여금 국민의 먹을거리 기본권 보장에 관한 종합 전략과 기본계획 및 연도별 시행 계획이 통합적·체계적·실효적으로 수립·추진하도록 할 것이다.[9] 그래서 기후 위기와 농업·먹을거리 위기 시대에 국민 누구나 인간의 천부적 인권인 먹을거리 기본권을 보장받음으로써 건강하고 행복하게 삶을 영위하도록 하는 데 이바지할 것이다.

농협이 제 역할 하면
농촌문제 절반은 해결된다

협동조합이 제 역할을 한다면

- 농민들이 풍년에 수확한 농산물을 갈아엎는 일은 없을 것이다.
- 생산자와 소비자 모두 합리적인 가격에 안전하고 좋은 품질의 농산물을 생산하고 소비할 수 있을 것이다.
- 농산물 시장 개방에 대응하여 생산자와 소비자가 상생하는 지역 먹을거리 체계를 구축할 수 있을 것이다.
- 대형 유통업체의 압력에 대응하여 거래 교섭력을 확보할 수 있을 것이다.
- 우리 농업을 수입 사료와 화석에너지에 의존한 농법에서 해방하여 지역순환형 농업 체계를 구축할 수 있을 것이다.
- 농민의 소득, 문화, 복지 수준이 향상되어 농촌이 좀 더 살 만한 공간으로 발전할 것이다.
- 정부가 지금처럼 농민의 이해에 반하는 신자유주의 정책(예, FTA, 농지법 개정 등)을 함부로 수립하지는 못할 것이다.

그러나 우리나라 농협의 현실은

- 농업·농민과 농협의 괴리 현상이 심화되고 있다. 농업과 농민은 쇠퇴하는데, 농협만 번성한다.
- 농협은 그동안 우리 농업과 국민경제에 적지 않은 역할을 해왔지만, 여전히

'돈 장사만 한다', '임직원을 위한 조직이다', '권력의 시녀이다' 등의 비판에서 자유롭지 못하다.

- 심지어 농협이 농민들의 자생적인 협동사업의 걸림돌이 되는 경우가 적지 않다.
- 농협의 임직원 가운데 자신들의 기득권을 유지하기 위해 농협 개혁을 거부하는 사람들이 적지 않다.

또한 우리 농민은

- 농협에 대한 주인의식이 없다. 권리만 주장할 뿐 의무를 다하지 않는다.
- 협동조합의 중요성과 그 역할에 대해 올바로 이해하지 못하고 있다.
- 농민단체 대표 가운데 겉으로는 농협 개혁을 주장하면서 안으로는 자신의 이익을 챙기는 기회주의적 행동을 보이는 사람이 적지 않다.

그리고 우리 정부는

- 농협을 '농민의 농민에 의한 농민을 위한 조직'으로 개혁해야 할 의무가 있다.
- 그동안 여러 차례 농협 개혁을 표방하고 「농협법」 개정도 시도했지만, 농협의 근본적 개혁은 회피해 왔다.
- 농식품부와 농협중앙회의 밀월은 언제까지 계속될 것인가?

농협의 태생적 한계와 농협 개혁 요구

협동조합은 본래 사회적 약자인 농민이 서로 협동하여 자신의 경제적·사회적 지위 향상을 위해 조직한 자주적 결사체다. 그러나 불행하게도 우리나라의 협동조합은 농민의 자주적, 자율적 조직이 아니라 관에 의해서 만들어지고 관에 의해서 통제되어 왔다. 협동조합의 전신인 금융조합과 산업조합이 일제 식민지 통치수단으로서 역할을 충실히 한 것은 말할 나위도 없고, 5·16 군사 쿠데타 이후의 농업협동조합(농업은행과 농업협동조합의 통합)은 군사정부의 개발독재를 뒷받침하는 농촌 지역의 첨병 역할을 해왔다. 결국 우리나라 농업협동조합은 탄생부터 농민 조합원의 요구와 필요에 기초하여 만들어진 것이 아니라, 권력의 요구와 필요에 의해서 탄생했기 때문에 농민 조합원은 주인의 자리에서 배제된 것이다. 초대 농협중앙회장이 육군 장교 출신이란 사실이 농협의 비극적 출발을 웅변한다.

농협은 이러한 태생적 한계로 그동안 '임직원을 위한 조합', '권력의 시녀', '독점자본의 파이프라인' 등 비난의 표적이 되어왔다. 농협을 주인인 농민에게 돌려주어 '농민의, 농민에 의한, 농민을 위한' 협동조합으로 거듭 태어나야 한다는 비판의 목소리는 농업협동조합이 출범할 때부터 양심적 지식인과 농촌활동가에 의해서 제기되었다. 그러나 정부는 1962년 임시조치법인 「농협법」에 따라 농민의 협동조합 참여를 철저하게 배제했다. 그렇지만 1987년 6월 항쟁 이후 우리 사회의 민주화 물결에 편승하여 농협에도 민주화의 바람이 불기 시작했다. 1988년 말 임시조치법이 폐지되고 조합장과 중앙회장의 직선, 농림부의 중앙회 사업승인권의 폐지를 골자로 한 「농축협법」의 개정이 이루어진 것이다.

한번 불기 시작한 농협 민주화의 바람은 점차 거세지고, 협동조합 개혁은 정권이 바뀔 때마다 주요 과제로 등장했고, 그 중심에는 농협중앙회의 신용사업과 경제사업의 분리(이른바 '신·경분리')가 있었다.

왜 농협중앙회의 '신·경분리'인가

협동조합 개혁 논의 때마다 중앙회의 구조개편이 핵심적 과제로 등장한 것은 협동조합 중앙회의 다음과 같은 문제점 때문이다. 첫째, 중앙회의 조직이 비대하고, 둘째, 중앙회가 회원조합을 통제(군림)하고 있고, 셋째, 중앙회의 사업이 신용사업, 즉 돈 장사 중심으로 되어 있고, 넷째, 중앙회가 정부의 통제 아래 자율성을 상실하고 있기 때문이다.[10]

이러한 농협중앙회의 구조적 문제를 해결하기 위한 핵심 고리로서 농협중앙회의 '신·경분리'가 제기되었다. 우리나라의 협동조합 중앙회는 세계적으로 유례없는 독특한 구조를 갖고 있었다. 협동조합 중앙회는 업종별로 5개, 즉 농협중앙회, 축협중앙회, 임협중앙회, 인삼협중앙회, 수협중앙회로 나뉘어 있었다. 그뿐만 아니라 모든 중앙회가 지도·교육 등 비사업적 기능 이외의 사업을 동시에 하고 있다. 중앙회가 사업을 하는 나라는 우리나라밖에 없고, 더욱이 경제사업과 신용사업을 전국 단위에서 하나의 조직체가 동시에 수행하는 나라는 없다. 1999년 「농협법」 개정으로 임협중앙회는 산림조합연합회로 개편되고, 축협중앙회와 인삼협중앙회는 농협중앙회에 통합되었다. 그러나 이러한 「농협법」 개정은 공룡 농업중앙회를 탄생시켜 농협중앙회의 구조적 문제를 더욱 악화했다.[11]

이에 다른 나라의 협동조합 중앙회처럼 농협중앙회는 사업을 하지 않고, 회원조합의 연합체로서 협동조합 운동의 중심적 역할을 수행하도록 개혁할 필요가 있었다. 즉, 중앙회는 회원조합에 대한 지도·교육·감독 및 조사, 농정활동만을 담당하고, 중앙회의 신용사업과 경제사업은 회원조합의 전국연합회 체제로 분리할 필요가 있었다. 그러기 위해서는 무엇보다도 중앙회의 신용사업과 경제사업을 별도의 법인으로 분리하는 것이 중요했다. 그래서 중앙회의 '신·경분리'는 역대 정부에서 농협 개혁의 핵심 과제로 등장했으나 번번이 좌절되었다.

농협중앙회 개혁의 좌절과 거듭되는 「농협법」 개악

농협중앙회 신·경분리의 이상한 결말: 지주회사 체제로의 사업구조 개편

문민정부의 '농어촌발전위원회'는 농협중앙회의 신용사업과 경제사업을 완전히 분리하기 위해, 1단계 완전독립사업부제 실시 준비, 2단계 완전독립사업부제 실시 및 협동조합은행 설립 준비, 3단계 협동조합은행으로의 완전한 독립을 제시했다. 그러나 1994년 「농협법」 개정 과정에서 교묘하게 왜곡되어 무산되었다.

국민의 정부는 국정 100대 과제에 농협 개혁을 설정하고, '협동조합 개혁위원회'를 설치하여 중앙회의 신·경분리를 논의했으나, 농협중앙회와 축협중앙회, 인삼협중앙회의 통합이라는 엉뚱한 결과를 낳았다. 협동조합개혁위원회는 농식품부의 들러리에 불과했다.

참여정부의 노무현 대통령은 2003년 2월 4일 강원 지역 토론회에서 "농협은 자체가 파워다. 전국 각지에 조직이 있어서 농협이 힘이 센지, 내가 힘이 센지 아직 모르겠다"고 말할 정도로 강한 의지를 보였다. 그러나 실제로는 농협중앙회 내에 설치된 '농협개혁위원회'에 자율적 개혁을 맡겨 고양이에게 생선을 맡긴 꼴로 흐지부지 끝났다.

이명박 대통령은 취임 첫해 2008년 12월 4일에 가락동 농수산물시장을 방문하여 “농협이 금융 하고 뭐 해서 돈을 몇 조씩 벌고 있는데 농협이 번 돈을 농민들에게 돌려줘라. 농협이 벌어갖고 사고나 치고 말이야”라고 질타했다. 그리고 2009년 신년사에서 “농협을 농민에게, 수협을 어민에게 돌려주는 개혁은 결코 멈출 수 없다”고 했다.

대통령의 질타에 놀란 이명박 정부의 농식품부는 2008년 12월 농협개혁위원회를 설치하고, 2009년 12월 농협중앙회를 두 개의 지주회사(농협경제지주회사와 농협금융지주회사) 체제로 개편하는 입법안을 국회에 제출했다. 정부 입법 예고안에 대해 한국농업경영인중앙연합회는 2009년 10월 28일 성명서를 통해 “거의 1년에 걸쳐 고생해 온 농협개혁위원회가 정부와 농협중앙회의 암묵적인 담합에 농락당했다는 생각을 지울 수가 없다”고 비난했고, 농협개혁위원들은 정부의 들러리만 섰다고 비판하면서 위원회를 스스로 해체했다.

지루한 논쟁 끝에 2011년 3월 농협중앙회가 100% 출자하여 농협금융지주회사와 농협경제지주회사를 설립하는 지주회사 방안의 「농협법」 개정안이 통과되었다. 이로써 20여 년간 지속해 온 농협중앙회의 신·경분리 논의에 종지부를 찍었다. 2012년 3월 중앙회의 금융사업은 금융지주회사로 완전히 이관되었고, 경제사업은 2017년 2월까지 순차적으로 이관되었다.

중앙회의 사업구조 개편은 실패했다

농식품부는 농협중앙회 개혁 요구를 중앙회의 사업구조 개편으로 변질시켰다. 그렇다면 농식품부의 사업구조 개편은 과연 목표를 달성했는가? 국회예산정책처는 ‘농협중앙회 경제사업활성화(2012~

2020)'의 종료를 앞두고 2020년 10월에 중앙회 사업구조 개편에 대한 평가보고서를 발표했다.[12] 이 '보고서'는 사업구조 개편이 계획대로 추진되지 못했고, 실적은 목표(기대효과)에 훨씬 미치지 못한다는 사실을 조목조목 따지고 있다.

요약하면 첫째, 경제사업 물량 및 경제사업 투자계획, 자본금 확충 계획 등이 계획대로 추진되지 못했다. 둘째, "경제사업활성화를 위한 핵심 성과지표인 산지유통 점유비와 중앙회 책임판매 비중 등에서 애초 계획한 목표를 달성하기 곤란할 것"[13]이다. 사업구조 개편 전후 9년간 농가판매 가격지수와 농가교역 조건지수 등이 정체되고 농업소득이 감소하는 등 "농민 조합원 체감 효과가 미흡"[14]하다. 셋째, "금융 부문의 목적은 전문성과 경쟁력을 강화하여 글로벌 금융그룹으로 성장시키기 위한 것인데, 농협은행을 포함한 농업금융지주의 사업성과가 저조했으며 당초 계획한 목표를 달성하기 곤란할 것으로 보인다"[15]. 넷째, "사업구조 개편 이후 금융·경제 부문 등 수익 저하에 따른 농협중앙회 배당 수입 감소는 차입금(금융부채) 증가 등 농협중앙회 재무구조 악화로 이어지고 있다"[16].

한마디로 말하면 경제사업 활성화(경제 부문)와 금융지주 경쟁력 강화(신용 부문)를 목표로 한 농협중앙회의 사업구조 재편은 실패한 것이다. 이는 농협중앙회 임직원이 무능하거나 게을러서가 아니라, 애당초 사업구조 개편의 목표와 방식이 잘못되었기 때문이다.

지주회사 방식의 신·경분리가 실패한 이유

국민의정부 '협동조합개혁위원회'부터 농협중앙회 신·경분리 논쟁에서 최전선에 있었던 나는 2008~2010년에 지주회사 방식에 의한 농협중앙회의 신·경분리는 농협중앙회의 근본적 개혁이 아니라 농협중앙회의 사업 합리화 방안으로서 결코 성공할 수 없다고 비판했다. 국회예산정책처의 보고서 「농협 경제사업활성화 평가」는 나의 이러한 비판이 정당했음을 증명하고 있다.

당시 내가 지주회사 방식의 신·경분리에 반대한 논거는 다음과 같다. 그 논거를 보고서 「농협 경제사업활성화 평가」에 비추어 논증해 보자.

첫째, 농협중앙회 사업의 문제점은 그것이 회원조합이나 농민 조합원을 위한 사업이 아니라 중앙회 자체를 위한 사업이라는 점이다. 지주회사 체제로의 전환은 중앙회 경제사업의 활성화와 신용사업의 경쟁력 강화이지, 회원조합과 조합원의 이익을 실현하기 위한 연합조직으로의 개혁이 아니다. 신·경분리의 직접적 계기는 2008년 세계금융위기가 발발하여 중앙회 신용사업의 수익성이 급속히 악화한 것이다. 신용사업이 경제사업의 적자를 메워주는 방식의 중앙회 운영을 지속할 수 없다는 위기감이 작용한 것이다. 즉, 신용사업의 합리화를 위한 신·경분리가 목적이었다.

따라서 가령 중앙회의 신용사업과 경제사업을 분리해서 지주회사 체제로 합리화(?)한다고 해도, 조합원 및 회원조합의 공동이익이 증진되지 않는다.

보고서에 따르면, 농협 경제사업 및 사업구조 개편에 대한 농민 조합원의 만족도는 56.7점이고, 회원조합의 만족도는 그보다 낮은 51.8점, 소비자 만족도도 60.3점에 지나지 않는다. 모두 낙제점이다. 또한 농가의 평균 명목 농업소득이 1995년 1047만 원에서 2019년

1026만 원으로 정체되어 실질 농업소득은 크게 감소했다. 그리고 농가교역 조건지수의 경우에도 2017년 106.6에서 2018년 105.8, 2019년 104.7로 하락하고 있다.

둘째, 농협중앙회의 사업이 지주회사-자회사라는 주식회사 체제로 전환되면 사업을 둘러싸고 중앙회의 자회사와 회원조합의 갈등이 훨씬 증폭될 것이다. 중앙회는 경제지주회사와 금융지주회사를 자회사로 거느리는 거대 지주회사(주식회사)다. 주식회사는 주주의 이익 극대화를 추구한다. 중앙회는 단독 주주로서 경제지주·금융지주를 비롯한 계열사에서 받는 명칭 사용료(현 '농업지원사업비')와 배당금을 주 수입원으로 하고, 이를 극대화하기 위해 노력한다. 중앙회의 자회사는 주식회사로서 이윤 극대화를 목표로 한다. 지주회사 및 계열사와 회원조합 간에 이해 충돌이 발생하면 지주회사 및 계열사는 자신의 이익을 우선할 수밖에 없다.

보고서에 따르면 중앙회의 조합상호지원자금 가운데 회원조합의 경제사업 활성화를 위한 지원액의 비중은 2013~2019년에 77%에서 62.4%로 감소했다. 반면에 중앙회의 회원조합 통제 수단으로 비판받는 교육 지원 사업비의 비중은 23%에서 37.6%로 크게 늘어났다.

셋째, 농협중앙회의 지배구조가 더 나빠질 것이다. 중앙회는 회원조합의 연합회이고, 그 회원조합은 조합원이 주인인 구조이지만, 실제로는 농협중앙회가 농민 조합원과 회원조합을 지배하는 구조다. 중앙회가 지주회사 및 계열사 체제로 전환되면, 중앙회와 회원조합 간의 거리는 더욱 멀어지고, 중앙회의 지배력이 강화될 것이다.

예를 들어, 중앙회의 자회사인 목우촌은 사업구조 개편 이후 지배구조가 농민(조합원) → 회원조합 → 농협중앙회 → 농협경제지주회사(자회사) → 목우촌(손자회사)으로 되어 조합원 또는 회원조합 간의 거리가 멀어진다. 목우촌은 양돈농가나 양돈협동조합이 설립한 조직이 아니고, 농협경제지주의 자회사일 뿐이다.

넷째, 지금까지 경제사업을 제대로 해본 적이 없는 농협중앙회가 경제사업본부를 경제지주회사로 바꾸고 자회사를 신규 설립한다고 해서 갑자기 판매사업 능력이 제고될 리 없다. 오히려 자회사 설립을 통한 무리한 사업 확장으로 엄청난 손실을 초래할 것은 아닌가?

보고서에 따르면 농협의 산지유통 비중(산지유통액 대비 농가의 농협 출하액 비중)은 2020년 61.5% 목표에 비해 실적(2019년 46.8%)이 훨씬 미치지 못한다. 2012년에 46.3%였다는 점을 고려하면 전혀 성과가 없는 것이다. 경제사업 활성화의 핵심 목표인 중앙회 책임 판매 비중(농가의 농협 출하액 대비 경제지주의 사업량)은 2020년 50% 목표에 비해 2019년 실적은 30.5%에 지나지 않는다. 농협경제지주 직접 도매사업 실적을 보면 2020년 3조 원을 목표로 했으나, 2019년 실적은 1조 2944억 원으로 목표 대비 달성도는 43.1%에 불과하다.

경제지주 4개 유통회사의 매출액은 2015년 1조 9955억 원에서 2019년 1조 8314억 원으로 1641억 원 감소했고, 4개 유통회사의 당기순이익은 2015년 141억 원에서 2019년 16억 원으로 125억 원 감소했다.

경제지주의 손실(2018년 241억 원, 2019년 1148억 원의 당기순손실)과 금융지주의 수익 저하로 중앙회의 재무구조가 악화하여, 중앙회의 금융부채가 2012년 9조 2000억 원에서 2019년 13조 4200억 원으로 급증했다.

농협중앙회의 지주회사로의 사업구조 재편은 총체적으로 부실 또는 실패라고 평가할 수밖에 없다. 그럼, 앞으로 나아질 것인가? 농협 경제사업 활성화에 참여했던 한 위원은 모 신문 기고에서 “저조한 성적표에 무거운 책임과 함께 부끄러움을 느낀다”고 솔직히 고백하면서, “추가 사업계획(2021년부터 5년)도 지난 사업과 크게 달라 보이지 않는다. 비전과 중장기 목표, 세부 추진 방식 등이 입체적으로 구성되지 못한 채 여전한 나열식 사업계획에 우려하지 않을 수 없다”고 했다.

집 나간 농협 개혁을 찾습니다: 지주회사 체제를 연합회 체제로

상황이 이 지경인데도 정부 당국은 농협중앙회 개혁을 위한 아무런 조치도 강구하고 있지 않았다. 나는 농어업·농어촌특별위원회 위원장으로서 심각한 위기의식을 갖고, 농협 개혁을 위해 농특위 산하에 ‘좋은농협위원회’를 설치하여, 농협 개혁 논의에 착수했다. 그러나 농특위는 제1호 의결 안건인 농협중앙회장 직선제가 농식품부의 반대로 국회에서 무산되면서 실질적으로 동력을 상실했다. ‘좋은농협위원회’의 논의는 농협중앙회의 개혁이 아니라, 농협중앙회 경제사업 활성화라는 식상한 논의에 그치고 말았다.

그동안 여러 차례의 중앙회 개혁이 번번이 실패로 끝난 가장 커다란 책임은 농식품부에 있다. 역대 정부의 농식품부는 농민 조합원의 농협 개혁의 요구가 거세지면, ‘농협개혁위원회’를 들러리 세워 개혁을 할 것처럼 시늉을 했지만, 결말은 언제나 농협중앙회의 뜻이 잘 반영된 채 용두사미로 끝났다. 그런데 문재인 정부부터 농협 개혁의 이런 시늉마저도 완전히 실종되었다. 농협중앙회가 「농협법」 제113

조 "중앙회는 회원의 공동이익의 증진과 그 건전한 발전을 도모하는 것을 목적으로 한다"에 정한 바와 같이 그 정체성에 충실하기 위해서는 주식회사인 지주회사 체제를 회원조합과 조합원에 복무하는 명실상부한 연합회 체제로 하루빨리 개혁해야 한다.[17]

할 말을 잃게 한 농협중앙회장의 '셀프 연임' 노력

농협중앙회를 하루빨리 「농협법」 정신에 맞게 개혁해야 하는데, 2023년에 농협중앙회와 회장은 현직 농협중앙회장의 연임을 위한 「농협법」 개정에만 골몰했다. 정부는 2009년 「농협법」을 개정하여 농협중앙회장은 비상임으로 하고 임기 4년 단임으로 대의원회에서 간접 선출하는 것으로 정했다. 농협중앙회장이 무소불위의 권한을 행사하여 비리로 구속되는 사태가 계속되었기 때문이다.

그런데 농협중앙회는 지난 20대 국회에서 당시 현직 회장의 연임을 위해 「농협법」 개정을 시도했으나 실패한 적이 있다. 농협중앙회와 회장은 전임 회장의 실패를 거울삼아 국회를 상대로 전방위적으로 나섰다. 21대 국회에서는 여야 국회의원 4명이 연임을 위한 법안을 제출했다. 농식품부는 형식적 공론화(지역 토론회 등)를 통해 실질적으로 법 개정을 추진했고, 농협중앙회의 영향력하에 있는 농민단체들이 찬성 의견을 냈다.

농협중앙회의 전방위적인 로비와 압력은 결실을 맺었다. 국회 농해수위는 현직 농협중앙회장의 연임을 허용하는 법안을 2023년 5월 11일에 의결했다. 반대하는 의원도 몇 있었다고는 하나, 결국 농협중앙회 뜻대로 강행한 것이다. 농협중앙회장의 단임을 규정한 「농협법」을 개정해서 연임을 허용할 것인가에 대해서는 그동안 논쟁이 없지 않았다.

중앙회장의 연임을 추진하는 논리는 매우 단순하다. 중앙회장의 권한을 축소하기 위해 간선제 단임으로 했는데, 간선제가 조합장 직선제로 바뀌었으니 단임 조항을 개정해서 연임을 허용해 중앙회장의 권한을 강화해야 한다는 것이다. 2023년 3월 정부는 농협중앙회장 선거를 대의원 간선제에서 조합장 직선제로 바꾸었는데, 조합원 수가 3000명 미만인 조합은 1표, 3000명 이상인 조합은 2표 등 조합의 규모에 따라 의결권을 1~2표로 차등했다. 이는 1인 1표라는 협동조합의 민주주의 원칙에 반하는 것이다. 엉터리 직선제로 「농협법」을 개정하고 이번에는 그것을 빌미로 중앙회장의 연임을 추진하고 있다.

농협중앙회장이 연임을 할 수 있어야 회장에게 힘이 실려 농정활동 등 대외 활동을 힘 있게 할 수 있다고 한다. 나는 묻는다. 그동안 농협중앙회장이 무슨 농정활동을 해왔나? 농협중앙회는 FTA 등 농업에 치명적인 타격을 가하는 정부 정책에 아무런 대응을 하지 못했고, 쌀값 폭락 사태에도 제대로 대응하지 못했다. 그 이유는 농협중앙회가 금융지주회사와 경제지주회사를 거느린 거대한 사업조직이라 정부의 뜻에 거슬리는 행위를 할 수 없기 때문이다.

농협중앙회장은 농민 조합원을 위한 농정활동이 아니라 비상임인데도 사실상 최고 CEO로서 무소불위의 권력을 휘두르고 있다. 지금의 농협중앙회는 회장을 정점으로 한 임직원을 위한 조직이다. 이런 상황에서 중앙회장의 연임으로 회장과 중앙회의 권한이 커지면 회원조합에 대한 통제만 강력해져 회원조합 위에 군림하는 농협중앙회의 문제가 더욱 심각해질 것이다.

중앙회는 자신의 이익을 위한 사업조직이 아니라 「농협법」 제113조의 규정대로 '회원조합의 공동이익 증진'을 위한 연합회로 개편되어야 한다. 농협중앙회장은 지주회사의 CEO가 아니라 비사업 연합조직의 회장일 때 힘 있게 농정활동을 할 수 있다.

백 번 양보해서 농협중앙회장의 연임을 허용한다 해도, 현직 농협중앙회장부터 소급 적용하는 법안이 해당 상임위를 통과되는 것을 보고 할 말을 잃었다. 5년 단임제 대통령을 4년 중임제 대통령으로 바꾸자는 논의는 오랫동안 있어왔지만, 현직 대통령부터 적용하자는 주장은 언감생심 아무도 입에 담지 못한다. 그런데 흔히 '농업계 대통령'이라고 하는 농협중앙회장의 연임을 현직부터 소급 적용하는 법안이 강력한 반대 여론에도 불구하고 국회 상임위를 버젓이 통과했다.

염불에는 관심 없고, 잿밥에만 눈이 먼 농협중앙회와 회장을 어찌하면 좋을꼬? 농민은 나날이 말라가는데 농협중앙회만 살찐다는 현장의 절규가 들리지 않는가? 농협중앙회장은 농민신문사 회장을 겸임한다. 농협중앙회장 연봉 3억 9000만 원에 농민신문사 회장 연봉은 4억 1500만 원이다. 퇴임 공로금을 합치면 4년 동안 35억 3200만 원을 받는다. 4년 더 연임하면 누계 70억 6400만 원이 된다. 이는 얼마인지 명확하지 않은 각종 수당과 판공비는 제외한 액수다. 연봉 인상이 되면 물론 그 이상이다. 최근 6년간 농협중앙회장 연봉 인상률은 8.3%며, 농민신문사 연봉 인상률은 무려 36.1%에 달한다.[18] 여기에 인사권 등 무소불위의 권력을 휘두른다. 이러니 얼마나 중앙회장을 한 번 더 하고 싶겠는가?

그렇다 해도, 현직 중앙회장의 연임을 소급 적용하는 법안을 안면

표 4-4 농협중앙회 개혁의 방향과 핵심 과제

농협중앙회의 현황과 지주회사의 문제점 ○ 농협중앙회는 회원조합을 위한 조직인가: 정체성 위기 ○ 신용사업의 수익 악화로 수익센터의 역할을 하기 어려워지고 있다. ○ 농협중앙회가 출자하여 신용사업과 경제사업을 지주회사 방식으로 개편한 것은 협동조합적 개혁방안이 아니다. ○ 경제지주회사의 설립을 통한 농협중앙회 경제사업의 활성화가 반드시 조합원 및 회원조합의 경제사업의 활성화를 가져오는 것은 아니다.
농협의 사업 및 조직 시스템의 단기 혁신 방향 ○ 종합농협에 내재된 모순의 해결 방안을 모색해야 한다. ○ 농협중앙회의 사업 시스템을 혁신하여 연합회적 성격을 강화해야 한다.
농협중회 개혁의 중장기 비전 - 농협중앙회는 회원조합을 지원하는 연합회 체제로 재편한다. ○ 중앙회는 금융지주회사와 경제지주회사를 거느린 사업조직이 아니라, 비사업적 기능을 담당하도록 한다. ○ 금융지주와 경제지주는 중앙회 출자 자회사(주식회사)가 아니라 중앙회로부터 독립적인 회원조합의 연합회 체제로 전환하여야 한다. ○ 농협은행 등 금융지주의 자회사를 매각하고 중앙회의 상호금융 업무는 상호금융연합회를 설립하여 이관한다. ○ 경제지주회사를 경제사업연합회로 전환한다. ○ 상호금융연합회를 설립하여 회원조합(장기적으로는 지역신용협동조합)의 금융업무를 지원하는 중앙은행의 역할을 하도록 한다. ○ 중앙회를 비사업조직화하고 그 기능을 강화한다.

자료: 박진도, 「농협개혁과 3.11 전국동시조합장선거의 의의」. ≪민위방본≫, 1(2015), 7~13쪽.

몰수하고 통과시킨 국회의원들은 도대체 어떤 사람들인가? 법안 통과를 묵인하고 은근히 지원한 농식품부 관료와 '기레기'들은 또 어떠한가? 현직 회장의 '셀프 연임'이라는 변칙 법안은 지금 국회 법제사법위원회의 문턱을 넘지 못해, 농협중앙회장 등록 시한인 2024년 1월 15일까지 농협개정법안이 국회 본회의를 통과하지 못했다. 농협중앙회는 현 중앙회장의 셀프 연임에 실패한 것이다. 2년 가까이 셀프 연임을 위해 농협중앙회는 할 일을 하지 않고 헛심을 쓴 셈이다. 농협중앙회는 비록 셀프 연임에는 실패했지만, 「농협법」을 개정하여 중앙회장의 연임은 관철하려고 애쓰고 있다. 「농협법」은 개정이 아니라 개악을 되풀이하고 있다.

지역농협의 개혁이 필요하다

2021년 3기 신도시 건설 예정지에 대한 토지주택공사(LH) 직원들의 토지 투기가 국민들의 공분을 불러일으켰다. 그 와중에 3기 신도시 지역의 농협 임직원이 가족 명의로 자기 농협에서 '셀프 대출'을 받아 투기에 가담한 사실이 밝혀지면서 논란이 커진 바 있다. 또한 그 해 5월 25일 자 ≪한겨레≫의 보도에 따르면 3기 신도시 지역농협 34곳은 대출금액이 지난 2년 사이에 21.2% 급증하는 '공격적 대출'을 했다.[19] 이는 전국 나머지 농협의 대출금액이 13% 늘어난 것에 비해 8.2%나 높다. 한마디로 3기 신도시의 지역농협이 토지 투기의 돈줄 역할을 했다는 것이다. 농지를 지켜야 할 농협이 토지 투기꾼을 대상으로 '돈 장사'를 했으니 비난을 피할 길이 없다. 그렇지만 지역농협이 비조합원을 대상으로 한 신용사업으로 운영되는 현실을 고려하면, 이러한 일이 일어나는 것이 조금도 이상하지 않다.

농협중앙회 개혁 못지않게, 아니 어쩌면 더 중요한 것이 지역농협의 개혁이다. 농협중앙회의 신용사업은 농민 조합원과 전혀 상관없는 제1금융이고, 경제사업조차도 회원농협의 연합사업보다는 중앙회 독자 사업 중심이기 때문이다. 농협중앙회는 농민 조합원에게는 너무도 먼 당신이다. 반면에 지역농협은 농민 조합원의 삶에 지대한 영향을 미치는 중요한 존재다. 따라서 농민 조합원의 입장에서는 중앙회 개혁보다 자기 지역농협이 제 역할을 하는 것이 더 중요하다. 내가 농협중앙회 개혁을 주장한 것도 중앙회 자체 개혁도 중요하지만 그를 통해 지역농협 개혁의 동력을 찾고자 함이었다.

우리나라의 농협중앙회와 회원농협은 태생적 한계로 인해 국가권력에서 자유롭지 못하다. 역대 정권은 선거를 의식하여 지역농협에 대해서는 근본적인 개혁을 시도한 적이 없다. 지역농협의 개혁을 위해서는 지역농협의 연합체인 농협중앙회의 역할이 매우 중요하다. 중앙회가 제 역할을 수행하기 위해서는 현행 농협중앙회의 세 개의 사업 부문(지도사업, 신용사업, 경제사업)을 각각 독립적인 법인으로 분리하여, 농협중앙회는 돈벌이에서 손을 떼고 회원조합에 대한 지도·교육·감독 및 연구·조사와 농정활동 등 지도사업에 전념하도록 해야 한다. 농협중앙회는 협동조합 운동의 중심체로서 정부와 함께 지역농협의 근본적 개혁에 착수해야 한다.[20]

지역농협이 본래의 구실을 제대로 못하고, '돈놀이'만 하는 임직원을 위한 조직이라는 비난은 어제오늘의 일이 아니다. 오늘날 지역농협은 심각한 정체성 위기에 직면했다.

「농협법」 제13조는 "지역농협은 "조합원의 농업생산성을 제고하고 조합원이 생산한 농산물의 판로 확대 및 유통 원활화를 도모하며, 조합원이 필요로 하는 기술, 자금 및 정보 등을 제공함으로써 조합원의 경제적·사회적·문화적 지위 향상을 증대함을 목적"한다고 되어 있다. 다시 말해 농협은 '농민의, 농민에 의한, 농민을 위한' 협동조직이고, 그 근본은 협동화를 통해 농민 조합원의 농업생산 및 농산물 판매를 원활하게 도와주는 경제사업이다. 그리고 이러한 경제사업을 추진하는 과정에서 농민 조합원들이 필요로 하는 자금을 공급하기 위해 신용사업을 하도록 했다.

그러나 우리 지역농협의 현실은 이러한 법 정신과는 크게 어긋난다. 농협은 그야말로 '돈장사'에 골몰하고, 농민을 위한 경제사업은 곁가지에 불과하다. 농협은 신용사업의 수익을 중심으로 운영되면서 경제사업은 환원사업(간접비용사업)의 성격을 벗어나지 못하고 농민 조합원의 요구를 제대로 수용하지 못하고 있다. 이러한 지역농협의 현실을 임직원의 탓으로만 돌릴 수 없다. 종합농협 체제가 지닌 구조적 모순을 정확히 인식해야 한다.

첫째, 종합농협은 매우 이질적인 조합원을 구성원으로 하고 있다. 오늘날의 지역농협은 경제적 이해관계를 같이하는 조합원의 협동조직이 아니다. 현재의 종합농협 체제가 출범한 1960년대 초에는 농민들은 매우 동질적이었다. 농업의 상품화도 별로 진전되지 않았고, 농업 경영 규모에도 큰 차이가 없었다. 그러나 지금은 다수의 영세한 고령 농가가 있는 반면에 소수의 대규모 전업농가가 존재하고, 농업을 겸업 또는 부업으로 하는 농가도 다수 존재한다. 서로 짓는 농사도 다르다. 직접적 이해관계가 없는 한우농가와 원예농가가 같은 조합원이다. 또한 조합원 내부의 양극화가 매우 심각하다. 상위 20%의 평균 농가소득은 하위 20%의 평균 농가소득의 12배에 달한다. 도시가구가 6배인 것에 비하면 농가의 양극화가 훨씬 더 심각함을 보여준다.

둘째, 상업적인 전업농의 증대, 원예와 축산 전업농의 증가, 주산지의 형성 등으로 읍면 단위 지역 종합농협 체제의 한계가 심화하고 있다. 신용사업과 지도사업(환원사업) 중심의 농협 운영으로 젊고 규모가 큰 농가들의 농협 이탈이 심각하다.

셋째, 농협이 신용사업 중심으로 운영되고 있다. 거의 모든 농협이 신용사업에서 수익을 내어 경제사업과 지도사업의 적자를 메우고 있다. 신용사업 이외에 모든 사업을 경제사업으로 분류하는 경향이 있지만, 경제사업도 그 내용을 보면 매우 다르다. 경제사업 가운데 마트 사업이나 주유소, 장례식장 등은 지역민 전체를 대상으로 한 생활 서비스 사업이다. 농민 조합원의 이해와 직접 관계가 있는 것은 농자재 구매 및 농산물 판매사업과 가공사업 등 농업 관련 사업이다. 생활 서비스 사업에 비해 농업 관련 사업이 훨씬 저조하다. 전체 조합원 가운데 판매사업을 이용하지 않는 조합원의 비율이 74%에 달하고, 농협이 본래의 역할(농업 관련 사업)을 제대로 못 하자 전업농가들은 농협을 떠나고 있다.

넷째, 농협이 조합원이 아니라 준조합원을 중심으로 운영되고 있다. 조합원 210만 명에 비해 준조합원 수는 1815만 명으로 준조합원이 조합원 수의 8.6배인데, 매년 증가 추세에 있다. 준조합원은 거주지 지역농협에 일정한 가입비(조합에 따라 가입비 1000원~1만 원)만 내면 누구라도 될 수 있는데, 3000만 원까지는 비과세 혜택을 받을 수 있다.

도시 조합(2018년 149개)은 준조합원이 조합원의 31.5배에 달하니, 실질적으로 비농민을 위한 금융기관이다. 도시 조합이 아닌 지역농협(약 1000개)의 경우도 준조합원이 4.5배에 달한다. 우리 농협은 전체적으로 비농민을 대상으로 한 신용사업이 중심이라 할 수 있다. 일본 농협의 경우 준조합원이 624만 명으로 조합원 425만 명의 약 1.5배에 지나지 않음에도 농협이 정체성 논란에 휩싸인 것을 타산지석으로 삼아야 한다.•

이와 같은 종합농협 체제로는 조합원을 대상으로 한 농산물 생산과 가공, 판매라는 농업협동조합의 본연의 역할을 기대하는 것은 연목구어나 마찬가지다. 어떻게 할 것인가? 그 답은 명확하다. 종합농협의 각 사업 부문을 분리하여 농업 관련 사업 부문을 품목별 전문조합으로 발전시키는 것이다. 나머지 신용사업 부문은 지역 신협으로, 생활물자의 구·판매나 생활 서비스 부문은 지역 생협으로 발전하면 된다. 이를 위해서는 생활권 및 경제권 단위의 광역 합병이 불가피하다. 우리에게 잘 알려진 뉴질랜드의 제스프리는 키위 생산자 협동조합이고, 미국의 선키스트는 감귤 생산자 협동조합이고, 네덜란드의 그리너리는 원예 생산자 협동조합이고, 덴마크의 대니시크라운은 양돈 농가의 협동조합이다. 모두 품목별 전문조합이다.

종합농협 체제를 품목별 전문조합 체제로 개혁하는 것에 대해 많은 사람이 동의한다. 그렇지만 단기적으로 이러한 방향으로 종합농협 체제를 분리 발전하는 것은 쉽지 않은 과제다. 종합농협 체제는 좋든 싫든 역사적 산물로서 현실적 존재이며, 지역협동조합 역할을 수행하고 있다. 준조합원 또는 비조합원이 조합 사업에 깊이 들어와 있다. 그렇다고 해서 조합원을 위한 농업 경제사업보다는 준조합원과 비조합원에 의한 신용사업에 의존하는 구조를 그대로 둘 수도 없다. 어떻게 할 것인가?

첫째, 지역농협의 각 사업 부문을 단계적으로 완전 독립사업부제

• 일본의 아베 정부는 2016년에 전국농업협동조합중앙회(JA 전중)의 실질적 폐지를 포함한 농협개혁을 단행했다. 이에 반대하는 농협의 반발을 아베 정부는 농협의 준조합원제 폐지를 거론하며 제압했다.

로 재편한다. 1단계는 구분 경리를 도입하여 사업을 정리한다. 종합농협의 사업을 크게 네 부문(농산물 판매와 자재 구매 및 가공 등 농업 관련 부문, 신용·공제 등 금융 부문, 생활물자의 구매나 판매 등 생활 서비스 부문, 기획관리지도 부문)으로 나누어 각각 회계를 분리하여 채산성 확보에 노력한다. 2단계는 독립사업부제를 도입한다. 농협사업을 농업 관련 부문, 금융 부문, 생활 서비스 부문, 기획관리·지도 부문으로 나누어 독립사업부제를 실시한다. 부문별로 지배구조를 달리하고, 예산 및 인사를 분리해야 한다. 금융 부문에서 생긴 이익으로 종합농협 체제를 유지하는 것은 지양해야 한다. 농업 관련 부문을 농업협동조합의 본체로 하고, 신용·공제 부문과 생활 서비스 부문은 자회사 체제로 운영하는 방안도 적극 검토해야 한다.

둘째, 지역농협은 지역 주민 전체를 대상으로 지역협동조합으로 유지·발전하더라도, 이해관계를 같이하는 농민들이 품목별 전문조합을 결성하여 농산물 생산 및 가공·판매라는 농업협동조합 본연의 역할을 수행할 수 있도록 적극 육성해야 한다. 무엇보다 농협중앙회(지역농협 포함)의 견제와 정부의 차별이 품목별 전문조합의 발전을 저해한다는 불만은 빨리 불식되어야 한다. 지역농협의 농업 관련 사업부문이 품목이나 사업 영역에 따라서는 광역 합병을 통해 품목별 전문조합으로 발전해 가는 것도 하나의 방안이다.

셋째, 도시농협에 대한 개혁적 조치가 필요하다. 지금처럼 농협이란 이름을 걸고, 도시민을 상대로 돈놀이하는 체제는 오래갈 수 없다. 더욱이 준조합원에 대한 세금 혜택을 계속 연장할 수 없다. 도시농협은 신용사업의 일정 비율만큼 농촌농협 혹은 품목별 전문조합이 생산한 농산물을 의무적으로 판매하여 도시농협과 농촌농협의 상생을 도모해야 한다.

종합농협 체제의 구조적 모순을 극복하고 농업협동조합이 본연의 역할을 제대로 수행하는 방향으로 발전하기 위해서는 회원조합과 농민 조합원이 스스로 나서야 한다.

2014년 3월 29명의 농협조합장이 참여하여 『논어』의 "필야정명호(必也正名乎)"에서 본떠 이름값을 제대로 하는 농협조합장 모임 '정명회'를 결성했다. 나는 자문위원으로 참여하고 있다. 정명회는 「창립취지문」에서 "농협의 외형적 성장과 달리 협동조합으로서의 정체성에 대한 비판이 제기되고 있고 조합원의 주인의식을 찾아보기 어려운 것이 사실"이라며 "농협이 '협동조합의 정의, 가치, 원칙을 운영과정에 구현함으로써 농업·농촌·농민이 처한 위기를 헤쳐 나가는 데 견인차 역할을 해야 한다", "조합원이 진정한 주인으로 나서는 협동조합 운동을 실천하겠다"고 밝혔다.

'정명회'는 설립 초기에 농협중앙회의 방해 공작으로 많은 어려움을 겪었고, 지금도 중앙회의 시선은 곱지 않지만, 농민 조합원의 이익과 농협 정체성 실현을 위해 노력하고 있다. 다만, 농협 개혁의 근본 과제에 대해서는 아쉬움이 있다. 선거 때문에 임직원이나 조합원의 눈치를 살펴야 하는 어려움도 있다. 여러 어려움에도 불구하고 '정명회'는 농협이 '농민 조합원의, 농민 조합원에 의한, 농민 조합원을 위한' 협동조합으로서 이름값을 제대로 하는 선봉장으로서 중요한 역할을 하고 있다. 정명회의 활동을 진심으로 응원한다. 정명회의 우군 역할을 해야 할 농민단체도 분발이 필요하다.

농지제도 개혁해
농지 수탈 멈춰야

2021년 한국토지주택공사(LH) 임직원의 농지 투기는 '부동산 공화국' 대한민국의 민낯을 드러냈다. 부동산 투기는 어제오늘의 일은 아니지만, 공직자의 투기 행위가 하나씩 밝혀지면서 국민의 분노가 들끓었다. 문재인 정부는 정권의 명운을 걸고, 부동산 투기와 진검 승부를 벌려야 했지만 흐지부지했다. 다시는 이런 일이 반복되지 않기 위해서는 농지제도를 개혁하여 부동산 투기의 뿌리인 임야를 포함한 농지 수탈을 멈추도록 해야 한다.

농지 수탈의 흑역사는 국가권력의 기획 작품

1960년대 초까지 강남 일대는 행정구역상 경기도였고, 대부분 논과 밭, 과수원이었다. 1963년 서울시로 편입 당시 인구 2만 7000명에 지나지 않던 조용한 시골 마을 강남은 이른바 영동지구 개발이 추진되면서 상상을 초월한 토지 투기장으로 변해갔다. 1966년 1월 제3한강교(한남대교)가 착공되자, 한 평에 200원에 지나지 않던 땅값이 3000원으로 뛰어올랐다. 이렇게 시작된 강남의 땅값은 1963년 기준으로 1977년에 강남 지역 평균은 176배, 학동은 1333배, 압구정동은 875배, 신사동은 1000배 올랐다. 이처럼 강남 땅값이 폭등한 것은 단순히 인구 증가에 따른 주거용 및 산업용 수요가 늘어났기 때문만은 아니다. 박정희 정권이 정권 차원에서 땅 투기를 했기 때문이다.[21] 이른바 토지구획정리사업을 통해 농지를 수용하여, 그 땅에 공공용지, 공공시설을 지어 땅값을 올리고 남는 땅을 팔아 개발 비용과 정치 자금으로 사용했다. 손정목 서울시립대 교수가 쓴 『서울 도시계획 이야기』에 따르면, 서울시 도시계획국장을 지낸 윤 아무개는 당시 청와대 지시로 강남구 토지의 2%인 24만여 평을 매매해 차익을 남긴 뒤 청와대에 바친 것으로 나온다. 그뿐만 아니라, 박 정권은 각종 토지개발 이권을 재벌들에게 넘겨주고 막대한 정치 헌금을 강요했다.

대한민국은 부동산 공화국이다

정권 차원의 땅 투기, 정경유착과 재벌들의 땅 투기로 국토는 투기장으로 변해갔고, 정부는 부동산 개발을 주요한 경기 부양책으로 활용했다.[22] 이 과정에서 정치인, 재벌기업, 건설업자, 공직자는 물론이고 중소기업·중산층·서민층에 이르기까지 모든 국민이 부동산 '대박'을 노리는 부동산 공화국이 건설되었다. 부동산 공화국 대한민국에서 승자는 한 줌의 투기꾼이고 패자는 국민이다. 우리나라가 얼마나 부동산에 의존해서 성장했는지는 국제 비교를 통해 쉽게 알 수 있다. OECD의 토지자산 통계에 따르면 GDP 대비 토지자산 비율은 전 세계에서 우리나라가 최고 수준이다. 2015년 기준으로 독일의 3.5배, 핀란드의 4배 이상, 인구 밀도가 비슷한 네덜란드의 3배, 심지어 토건국가로 유명한 일본의 2.5배다. 국가 전체 비금융자산에서 차지하는 토지자산 비중도 53.6%로 OECD 전체에서 압도적으로 1위인데, 일본의 38.9%와도 비교가 되지 않을 만큼 높다.

농지 투기는 농지 전용 때문, 배후는 공권력

1960년대 이후의 땅 투기는 농지 수탈의 역사다. 농지는 상대적으로 가격이 저렴할 뿐 아니라, 기반 정비가 잘되어 있어 다른 용도로 전용이 용이하다. 농지가 전용되면 적게는 수 배 많게는 수십 배 가격이 폭등하여 엄청난 수익을 얻을 수 있다. 땅 투기꾼이 농지에 관심을 가질 수밖에 없다. 그렇지만 땅 투기꾼은 스스로 농지 가격을 끌어올릴 힘은 없다. 그들은 국가와 자본에 의한 농지 수탈에 기생할 뿐이다. 국가와 지방자치단체는 도로, 철도, 공항, 산업단지, 주택단지 등 다양한 명목으로 농지를 수용하여 크고 작은 지역 개발 사업을 시행한다. 이로 인해 개발 지역과 주변 지역 땅값이 폭등한다. 땅 투기를 막고 불로소득을 환수할 대책을 제대로 수립하지 않고 지역개발 사업을 추진하니 돈 밝은 투기꾼이 농지를 노린다. 심지어 수지가 맞지 않는 농사보다는 땅을 전용해 한몫 잡기를 바라는 농민도 적지 않다.

국민이 더욱 분노하는 것은 공기업인 LH 임직원들의 농지 투기처럼 사회 지도층, 특히 공직자들이 농지 투기를 부추기고 있다는 사실이다. 2020년 10월 19일 경제정의실천시민연합 발표에 따르면 고위공직자의 38.6%, 국회의원의 25.3%가 농지를 소유하고 있다. 2022년 3월 17일 참여연대와 민주사회를 위한 변호사모임(민변)은 2차로 3기

신도시 후보지에서 농지법 위반 의혹을 폭로했는데, "경찰청 국가수사본부가 공공주택 특별법이나 부패방지법 등의 위반 여부만 가지고 수사를 한다면 LH 공단 직원들과 그 가족들에 대한 수사에 한정될 수밖에 없다"면서, "농지법이나 부동산실명법 위반 여부로 수사의 범위를 넓혀 중앙정부 및 각 지자체 공무원, 국회의원과 광역·기초의원, 최근 10년간 공공이 주도한 공공 개발 사업에 관여한 공공기관 임직원은 물론 기획부동산, 허위의 농림법인, 전문 투기꾼 등 투기 세력을 발본색원해야 한다"고 주장했다. 또한 이들은 "농지법이 이렇게 허술하게 운용되어 온 데에는 농지취득 자격증명을 접수·발급하는 각 기초지자체(시·구·읍·면)와 이들을 관리 감독해야 할 중앙정부(농림부), 광역지자체(경기도 등)가 자신들의 역할을 방기해 온 것에서 비롯되었다"고 밝혔다.

더 이상 수탈할 농지가 없다

우리나라의 경지면적은 1970년 229만 8000ha에서 1990년 210만 9000ha, 2010년 171만 5000ha, 2020년 156만 5000ha, 2022년 152만 8000ha로 급속히 줄었다. 52년 동안 77만 ha 전체 경지면적의 30% 이상이 감소했다. 경지면적이 줄어든 이유는 농지가 다른 용도로 전용되었기 때문이다. 예를 들어, 농지면적은 1975년의 224만 ha에서 2018년에 159만 6000ha로 64만 4000ha가 감소했는데, 같은 기간 농지 전용 면적은 총 46만 6286ha로 72%를 차지한다. 최근에 올수록 농지 전용에 의한 경지 감소가 가팔라지고 있다. 다른 한편 농사가 수지맞지 않아 놀리는 유휴 농지도 늘고 있다.

지역경제 활성화라는 허황한 명분으로, 다니는 사람 거의 없는 2차선 도로를 4차선으로 늘리고, 4차선 옆에 고속도로를 건설하고, 입주할 업체도 없는 산업단지를 필요 면적 이상으로 크게 건설하고, 주택 문제를 해결한다고 신도시 건설을 남발하는 따위의 농지 파괴 행위를 중단해야 한다. 우리나라 국민 1인당 경지면적은 0.03ha로 세계 평균 0.24ha에는 말할 나위 없고, 중국 0.1ha, 일본 0.035ha에도 훨씬 미치지 못한다. 곡물자급률이 21%로 세계 최저인 나라에서 더 이상 농지를 훼손해서는 안 된다. 농지 수탈로 농민들은 삶의 터전을 잃는다. 농지 전용이 주로 이루어지는 수도권과 대도시 근교 농지는 거의 대부분이 이미 비농민 소유다. 이 땅을 경작하는 소작농은 아무런 보상도 없이 농지를 빼앗긴다. 농지 수탈은 식량안보와 국민의 먹을거리 기본권을 위협할 뿐 아니라, 농업과 농촌의 경제적·사회문화적·생태환경적 가치의 토대를 파괴하여 국민을 불행하게 한다. 기후변화에 대응하여 탄소의 흡수·저장 능력을 지닌 유일한 산업인 농업과 농지, 토양의 가치가 새롭게 조명되어야 한다.

농지의 절반 이상을 비농민이 소유하는 나라

대한민국 「헌법」 121조는 경자유전의 원칙을 천명하고, 예외적으로만 농지의 임대차와 위탁경영을 허용하고 있다. 그러나 현실은 어떠한가? 농지를 경작하지 않는 사람이 소유하는 농지가 전체 농지의 50.5%다. 2015년 농업총조사의 수치이니 지금은 더 늘어났을 것이

그림 4-3 연도별 농지 전용 면적 추이

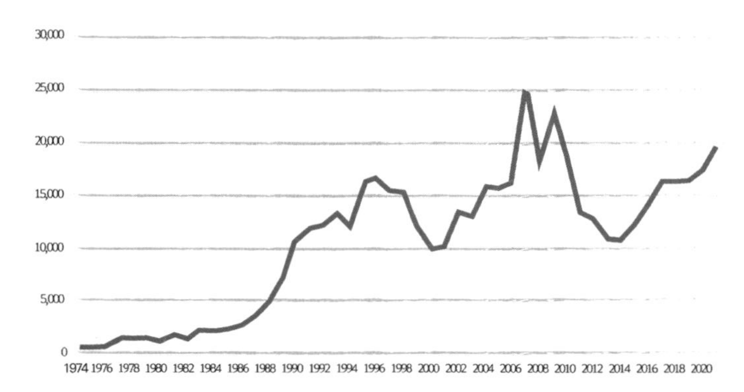

주: 1) 1973년부터 2021년까지 전용이 허가된 농지의 면적은 총 50만 6613ha로 이는 서울 면적의 약 8.3배 수준이다. 연평균 면적으로 환산하면 매년 1만 554ha의 농지가 타 용도로 전환되어 이용되었다.

2) 1990년 처음으로 연간 농지 전용 면적이 1만 ha를 넘었는데, 1990년 이후 농지 전용 면적이 전체 농지 전용 면적의 93.5%를 차지하고 있는데, 특히 최근 20년(2002~2021) 동안 총 31.8만 ha(연평균 1.6만 ha)의 농지가 전용되었다.

자료: 채광석 외, 『적정농지 확보계획 수립방안 연구』, 한국농촌경제연구원(2023.1), 20~21쪽.

다.• 현행 농지법은 누구든지 마음만 먹으면 농지를 취득할 수 있고, 쉽게 전용이 가능하도록 되어 있다. "농지는 국민에게 식량을 공급하고 국토 환경을 보전하는 데에 필요한 기반이며 농업과 국민경제의 조화로운 발전에 영향을 미치는 한정된 귀중한 자원이므로 소중히 보전되어야 하고 공공복리에 적합하게 관리되어야 하며, 농지에 관한 권리의 행사에는 필요한 제한과 의무가 따른다"는 「농지법」 3조

• 박석두(2021)는 "농사를 물려받을 후계 농업인을 확보한 농가가 전체의 5%도 안 되는 현실에서 상속 농지의 95%는 비농업인 소유가 되는데, 현재의 고령화 추세를 고려하면 고령 농민들의 사망 시점(기대수명 81.4세)이 도래하는 15년 안에 전체 농지의 84%가 비농업인 소유가 될 것으로 추산됩니다"라고 했다.

1항의 농지 이념은 현실과 괴리가 너무 크다.

헌법이 무시되고 법이 지켜지지는 않는 나라, 더욱이 고위공직자와 국회의원, 공무원과 공기업 임직원들이 앞다투어 농지 투기를 하는 나라, 국민들은 이게 공정하고 정의로운 나라냐라고 묻는다.

농지 투기 근절을 위해 농지 전용 가능성을 차단해야

농지 질서를 바로 잡기 위해서는 시급한 조치들이 많다. 농지취득 농민자격 기준 강화, 농지취득증명원 발급 심사 엄격, 농지법 위반 농지 즉각 처분명령, 8년 자경 양도소득세 감면제도 폐지, 농지 투기 엄벌, 농업법인의 비농업인 참여 제한, 농지관리기구 신설, 공직자 이해충돌방지법 제정, 투기 이익 소급 환수, 고위공직자 부동산 백지신탁, 보유세 인상 등 모두 시급히 도입되고 강화되어야 할 조치다.[23]

그러나 "열 사람이 지켜도 한 도둑놈을 못 막는다"는 속담처럼, 아무리 법과 제도를 만들어도 농지 전용으로 수 배 또는 수십 배의 막대한 시세 차익을 얻을 수 있는 한 농지 투기를 막을 수 없다. 농지 투기의 근본 원인인 농지 전용을 막아야 한다.

우리나라의 농지제도는 너무 쉽게 농지 전용을 허용하고 있다. 농지법 28조 1항은 "시·도지사는 농지를 효율적으로 이용하고 보전하기 위해 농업진흥지역을 지정한다"고 되어 있는데, 이 조항이 유명무실하다. 우선 농지 가운데 농업진흥지역으로 지정된 면적이 너무 작고, 그나마 지켜지지 않는다. 농업진흥지역 내 농지는 2004년 92만 2000ha(전체 농지의 50.2%)에서 2019년에 77만 6000ha(전체 농지의

표 4-5 농지 전수조사와 농지제도 전면 개혁

농지 소유·이용 실태 전수조사와 적정 농지 유지·확대로 국민의 먹거리 생산 기반 안정적 확보
○ 농지 소유·이용 실태 전수조사와 부재지주 농지(2015년 43.8%)의 농민 소유 전환 추진
○ 비농민 농지 소유 엄격 제한, 실경작자 중심 임대차제도 확립 및 임차농 보호 강화
○ 식량자급목표에 따른 적정 농지 유지·확대로 국민의 먹을거리 안보에 필요한 농지총량 유지 (농지 전용 방지, 농업진흥지역 확대: 한국 48.8%, 일본 89.6%)와 부재지주 농지, 상속 농지, 이농 농지의 국공유농지화 및 실경 작자·신규농민 장기 저리임대·우선불하

49.1%)로 감소했다. 전체 농지의 절반 이상이 농업진흥지역 밖의 농지인 셈인데, 이러한 땅들은 쉽게 전용되어 투기 대상이 된다. 심지어 농업진흥지역 내의 농지조차 매년 전체 농지 전용 면적의 20%를 차지하는 2000~3000ha가 전용되고 있다. 사정이 이쯤 되면 수도권과 대도시 인근의 농지는 모두 잠재적 투기 대상이 될 수밖에 없다. 더욱 심각한 것은 농업진흥지역 농지 전용의 70% 이상이 공용·공공용·공익시설이라는 사실에서 볼 수 있듯이 국가가 농지 전용에 앞장서고 있다. 최근에는 국가의 재생에너지 계획에 의한 태양광 사업으로 농지 전용이 급격히 늘어나고 있다. 태양광 시설을 위한 전용 면적은 2016~2018년 3년간 5618.8ha로 여의도 면적의 19.4배에 달한다(태양광 산지 훼손 면적은 4407ha). 국가가 농지 수탈과 땅 투기를 조장한다는 비난을 면하기 어렵다.

우리와 농업 조건이 비슷한 일본은 우리나라의 농업진흥지역에 해당하는 농용지 면적이 농지의 89.6%를 차지한다. 이 농지에 대해서는 전용을 금지하고 있다. 우리나라도 농업진흥지역 면적을 대폭 확대해야 한다. 농업진흥지역 대폭 확대로 인한 농지 소유자의 반발

이 두려우면, 우선 농업진흥지역 밖의 농지를 등급화하여 전용 가능성을 최대한 차단해야 한다.[24]

농지 전수조사를 통한 농지제도 전면 개혁 필요

농부이자 경제학자였던 아서 영(Arthur Young)은 『여행기(Travels)』(1792)에서 "소유는 모래를 황금으로 만든다"고 했다. 농지는 농민이 소유할 때 가장 효율적으로 이용된다. 소유에 비할 바 아니지만, 장기간 안심하고 농사를 지을 수 있다면 그 또한 차선이다. 젊은이가 귀농하려 해도 농지를 구할 수 없다. 전국의 농지에 대해 필지별로 소유와 이용 실태를 조사해야 한다.[25] 여기에는 단순히 소유자와 이용자에 관한 정보뿐 아니라 농지에 어떤 작물이 어떤 방식으로 재배되고 있는지도 함께 조사해야 한다. 농지의 필지별 전수조사를 통해 제2의 농지개혁에 준하는 근본적 대책 없이는 농업과 대한민국의 미래는 없다.

농지를 농업용으로 보존하고 토지 투기를 막기 위해서는 국가와 공권력이 농지 수탈을 멈추고, 농지 투기를 근절할 대책을 수립해야 한다. 곡물자급률이 21%로 세계 최저인 나라에서 더 이상 농지를 훼손해서는 안 된다. 농지는 농업을 지키고 국민 건강과 먹을거리를 책임지며, 환경을 가꾸고 농촌을 살리는 근간이다. 불필요한 도로 등 사회간접자본에 소중한 예산을 낭비하는 일이 없도록 해야 하고, 산업용지나 주택용지는 농지의 추가 수용이 아니라 기존 용지의 효율을 높이는 방향으로 해결해야 한다.

‘쌀 예외주의’ 너머 식량자급률 제고

2021년산 쌀값이 45년 만에 대폭락을 하여 농촌사회가 커다란 혼란에 빠진 적이 있다. 1년 사이에 전국적으로 평균 20%가량 폭락했고 유명 쌀 산지에서는 30% 가까이 폭락한 곳도 있었다. 쌀값 안정을 위해 야당이 「양곡관리법」을 개정하고 대통령은 거부권을 행사하는 등 정치권도 소용돌이쳤지만 별다른 대책 없이 유야무야 끝났다. 잠시 안정되는 듯하던 쌀값이 다시 가마당 20만 원 미만으로 떨어지면서 농민들의 불만이 고조되고 있다. 정부는 쌀값 20만 원 유지를 목표로 내세우지만 농민들은 20만 원으로는 생산비도 건질 수 없다고 반발했다. 매년 되풀이되는 쌀값 논쟁에 종지부를 찍고, 우리 민족의 정체성인 쌀을 지키며 농민의 생활을 안정시킬 방안을 찾아야 한다.

쌀, 우리 민족의 정체성

조선시대에는 벼슬을 해야 이(李)씨 임금이 내리는 흰쌀밥을 먹을 수 있다 해서 그 쌀밥을 ‘이(李)밥’이라 했다. 그리하여 조선시대 이래 백성들은 이밥에 고깃국 먹는 것이 평생소원이라 했다.

소설과 드라마로 인기를 끈 〈파친코〉는 일제 강점기 조선인의 고단한 삶을 담아냈다. 주인공 선자의 어머니는 이제 막 결혼을 하고 오사카로 떠나는 딸 내외를 위해 쌀을 사러 간다. 팔 것이 없다는 쌀집 주인에게 "신랑, 신부한테 고향 떠나기 전에 저녁으로 흰쌀밥 맛을 보여주고 싶어서 그라니까네 고만큼만 있으면 되예"라며 눈물을 훔친다.

황금찬 시인은 보릿고개를 "에베레스트, 몽블랑, 와이키키, 킬리만자로보다 높아 넘기 어렵다"고 노래했다. 보릿고개는 가을에 수확한 양식이 모두 떨어지고 하곡인 보리가 여물지 않은 음력 3~4월의 춘궁기를 가리키는 말이다. 이 시기에 가난한 농민들은 초근목피로 연명했다. 우리나라가 보릿고개를 언제 넘었는지는 정확하지 않지만, 대략 1970년대 이후라 할 수 있다. 강원도 시골에서 어린 시절을 보낸 나는 친구들과 어린 시절을 보낸 나는 친구들과 어울려 놀다가 독성이 있는 나무뿌리를 잘못 먹어 생사를 헤맸던 기억을 잊을 수 없다.

도시락 검사의 웃픈 추억도 있다. 박정희 군사정권은 쌀 소비를 줄이기 위해 혼분식 장려를 강제적으로 시행했다. 모든 식당의 밥에는 보리쌀이나 면류를 25% 이상 혼합하도록 했고, '분식의 날(無米日)'을 지정하여 쌀로 만든 음식을 팔지 못하도록 했다. 학교에서는 도시락에 일정 비율 이상의 잡곡을 쓰도록 단속하고 검사를 해서 순쌀밥 도시락이 걸리면 체벌까지 하는 경우도 있었다. TV에서는 혼분식 장려를 넘어 쌀은 건강에 나쁘다고 광고했다. 혼분식 장려 시책은 1978년 6월 19에 공식적으로 폐지되고 나서도 한동안 지속되었다.

3000여 년 전 우리 조상들이 쌀을 재배하기 시작한 이래, 쌀은 우리 민족의 역사와 함께 오랫동안 우리의 삶을 지켜주고 문화를 일군 터전이다. 사회학자 이철승은 "우리는 누구인가"라고 묻고 그 답을

'쌀'에서 찾는다. 쌀은 단순한 식량이 아니다. 벼농사 생산체제는 우리의 인식(집단주의), 정치(중앙집권적 권위주의), 노동 시스템(연공제), 불평등의 원인까지 규정한다.[26] 쌀을 빼고 우리 민족의 정체성을 설명할 수 없다. 우리 민족의 쌀에 대한 집착은 일제 강점기에 만주로 이주한 한인이나 스탈린에 의해 카자흐스탄으로 강제 이주한 '카레이스키(고려인)'가 황무지와 밭을 논으로 바꾸어 벼농사를 지은 것에서도 알 수 있다.

한때 "쌀을 밟으면 발이 삐뚤어진다", "생쌀을 먹으면 어머니가 죽는다", "쌀을 씻을 때 흘리면 유산한다", "키질할 때 쌀알을 날리면 남편이 바람난다"는 말이 있었듯이, 쌀은 귀한 존재이자 우리 민족의 삶과 떼려야 뗄 수 없는 작물이었다. 그런데 언제부턴가 외면당하고 있다.

'쌀 농정' 지속가능하지 않다

쌀 문제는 어제오늘의 일이 아니다. 되풀이되는 쌀 과잉 생산과 쌀값 폭락에 대한 근본적인 대책이 필요하다. 쌀값이 하락하는 이유는 간단하다. 공급이 수요보다 많기 때문이다. 시장원리에 맡기면 가격 이 하락해 수급 균형이 회복된다. 그러나 쌀은 시장에만 맡길 수 없는 여러 이유가 있다. 쌀은 농민의 주된 소득원이며 식량안보의 보루다. 쌀은 대부분의 농가가 생산하며 소득이 가장 안정적인 작목이다. 말하자면 농가경제 안정의 보루다. 더욱이 우리나라의 곡물자급률은 20%에 지나지 않는데, 그나마 쌀 자급률이 90% 가까이 되어 우크라이나-러시아 전쟁으로 밀가루 가격이 폭등해도 국내에서는 크게 동요가 없었다.

이러한 이유로 그동안 우리는 쌀 농업을 보호하기 위해 특별한 관심을 기울여왔다. 그러나 작금의 사태는 지금과 같은 쌀 정책이 더 이상 지속가능하지 않음을 보여준다. 이제 쌀이 처한 현실을 조금 냉정하게 인식하고 올바른 처방을 고민해야 한다. 그 출발점은 쌀을 과도한 정치논리에서 해방시키는 것이다. 지금까지 우리나라 농정은 한마디로 '쌀 농정'이라 해도 과언이 아니다. 쌀이 부족했던 1970년대 말까지 정부는 쌀 증산에 채찍과 당근을 동원하여 총력을 다했다. 쌀 생산량에 따라 농림부 장관 자리가 날아갈 정도였다. 연이은 대풍으로 쌀 자급자족이 실현되자 1977년 말 정부는 '분식의 날'을 폐지하고 쌀 막걸리를 허용하는 등 쌀 소비를 자유화했다. 1980년 냉해 피해로 쌀 생산이 30%나 감소하여 경제성장률이 마이너스로 떨어지고 쌀을 긴급 수입하는 일이 벌어진 적도 있지만, 1980년대 이후 쌀은 남아돌아도 여전히 다른 작목에 비해 두터운 보호를 받았다.

정치논리에 휘둘린 쌀 시장 개방

쌀이 시장논리를 벗어나 정치논리에 휘둘리게 된 결정적 계기는 가트(GATT) 우루과이 라운드(Uruguay Round)다. 우루과이 라운드는 포괄적 관세화(comprehensive tariffication)를 통해 관세 이외의 모든 장벽을 제거하여 농산물 시장에 대한 전면적 개방을 추진했다. 우리나라는 전체 농가의 85%가 쌀을 재배하고 국내 쌀도 과잉인 상태에서 쌀 시

그림 4-4 우리나라 쌀 소비량과 자급률 추이

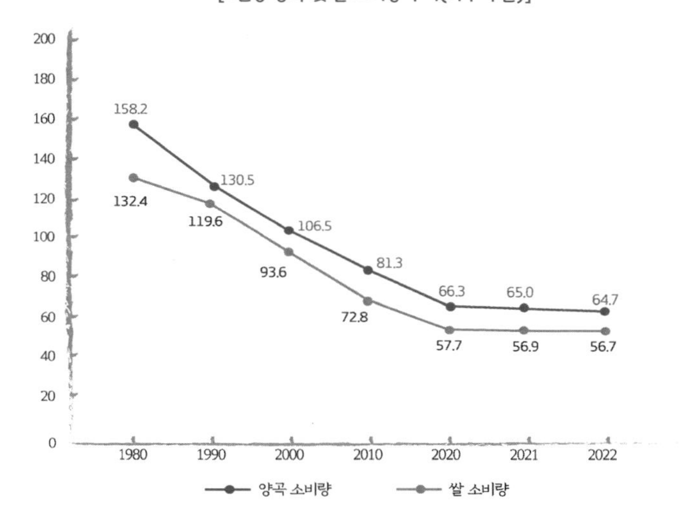

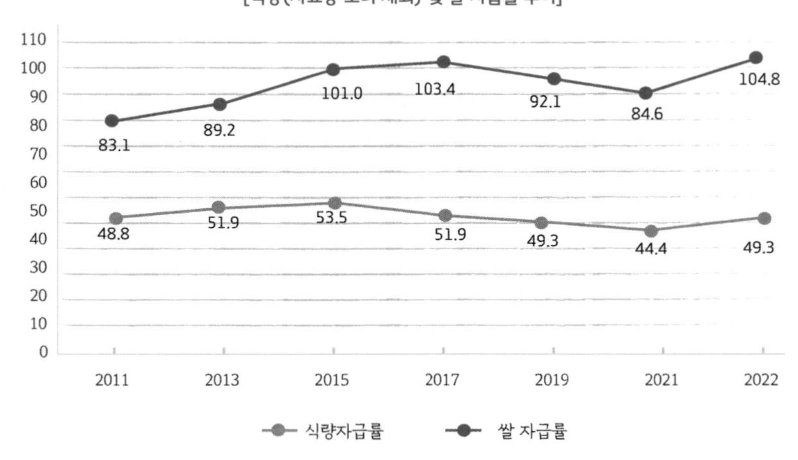

자료: 통계청, 가구부문 1인당 양곡 소비량 조사(2023); 농식품부, 양정자료, 「2023 농림축산식품 주요통계」(2023).

장을 개방할 수 없었다. '쌀만은 안 된다'는 쌀 예외주의가 등장했다. 1992년 대선에서 김영삼 후보는 "쌀 한 톨이라도 개방하면 대통령직에서 물러나겠다"고 공약했다. 이 공약은 식언이 되고 말았지만, 이후 쌀은 경제재가 아닌 정치재가 되었다.

당시 나는 우루과이 라운드 농산물 협상과 농산물 시장 개방 반대 운동을 전개하고 있었지만, '쌀만은 안 된다'는 논리에 대해서는 이의를 제기했다. TV 토론에서 "우리 국민이 쌀만 먹고 사는 것이 아니다. 쌀을 빼고 나머지를 다 개방하면 농업생산 기반이 붕괴되고 그 주름살이 쌀에 미쳐 쌀마저 지키지 못하게 될 것"이라고 우려했다. 정부는 우루과이 라운드 협상에서 쌀 관세화를 유예하면서 1995~2004년까지 10년간 기준 연도인 1986~1988년 평균 국내 소비량의 1~4%를 의무적으로 수입하겠다고 약속했다. 쌀 관세화 유예와 부분 개방을 대가로 나머지 모든 농산물에 대해서는 관세화를 받아들였다. 이후 벌어진 WTO의 다자간 협상과 FTA의 양자 간 협정에서도 쌀은 특별한 대우를 받은 반면, 나머지 농산물은 글로벌 시장의 한파에 보호막 없이 노출되었다. 쌀은 우리 농업의 최후의 보루로서 모든 짐을 짊어졌다. 그러나 그 쌀마저 수입으로 인해 과잉이 되고 가격이 하락했다.•

• 2015년 쌀 시장 관세화 당시 우리나라는 40만 8700t의 쌀을 의무 수입하기로 했다. 이는 당시 쌀 소비량의 8%에 해당하는 양이다.

쌀값 하락에도 소비 감소, 기펜재 되나

경제학에서는 상품을 정상재와 열등재로 구분한다. 정상재란 가격이 내리거나 소득이 오르면 수요(소비)가 늘고, 가격이 오르거나 소득이 줄면 수요가 주는 재화다(이른바 수요의 법칙). 우리가 일상생활에서 구매하고 소비하는 재화는 거의 대부분 정상재다. 그런데 소득이 늘면 소비가 줄고, 소득이 줄면 소비가 늘어나는 재화가 있다. 이를 열등재라 한다. 열등재 가운데 수요의 법칙(시장원리)에 반해서 가격이 상승하면 오히려 소비가 늘고, 가격이 하락하면 소비가 주는 재화가 있다. 영국의 경제학자 로버트 기펜(Robert Giffen)은 아일랜드 사람들이 19세기 중엽 대기근 시에 감자 값이 상승하는데, 감자 소비를 줄이는 게 아니라 오히려 늘리는 이상한 소비 행태를 발견했다. 대기근으로 살기 어려워지자 아일랜드 사람들은 비싼 밀이나 고기 소비를 줄이고 주식인 감자 소비를 늘린 것이다. 이러한 재화를 그의 이름을 따서 기펜재라고 하는데, 기펜재는 그 역도 성립한다. 즉, 가격이 하락하는데 수요가 줄어드는 경우다. 후자의 경우가 실제로는 더 심각한 문제를 야기한다.

우리나라에서 쌀은 단순한 경제재가 아니고 정치논리에 의해 많은 영향을 받았기 때문에 경제논리로 설명하는 데 한계가 있다. 그렇지만 쌀도 다른 상품과 마찬가지로 시장에서 매매되는 재화이므로 기본적으로 시장원리에 따른다고 봐야 한다. 우리나라 국민의 1인당 쌀 소비량은 1963년 105.5kg에서 약간의 기복은 있지만, 1979년 135.6kg까지 증가 추세였으나 1980년 감소 추세로 돌아선 후 쌀 소비는 매년 꾸준히 감소하여 2021년에 56.9kg까지 줄었다. 일인당 국민소득은 1998년 IMF 외환위기 때를 제외하면 지속적으로 증가해 왔다. 한편 산지 쌀값은 2004년까지는 추세적으로 꾸준히 상승했으나 2005년 이후에는 풍흉에 따라 등락을 거듭하고 있지만, 하향 추세다.

일인당 국민소득이 오르고 쌀 소비도 증가한 1979년까지 쌀은 정상재였다. 그런데 1979년 이후 2004년까지는 소득이 오르고 쌀값은 올랐으나 쌀 소비는 줄었다. 사람들은 소득이 늘고 쌀값도 오르니 쌀 소비를 줄이고 다른 농산물의 소비를 늘렸다. 1인당 쌀 소비량은 1979년 135.6kg에서 2004년 82kg으로 급속히 줄었다. 그래도 이때까지는 쌀은 열등재였다고 할 수 있다. 문제는 2005년 이후 소득은 늘고 쌀값이 등락을 거듭하며 하락 경향을 보였다는 점이다. 쌀 소비량이 지속적으로 줄어들었다. 쌀은 가격이 하락해도 소비가 줄어드는 기펜재로 전락할 가능성을 보이고 있다.

만약 쌀이 기펜재로 전락한다면 백약을 처방한다 해도 전혀 효과가 없을 것이다. 쌀값이 내리는 데도 소비가 감소하는 상황이라면 정부는 쌀값을 지지할 수 없다. 쌀 재고 과잉으로 상황은 걷잡을 수 없어진다. 쌀이 너무 흔하다. 흔하면 사람들은 그 가치를 모른다. 쌀 생산과 소비의 균형을 회복해 쌀의 시장가치를 높이는 것이 급선무다. 그동안 이런 노력이 없었던 것은 아니지만 성과를 거두지 못했다. 사태의 심각성에 대한 인식이 부족했고, 임시방편으로 무책임한 땜질식 대처를 해왔기 때문이다.

식량자급률 향상을 위한 농정으로 전환해야

우리보다 훨씬 오래전부터 쌀 과잉 문제로 분투하고 있는 일본의 사례를 참조하면서 쌀 문제에 대한 근본 대책을 고민해 보자.

첫째, 식량안보 차원에서 논 면적을 유지하면서 쌀 수급 방안에 맞게 쌀 재배면적을 조정해야 한다. 이를 위해서는 두 가지 방안을 고민해야 한다. 하나는 논 면적을 유지하면서 단위면적당 수확량을 줄이고 고급화하는 것이다. 일본 니가타현의 우오누마 고시히카리(魚沼コシヒカリ)는 보통 쌀값의 두 배 가까운 값이 매겨진 고급 쌀인데, 생산 과정에서 비료와 농약 사용을 줄여 단위면적당 수확량을 제한한다. 친환경 쌀 생산을 전면화한다면 쌀 생산량을 줄이면서 쌀값 하락을 막는 데 도움이 될 것이다.

다른 하나는 논 면적은 유지하면서 소비가 줄고 있는 주식용 쌀 이외에 가공용 쌀, 사료용 쌀, 전분용 쌀 재배를 장려하고, 논에 밭작물인 밀, 보리, 콩, 옥수수(사료용 포함), 전분 원료용 고구마, 사탕무 등 다양한 전작(轉作)을 추진하는 것이다.

문재인 정부에서는 2022년 벼 재배면적을 72만 7000ha에서 69만 ha로 3만 7000ha를 줄이는 계획을 세웠지만, 실제로는 5000ha 감소에 그쳤다. 그리고 2023년부터 윤석열 정부에서는 논 타 작물 재배 지원사업으로 1121억 원의 예산을 투입해 전략작물직불제를 실시함으로써 논 재배면적을 3만 ha 이상 줄이려고 한다. 전략작물이란 밀, 콩, 가루쌀 등 수입 의존성이 높거나 밥쌀용 벼 재배를 대체할 수 있어 논 이용률을 높일 수 있는 작물을 말한다. 그 성과는 두고 보아야 알겠지만 회의적인 시각이 많다. 대상 작목이 얼마 되지 않고 지급 단가도 불충분하기 때문이다.

일본의 경우, 2009~2021년에 논 면적은 유지하면서 주식용 쌀 재배면적은 2009년 159만 ha에서 2021년 130만 ha로 급속히 줄이고, 가공용 쌀, 사료용 쌀, 전분용 쌀, 콩, 밀 등 전략작물의 재배면적은 2009년 32만 ha에서 2021년에는 51.2만 ha로 크게 늘릴 수 있었다.[27] 이것이 가능했던 것은 전략작물에 대해 각종 직접 지불로 수익을 충분히 보장해 주었기 때문이다.

우리나라에서도 '논 타 작물 재배 지원사업(생산조정제)'을 실시하기는 했지만 성과를 거두지 못한 이유는 타 작물의 수익성이 보장되지 않았기 때문이다. 우리나라의 밀 자급률은 0.7%인 반면, 일본은 4%에서 17%까지 끌어올렸다. 적극적인 가격 및 소득 지지 정책으로 밀의 수익성을 보장한 덕분이다.

둘째, 쌀값 안정 및 쌀 재배 농가의 소득 보장 정책을 실시해야 한다. 쌀을 비롯해 농산물은 풍흉에 따라 생산량이 크게 변동하기 때문에 재배면적 조정만으로는 쌀값을 안정시킬 수 없다.

미국의 가격하락대응직불제도(Counter-cyclical Payments: CCP)나 수입보전직접 지불제(Average Crop Revenue Election: ACRE)처럼 가격이 일정 수준 이하로 하락하면 그 손실을 보전하는 제도를 도입할 필요가 있다. 미국은 이러한 제도를 15개 주요 농산물에 적용하고 있다.[28]

식량안보를 위해서는 이러한 제도를 쌀뿐 아니라 미국처럼 주요 농산물에 적용할 필요가 있다. GS&J 이정환의 연구[29]에 따르면, 쌀을 포함한 주요 농산물 16개에 대해 실질가격이 기준가격 이하로 하락하는 경우 그 차액의 85%를 보전한다 해도 재정 소요액이 연간 1조 원을 넘지 않는다.

그러나 이것만으로는 쌀 재배 농가의 소득 손실을 충분히 보전할 수 없다. 2020년부터 실시하고 있는 공익형 직불금을 대폭 확대하여 농가소득을 보전해 주어야 한다. 2020년 농특위는 현재 농업 재정을 조정해 적어도 8조 원의 공익형 직불금을 마련할 수 있다고 했다.[30]

셋째, 쌀 소비 확대 정책을 적극적으로 추진해야 한다. 우리나라 국민의 1인당 쌀 소비량은 1979년 135.6kg을 정점으로 감소 추세로 돌아선 후 매년 꾸준히 감소하여 2021년에 56.9kg까지 줄어들었다. 그렇지만 최근에는 소비 감소 추세가 둔화하고 있어, 소비 확대 정책을 적극적으로 실시한다면 장기적으로 일인당 쌀 소비는 50kg 이상 선에서 안정될 것이다. 쌀 소비를 늘리기 위해서는 소득계층별·세대별·용도별로 실태를 정확히 파악해 맞춤형 정책을 수립하는 것이 중요하다.

쌀이 남는다고 하지만, 돈이 없어 하루 세끼 밥을 먹지 못하는 저소득 취약계층에게는 쌀을 무상으로 공급해야 한다. 일본의 최근 연구를 보면 쌀 소비 감소가 고령화와 밀접한 관련이 있다. 젊은 세대의 쌀 소비는 큰 변화가 없는 반면에, 육칠십 대의 연령층에서는 쌀 소비가 급감하고 빵이나 면, 파스타, 육류의 소비가 크게 늘어나고 있다. 일본은 중노년 세대를 대상으로 쌀 소비 대책을 수립하고 있다. 쌀을 이용한 다양한 가공품의 개발과 소비 촉진을 지원하고, 고급 쌀을 생산하여 수출을 늘린다. 물가 안정을 위해 국내 농업을 희생시키는 일은 그만둬야 한다. 최근 정부에서는 물가 안정을 핑계로

밀 수입 가격을 낮추고 농산물을 무차별적으로 수입하는데, 이런 행위는 하지 말아야 한다.

넷째, 쌀 의무 수입량을 재협상하여 의무 수입량을 줄이고 수입쌀을 해외 원조 등에 사용해 수입쌀로 인한 쌀 공급 과잉 문제를 해결해야 한다. 우리나라는 2015년 쌀 시장 전면 개방 당시 수입쌀 40만 8700t에 대해 5% 관세율할당(TRQ)으로 특혜를 주고, 나머지는 512%의 관세를 매기기로 했다. 40만 8700t은 국내소비량 8%를 기준으로 한 것인데, 지금은 쌀 소비가 많이 줄어 전체 소비량의 12%에 해당한다. 농민들은 쌀 소비량이 줄면 의무 수입량도 줄어야 한다며 재협상을 요구하고 있다. 일리 있는 주장이다. 그리고 의무 수입한 쌀이 밥상용 쌀값을 억압하지 않도록 다양한 방안으로 처분해야 한다. 일본의 경우에는 1995년 쌀 관세화 이후 2020년 10월까지 쌀 의무 수입량(MMA) 1811만 톤을 사료용 703만 톤(38.8%), 가공용 533만 톤(29.4%), 원조용 331만 톤(18.3%), 주식용 159만 톤(8.8%), 재고 65만 톤(3.6%)으로 처분했다. 이처럼 일본의 원조용 쌀은 밥쌀용으로 쓰이는 쌀 의무 수입량(159만 톤, 8.8%)에 비해 2배 많다.

다섯째, 식량안보와 식량주권을 위해 국가 예산을 과감히 투입해야 한다. 정부 여당은 '양곡관리법 개정안'이 실시되면 2030년에는 연간 1조 4000억 원의 '막대한 재정'이 소요될 것이라고 반대했다. 정부에서는 양곡 매입 단가가 1kg당 2667원인데 3년 비축 후 주정용으로 판매할 때는 400원에 불과해 재정적으로 큰 손해가 난다고 했지만, 이는 논 면적의 타 작목 전환을 고려하지 않은 과장된 수치다.

문제는 재정에 손해가 나느냐 아니냐가 아니라 그러한 일이 필요하냐 아니냐 하는 것이다. 국가안보를 위해 낭비가 심한 군사비를 엄청나게 쓰는 이유가 무엇인가, 그것이 필요하기 때문 아닌가? 국가안보를 위해서는 군사력 이외에 식량안보도 중요하지 않은가?

정부는 국내 반도체 산업 육성을 위해 대기업 반도체 투자액의 최대 25% 세액공제를 결정했다. 이로 인해 재벌 대기업들은 수십조 원의 혜택을 받을 것으로 추정된다. 그런데도 유독 농업 부문 재정 투입만 아까운 것인가?

여섯째, 쌀의 시장 격리를 위한 의무 매입에 대해서는 신중할 필요가 있다. 과잉 생산된 쌀을 정부가 의무적으로 매입한다면, 농민들은 쌀값 안정화와 벼 재배 농가의 소득 안정성에 기여할 것으로 기대하지만, 쌀 시장 격리가 과연 쌀값 안정에 효과가 있는가에 대해서는 전문가들 사이에 논란이 있다. 또한 시장 가격의 수급 조절 기능이 약화되고, 타 작물 전환 정책에 대한 농가 참여를 약화할 수 있다.

2023년 「양곡관리법」 파동이 주는 교훈

2023년 야당 의원들 주도로 국회에서는 '쌀 수요 대비 초과 생산량이 3~5%이거나 쌀값이 전년 대비 5~8% 하락할 때 정부가 초과 생산량을 전량 매입'하는 내용의 '양곡관리법 개정안'을 통과시켰다. 이에 대해 윤석열 대통령은 즉각 거부권을 행사했다. 정부·여당의 건의를 수용하는 형식을 취했지만 대통령의 의중이 크게 작용했을 것이다. 대통령의 거부권은 대통령의 고유 권한이니 그 자체에 대해 왈가왈부할 수는 없다. 그렇지만 양곡관리법 개정안 처리 과정에서 정부·여당과 대통령이 보인 아집과 독선, 무책임과 무능은 그냥 지나칠 일이 아니다.

국회를 통과한 양곡관리법 개정안이 윤 대통령의 말처럼 "궁극적으로 쌀의 시장 가격을 떨어뜨리고 농가소득을 더욱 불안정하게 만들지", 아니면 야당의 말처럼 '쌀값과 농가소득 안정에 기여할지'는 논쟁의 여지가 있지만, 그동안의 여론은 윤 대통령의 생각과 많이 달랐다.

2022년 10월 31일부터 11월 2일의 전국지표조사에 따르면 「양곡관리법」 개정이 '쌀값 폭락을 막고, 식량자급률 향상에 도움을 줄 것'이라는 긍정적 의견이 61%, '쌀의 과잉 공급과 재정 낭비를 초래할 것'이라는 부정 의견이 25%였다. 연령, 지역, 지지 정당, 이념 성향에 관계없이 긍정 의견이 훨씬 많았다.

2023년 3월 27일부터 29일의 뉴스토마토 여론조사에 따르면 대통령의 거부권 행사에 대해 55.2%가 반대한 반면에 찬성은 37.1%에 그쳤다. 대통령은 40개 농업인 단체의 반대와 전문가들의 연구 결과에서 거부권 행사의 정당성을 찾았다. 그렇다면 개정안에 서명한 231개 농업인 단체의 목소리는 어디로 간 것인가? 전문가들이라고 하지만 정부 눈치를 볼 수밖에 없는 국무총리 산하의 국책연구기관인 한국농촌경제연구원의 끼워 맞추기식 연구가 전부다. 개정안에 찬성하는 전문가들도 많다.

이런 사정을 감안할 때 대통령이 부득이 거부권을 행사해야 한다면, 적어도 국민과 국회를 설득하고 이해시키려는 노력을 했어야 한다. 그러나 정부·여당과 대통령은 양곡관리법 개정안에 대해 "남는 쌀 강제 매수법"이니 "전형적인 포퓰리즘 법안"이니 하는 거친 말로 맹비난하며 국민 여론과 국회 입법권을 무시했다.

한편 정부·여당은 양곡관리법 개정안이 2021년 12월 더불어민주당 의원들에 의해 최초 발의되어 국회 농림축산식품 해양수산위원회에서 논의되고, 2023년 3월 23일 국회를 통과할 때까지 「양곡관리법」 개정에 반대하고 대통령의 거부권 행사를 위협했을 뿐, 쌀값과 농가 소득 안정을 위한 제대로 된 정책을 하나도 제시하지 않았다.

반대와 거부권 행사가 능사가 아니라 책임 있는 집권 여당이라면 대안을 제시하고 국민 공론을 이끌어야 했다. 대통령은 거부권도 있지만 법률안 발의권도 있다. 왜 대안은 마련하지 않고 거부권만 행사한 것일까? 한마디로 무능하고 무책임한 정부다.

「양곡관리법」 개정을 두고 여당과 야당이 사생결단을 낼 듯 싸웠지만, 잘 따져보면 별일도 아니다. 현행 「양곡관리법」은 농림축산식품부 장관이 수급 안정(가격 안정)을 위해 "'초과 생산량이 생산량 또는 예상 생산량의 3% 이상이거나, 단경기(7~9월 햅쌀이 나오기 직전 시기) 또는 수확기(10~12월) 가격이 평년(최근 5년 최고 최저 수치를 제외한 평균) 가격보다 5% 이상 하락한 경우'에는 수요량을 초과하는 초과 생산량의 범위 내에서 수급 상황을 감안하여 매입할 수 있다"고 규정하고 있다('양곡수급안정대책 수립 시행 등에 관한 규정').

이 규정은 2020년 문재인 정부가 쌀 변동직불제(목표가격제)를 폐지하면서 쌀값 하락에 대한 농민들의 우려를 달래기 위한 약속으로 만들어진 것이다. 그런데 농식품부 장관이 이 규정(약속)을 잘 지키지 않아 2021년산 쌀값이 45년 만에 평균 20% 대폭락하는 사태가 벌어졌다. 성난 농민들이 정부에 격렬하게 항의했고, 놀란 더불어민주당 국회의원들이 '매입할 수 있다'는 재량 조항을 '매입한다'는 의무 조항으로 바꾸는 개정안을 제출한 것이 논란의 발단이다. 「양곡관리법」의 규정만 잘 지켰으면 「양곡관리법」 개정을 둘러싸고 사생결단할 필요가 없었다.

「양곡관리법」 개정을 통해 '쌀값과 농가소득 안정'을 꾀하려던 지난 1년 반 동안의 지루한 논쟁은 대통령의 거부권 행사로 아무런 결실 없이 끝나고 말았다. 이렇게 해도 대통령과 국회의원들은 억대의 연봉을 받고 편안히 살 수 있다. 그렇지만 쌀값 하락으로 인한 농민들의 고통은 누가 어떻게 보상할 것인가? 대통령은 거부권을 행사하면서 "농식품부를 비롯한 관계부처는 쌀 수급을 안정시키고 농가소득 향상과 농업발전에 관한 방안을 조속히 만들어주길 당부"했다. 후보 시절 쌀 초과 생산량에 대한 정부의 시장 격리(의무 수매)를 강하게 요구한 윤 대통령이 지금은 딴말을 하니 이 당부의 진정성을 믿기 어렵다.

주민행복권과 주민자치

우리나라 「헌법」 제10조에는 "모든 국민은 인간으로서의 존엄과 가치를 가지며 행복을 추구할 권리를 가진다", "국가는 개인이 가지는 불가침의 기본권을 확인하고 이를 보장할 의무를 진다"고 규정하고 있다. 행복을 위해서는 누가 어디에 살든 최소한 누려야 할 사회서비스가 있다. 교육, 의료, 주택, 돌봄, 교통, 문화, 복지, 환경 등이 대표적이다. 그러나 우리나라 국민은 살고 있는 지역에 따라 누릴 수 있는 기본권이 다르다. 특히 농어촌 지역은 도시 지역에 비해 사회서비스가 충분하지 못하다.

한국농촌경제연구원의 '2022 농어촌 주민 삶의 질 실태와 주민 정주 만족도' 조사에 따르면 농어촌 지역은 '삶의 질 향상 기본계획'의 4대 추진 전략의 부문별 만족도에서 도시에 비해 상당히 낮다. 4대 추진 전략 부문은 보건복지 부문, 교육·문화 부문, 정주 기반 부문, 경제·일자리 부문이다.

농어촌과 도시 간 삶의 질 격차

〈그림 4-5〉에서 볼 수 있듯이 농어촌 지역은 도시 지역에 비해 4대 전략 부문 모두에서 만족도가 낮다. 특히 보건·복지 부문(5.1점)과 교육·

그림 4-5 4대 전략별 만족도 평균점수 비교

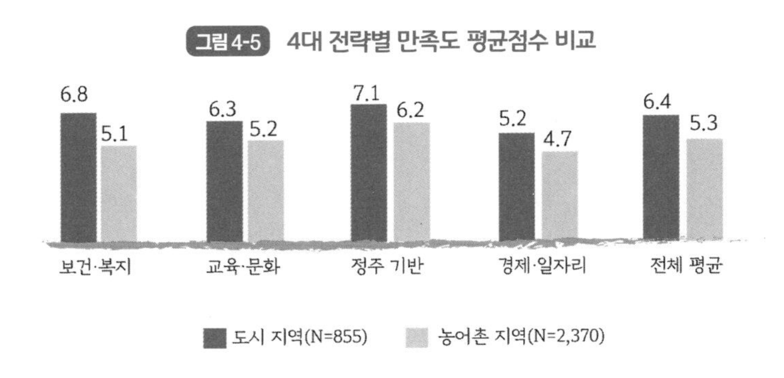

자료: 민경찬·김민석·유서영, 『2022 농어촌 주민 삶의 질 실태와 주민 정주 만족도』(한국농촌경제연구원, 2022).

문화 부문(5.2점)에서 농어촌 지역의 만족도가 낮고 도시와 격차가 크다.* 경제·일자리 부문은 만족도가 낮기는 하나 도시와 격차는 다른 부문에 비해 크지 않다. 많은 사람이 농촌을 떠나는데, 반드시 일자리 때문만은 아니다. 농어촌 지역에서 공무원이나 공공기관 종사자, 농협 직원 등 상대적으로 안정적인 소득을 올리는 사람 가운데 직장이 있는 지역이 아니라 인근 도시에서 거주하는 사람이 많다. 그 이유를 물어보면 한결같이 자녀 교육이나 의료 등 사회서비스 부족을 든다. 〈그림 4-5〉은 이러한 농촌 현실을 잘 반영한 것이다.

세부 항목별로 살펴보면, 분만과 관련된 의료·복지 서비스에 대한 만족도가 매우 낮고(농어촌 4.3), 도시(6.8)와 격차도 매우 크다. 교육·문화 부문에서는 문화·여가 생활을 영위하기 위한 시설과 프로그램

* 재미난 것은 4대 전략 부문의 만족도가 매우 낮음에도 '주관적 웰빙지수'에서는 농어촌 지역이 6.0점으로 도시 지역의 5.4보다 높은 것이다. 이는 농어촌 지역의 주민이 도시에 비해 상대적으로 살고 있는 거주 기간이 길기 때문에 익숙함의 효과가 아닌가 생각한다.

에 대한 만족도에서 농어촌 지역은 도시에 비해 각각 1.4점과 1.3점의 격차를 보였다. 정주 기반 부문에서는 '대중교통' 여건의 만족도가 가장 낮고(농어촌 5.3), 도시(7.2)와 격차도 매우 크다. 경제·일자리 부문은 도시(5.2)와 농어촌(4.7)에서 모두 만족도가 매우 낮았으나 격차가 크지는 않다. 세부 항목별로도 격차가 크지 않으나, 소득활동의 기회 측면에서 농어촌 지역이 도시에 비해 열악하다.

정부는 열악한 농어촌 지역의 사회서비스를 향상하기 위해 2004년 3월 「농림어업인 삶의 질 향상 특별법」을 제정하고 5년마다 '농림어업인 삶의 질 향상 및 농산어촌 지역개발 5개년 계획'을 수립하도록 하고 있다. 2011년부터 농어촌서비스 기준 제도를 도입하여, '농어촌 주민이 일상생활을 영위하는 데 필요한 최소한의 공공서비스'를 제공하도록 하고 있다. 한국농촌경제연구원이 수행한 '2022 농어촌서비스기준 이행실태 점검·평가'에 따르면, 대상이 되는 139개 농어촌 지역은 4대 부문 19개 항목 중 12개 항목에서 목표치를 달성했다. 보건의료·복지 부문 4개 항목, 교육·문화 부문 5개 항목, 정주 여건 3개 항목이 목표를 달성한 반면에, 정주 여건 부문(6개 항목) 및 경제활동 부문(1개)에서 목표를 달성하지 못했다.

'2022 농어촌 주민 삶의 질 실태와 주민 정주 만족도'와 '2022 농어촌서비스기준 이행실태 점검·평가' 사이에는 서로 엇갈리는 점이 있다. '정주 만족도'에서 농어촌 주민은 보건의료·복지 부문과 교육·문화 부문에서 낮은 만족도를 보이고, 도시 지역과 격차도 컸다. 그럼에도 '이행 실태 점검·평가'에서는 두 부문 모두 농어촌 서비스 기준을 충족했다. 이것을 어떻게 이해할 것인가? 정부가 설정한 농어촌

서비스 기준 자체가 너무 낮아서 그것을 충족했다 하더라도 여전히 농어촌 주민의 만족도는 낮기 때문이 아닐까? 또 다른 이유는 '이행 실태 점검·평가'가 농어촌의 현실을 제대로 반영하지 못하고 있기 때문이다. 예를 들면, 주민이 일상에 필요한 각종 서비스를 원활하게 누리기 위해서는 서비스 접근성이 대단히 중요하다. 현행 농어촌 서비스 기준에서는 자차를 이용한 평균 소요 시간을 기준으로 접근성을 측정하는데, 이는 농어촌 현실을 제대로 반영할 수 없다. 농어촌에는 노령인구가 많은데 이들은 자차를 이용하기 어렵고, 청소년과 차량 미소유자 등 자차 이용이 곤란한 사람들이 많다. 농어촌은 대중교통 인프라가 매우 열악하기 때문에 실제로 각종 서비스를 이용하는 데 제약이 따를 수밖에 없다.

농어촌의 사회서비스를 강화하기 위해 정부는 2023년 8월 「농촌 지역 공동체 기반 경제·사회서비스 활성화에 관한 법률」을 제정하고 2024년 8월부터 시행하기로 했다. 이 법은 "농촌 주민 등이 자조, 자립 및 사회적 책임성을 토대로 자발적으로 농촌경제·사회서비스 부족 문제 등을 해결하는 데 기여할 수 있도록 지원함으로써 농촌 지역 공동체의 재생과 지속가능한 발전을 도모함을 목적으로 한다"(제1조). 이 법은 정부가 농어촌 지역에 사회서비스를 공급하는 데 한계가 있음을 인정하고 농촌 지역공동체가 스스로 사회서비스 부족 문제를 해결할 것을 촉구하는 것이다. 이 법은 "농촌 주민 등의 주도적·자발적 참여와 농촌 지역 공동체의 사회적 책임성을 기본원칙"(제3조)으로 하고 있지만, 지금까지 이와 유사한 법들이 그러했던 것처럼 행정 주도의 예산 사업으로 실패할 가능성이 높다.

읍·면·동 주민자치 부활

농촌 주민의 주도적·자발적 참여와 책임성을 담보하기 위해서는 주민자치가 실현되어야 한다. 주민들은 자치단체장과 의원을 선출하는 투표권을 행사할 뿐 공동체에 대한 자기 결정권이 없다. 단체장과 의회, 직업관료, 전문가들에 의한 '그들만의 자치'라는 비판을 피하기 어렵다. 장 자크 루소(Jean Jacques Rousseau)는 사회계약론에서 "영국의 인민들은 스스로를 자유롭다고 생각한다. 하지만 그것은 대단히 큰 오해다. 그들이 자유로운 것은 단지 의회의 의원을 선거하는 기간에 한정될 뿐이다. 선거가 끝나는 순간 그들은 다시 노예가 되고, 아무런 가치도 없는 존재가 된다"고 했다.[31] 우리나라 현실을 곱씹어 볼 말이다.

농어촌 주민들은 그들이 원치 않는 산업단지나 골프장, 화력발전소와 원자력 발전소가 자기 지역에 들어와도 소극적으로 반대할 수 있을 뿐 아무런 결정권이 없다. 농어촌 주민들은 대중교통을 확대하고, 의료·교육 서비스의 확충을 바라지만, 지자체는 지역개발이라는 이름으로 마구잡이로 공공시설을 설치하고, 도로 건설 등 사회간접자본에 더 많은 돈을 사용한다. 그래도 주민들은 어쩔 수 없다.

사람은 자신의 운명을 스스로 결정할 수 있을 때 행복하다. 지역도 마찬가지다. 주민의, 주민에 의한, 주민을 위한 주민자치가 필요하다. 지금처럼 주민이 자신의 운명을 지자체의 장이나 의원, 직업 관료에 맡기고 서비스의 대상이 되어서는 곤란하다. 주민의 삶에 지대한 결정권을 갖고 있는 기초자치단체장은 선거를 의식하여 지자체 내에 인구가 많은 지역과 영향력이 큰 지역 유지의 이해관계에 더 많은 관심을 갖는다. 따라서 지역 내 인구가 적은 면 지역이나 농어민들은 소외되기 일쑤다.

주민이 자신의 삶에 결정적 영향을 미치는 사회서비스 공급에 아무런 결정권이 없고 단지 서비스의 소비 대상으로 전락해서는 주민의 행복권이 보장될 수 없다. 주민자치, 특히 해방 후 제도화되었으나 5·16 군사 쿠데타에 의해 폐지된 읍면 자치가 부활되어야 한다.

1949년에 「지방자치법」이 제정되어 읍·면이 민주적 자치단위로 제도화되었고, 1952년 한국전쟁 중의 시·읍·면 의원 선거, 1956년 시·읍·면장과 의원 동시 선거가 실시되었다. 이후 1960년 4·19 혁명 이후 시·읍·면 직선제를 명문화하여 완전한 형태의 지방자치가 자리 잡았다. 그러나 5·16 군사 쿠데타로 정권을 잡은 군사정부는 「지방자치에 관한 임시조치법」(1961.9.1 제정)을 제정하여 기초지자체를 시·읍·면에서 시·군으로 바꿈으로써 읍면 자치는 역사에서 사라지게 되었다. 지방의회를 폐지하고 자치단체장을 중앙정부가 임명하는 것으로 하여 지방자치 자체가 중단되었다. 그리고 제4공화국과 5공화국 헌법에 지방자치 유예 조항을 두어 지방자치를 무력화했다. 제4공화국 「유신헌법」(1972.12.27 제정)은 부칙에 "지방의회는 조국 통일이 이루어질 때까지 구성하지 아니한다"고 규정했다. 제5공화국 헌법(1980.10.27)도 지방자치에 관한 헌법 조항을 두었으나 부칙 제10조에서 "이 헌법에 의한 지방의회는 지방자치단체의 재정자립도를 감안하여 순차적으로 구성하되 그 구성 시기는 법률로 정한다"고 규정해 놓았다. 재정자립도를 이유로 하여 지방의회의 구성을 연기했고, 지방자치제를 실시하지 않았다.

1987년 민주화 운동의 성과로 1988년 「지방자치법」이 전면 개정되고, 1991년 지방의회 부활과 1995년 단체장 직선제로 지방자치가 다시 부활했다. 그러나 읍·면·동은 자치 단위가 아니라 여전히 기초자치단체의 행정조직으로 남아 있다.

풀뿌리 민주주의를 위해서는 읍·면·동 주민자치가 부활되어야 한다. 2020년 「지방자치법」이 32년 만에 전면 개정되어 2022년 1월부터 시행되고 있다. 개정법은 주민주권 구현, 자치권 확대, 중앙·지방 간 협력관계 정립, 행정 효율성 제고 등을 위한 다양한 규정을 담고 있지만, 여전히 단체 자치 중심으로 주민자치의 관점에서 보면 매우 미흡하다. 개정법은 주민이 지자체 조례의 제·개정 또는 폐지를 청구할 수 있는 주민조례발안제와 주민 감사청구 관련 조항을 두어 주민의 지방자치행정 참여권을 명시하고 있지만, 주민은 직접 조례안을 제출할 수 없다. 개정법은 인구 100만 이상 대도시인 경기 수원·고양·용인시와 경남 창원시를 특례시로 하고 예외적 사무 처리 권한을 주고, 중앙·지방 간 협력관계 정립을 위해 중앙지방협력회의를 설치하기로 했다. 이는 중앙정부와 지방자치단체 간 권한의 부분적 이양에 지나지 않고 주민자치에는 아무런 도움이 되지 않는다.

개정법은 논란 끝에 '주민자치회' 조항을 빼버렸다. 주민자치회는 2013년 행안부의 시범사업으로 시작되어 2021년 12월 기준 전국 138개(총 228개의 59.6%) 시·군·구 가운데 1013개(총 3501개의 28.9%)의 읍·면·동에서 시범 시행 중이다. 올해로 10년째를 맞아 전국적으로 시행되고 확대되어 온 주민자치회가 아직도 시범사업으로 남아 있는 이유는 「지방자치분권 및 지방행정체계개편 특별법」에서 주민자치회를

‘참고를 목적으로’ ‘행정안전부 장관’이 ‘시범적으로만’ 실시할 수 있다고 규정하고 있기 때문이다. 「지방자치법」 개정에서 자치분권 운동 진영에서는 “주민자치회 운영과 가능 수행에 필요한 행정적·재정적 지원을 한다”는 내용을 「지방자치법」에 명시하여 현 주민자치 시행의 제도적 한계를 극복하고 주민자치회 운영과 지원의 법적 근거를 확고히 하고자 했으나, 여야의 정치적 야합에 의해 무산된 것이다.

현행 주민자치회가 제대로 운영되고 있지 못한 것은 법적 근거가 없기 때문만은 아니다. 주민의 자치 역량이 여전히 취약하기 때문이다. 주민자치회 구성원의 대부분이 과거의 주민자치위원회 위원으로 채워져 있고, 주민자치회나 자신의 역할이 무엇인지 제대로 구분하지 못하는 경우가 많다.• 하지만 그보다 주민자치회의 본질적 한계가 더 문제다. 현재의 주민자치회는 근린지역에서 자조적·자발적·자율적인 지역활동 단체로 자리매김할 수 있으며 대단히 가치 있고 필요하지만 공적인 의미에서 자치라고 볼 수는 없다.[32] 주민자치회가 주민자치위원회에 비해 한 발짝 주민자치에 접근한 것은 사실이나 주민들의 풀뿌리 자치(읍·면·동 자치) 요구를 무마하기 위한 편법에 지나지 않는다. 풀뿌리 주민자치를 위해서는 읍·면·동 지방자치단체를

• 주민자치회는 「지방분권 및 지방자치행정체제 개편에 관한 특별법」(2014.11.19 제정)에 근거를 둔 주민자치 협의 및 실행기구이고, 주민자치위원회는 ‘시·군 주민자치센터 설치 및 운영 조례’(1999)에 근거한 읍·면·동장의 자문기구다. 1998년 김대중 정부는 읍·면·동 사무소의 기능과 공무원 정원을 축소하는 행정 개혁 과정에서 읍·면·동 사무소의 남는 공간에 문화·복지·여가 등을 위한 각종 시설을 설치하고 프로그램을 운영하기 위해 주민자치센터를 설치했다. 이 주민자치센터에는 읍·면·동 사무소별로 주민자치위원회가 구성·운영되었다. 주민자치위원회 활동은 시범 실시 과정을 거쳐 2003년부터 전국적으로 실시되었다. 따라서 주민자치위원회는 사실상 주민자치와는 거리가 멀었다.

다시 부활해야 한다.* 주민이 자신의 행복과 직접 관련된 사항에 대해서는 일정한 결정권을 가져야 한다.

읍·면·동 주민자치를 시행하기에는 주민 역량이 부족하다는 견해가 적지 않다. 그러나 이러한 견해는 기우에 지나지 않는다. 주민의 자치 역량 부족은 그동안 주민자치를 할 기회와 권한이 주어지지 않았기 때문이다. 읍·면·동 주민자치는 직접민주주의를 실험하고 학습하기 위한 좋은 장으로서 그 자체로 주민의 자치 역량을 키워갈 수 있다.

전남 곡성군 죽곡면의 주민자치 활동이 중요한 사례다. 죽곡면 주민자치회는 2020년 10월 주민총회를 통해 '죽곡면 자치계획'을 수립하고 실행에 옮기고 있다. 자치계획의 수립 과정이 흥미롭다. 우선 2019년 12월 자치계획단을 구성하여 앞으로의 계획을 주민들에게 설명하고, 2020년 1월부터 지역조사에 착수했다. 죽곡면 28개 마을을 5개 권역으로 나누어 주민의견조사를 실시하여 죽곡면 마을 의제를 발굴하고, '주민자치'(5개 사업), '관광소득사업'(3개 사업), '환경보전'(2개 사업), '지역 활성화'(5개 사업), '마을 복지'(6개 사업) 등 5개 분야 21개 사업을 2021년부터 2030년까지 10년간 5단계를 나누어 실시하는 계획을 수립했다. 21개 의제 가운데 주민투표 결과를 반영하여

* 황종규(2022)는 지방소멸에 대응하여 면 자치가 직접 민주주의와 주민자치를 활성화하는 기획이 되는 방안들은 다음과 같이 제시한다. 첫째, 면의 행정적 기능과 권한을 확대해야 한다. 둘째, 강화된 기능을 수행하는 면 단위의 협치 파트너로서 주민자치회의 법적·제도적 기능과 권한을 강화한다. 셋째, 면장직에 대한 선출제를 도입하는 방안이다. 넷째, 「지방자치법」을 개정하여 전면적으로 면 자치를 시행하는 것이다. 마지막으로, 어느 경우든 면 자치를 활성화하는 것은 주민들에 의한 직접적·민주적 운영을 강화하는 것이 목적이기 때문에 면 단위의 의사결정 방법으로 주민투표와 주민총회를 활성화해야 한다. 군의 주요 결정 사항 중 해당 면에 관련되는 것에 대해서는 면 주민총회나 주민자치회의 동의를 받게 할 필요도 있다.

2021년에는 죽곡 토란도란 마을축제(죽곡면은 토란의 주산지), 찾아가는 주민자치 프로그램, 우리 동네 119, 죽곡문화 출간 등 4개 사업을 우선 추진하고 있다.[33]

죽곡면 주민자치회는 매우 모범적인 사례이기는 하나 그 한계도 명백하다. 주민자치회의 권한과 활동 기반이 너무 취약하다. 주민자치회는 곡성군 주민참여예산, 전남 교육청의 마을학교 예산, 전남도의 마을공동체 예산 등을 통합하여 효율적으로 사용하고 있지만 총액이 1억 1500만 원에 지나지 않는다. 매년 공모를 해서 예산을 따야 하는 사업이 많아 괴롭다. 이런 일이 번거로워 안 하는 경우도 많다. 자손심이 상하는 일도 있다. 더욱이 정부의 마을사업은 사업비를 주지만 인건비는 주지 않는다. 죽곡면 주민자치회가 시·군 자치단체와 마찬가지로 공적인 죽곡면 자치단체로 발전한다면 사정은 전혀 달라질 것이다.* 죽곡면 주민자치회의 활동이나 구상은 인구 2000명이 안 되는 작은 동네가 감당하기 벅찰 듯해서, "그럴 만한 사람이 있겠는가?"라고 물었다. 자치회를 이끌고 있는 박진숙 위원장의 답이다. "농촌에 일할 사람이 없는 것이 아니다. '일할 사람'이 일하지 못하고 있을 뿐이다. 주민들에게 권한과 책임감을 갖고 일할 기회를 주어, 자기 문제를 스스로 해결할 역량을 키워가도록 해야 한다."

* 국민총행복과 농산어촌개벽대행진에서는 농산어촌 주민수당의 10%는 주민에게 지급하지 않고 주민자치기금으로 사용하는 방안이 제시되었다. 인구 3000명의 면 지역이라면 농산어촌 주민수당 연간 108억 원 가운데 10억 원을 면 자치 기금으로 면민이 마음대로 사용할 수 있다면 주민자치 역량은 일거에 향상될 수 있다.

에필로그

지역리더의 유쾌한 반란을 기대하며

농촌, 산촌, 어촌에 부는 바람이 매섭다. 사람들은 떠나고 텅 빈 마을에 남은 사람은 앞날이 불안하다. '지방소멸', '지역소멸'이 너무 쉽게 인구에 회자되는 지경까지 왔다. 국민이 행복하기 위해서는 농산어촌이 일터, 삶터, 쉼터로서 제 역할을 해야 한다. 그러나 안타깝게도 우리 사회에서 농촌은 '섬'과 같은 존재다. 농촌문제는 농민만의 문제라 생각하는 사람들이 적지 않다. 문제 해결에 나서야 할 정치인들은 농촌 살리기가 아니라 여전히 '경제가 성장하면 모든 것이 해결될 것'이라는 '성장주의' 미몽에서 벗어나지 못하고 있다. 무시보다 더 나쁜 게 무관심이다. 2017년 19대 대선 때 텔레비전 토론회가 120분씩 다섯 차례 총 600분 열렸지만, 3농은 철저히 소외되고 한 후보에 의해 '3초' 정도 언급된 것이 전부였다. 2022년 20대 대선에서도 3농은 '성장주의' 파도에 휩쓸려 또다시 그 가치가 실종될 위기에 처해 있었다.

나는 2019년 4월부터 1년 동안 대통령직속 농어업·농어촌특별위원회의 위원장을 맡아 농정대전환을 위해 최선을 다했지만 성공하지 못했다. 기득권의 벽은 상상 이상으로 높았다. 지금 생각해 보면 필마단기로 풍차에 돌진한 돈키호테 모습이었다.

그러나 좌절하고 한탄만 하고 있을 수는 없었다. 2020년 더운 여름

지역재생 농정대전환 3강·6략

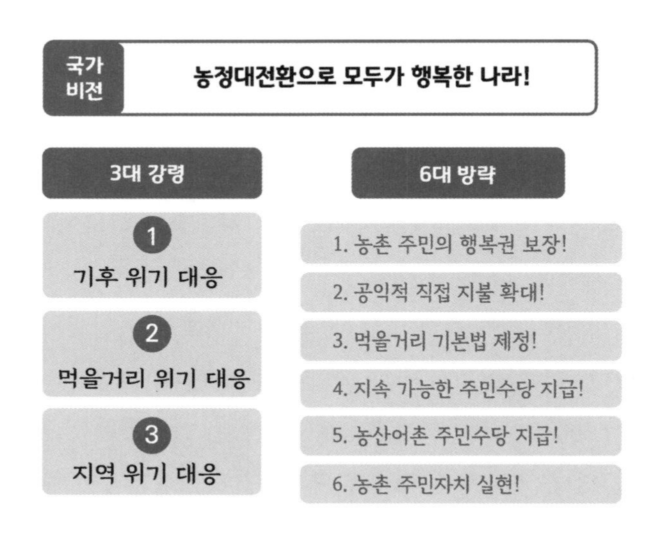

날, 철학자이자 시대의 사상가인 도올 김용옥 선생을 만났다. 도올 선생은 오래전부터 남북문제와 농촌문제는 우리 시대에 반드시 해결해야 할 과제라고 설파해 왔다. 경제학자로서 40년 이상 농촌문제 연구에 천착해 온 나는 도올 선생과 농촌의 현실, 농업의 미래를 이야기하며 해법을 찾아보고자 했다.

우리는 정치권에 대한 상투적인 권고나 호소 대신에 현장에서 답을 찾기로 의기투합했다. 국민들에게 "농어민이 행복해야 국민이 행복하다"고 직접 이야기하기로 했다. 2021년 8월 3일 전국 8개 도에서 지역 대행진을 조직할 활동가들이 모여 전국추진위원회와 지역추진위원회를 결의했다. 우리는 농업계 인사만으로는 한계가 있음을 직시하고, 우리의 주장에 뜻을 함께하는 각계각층 인사들을 전국 발기인과 지역 발기인으로 모셨다. 도올 김용옥 선생, 백낙청 서울대학교 명예교수, 정영일 서울대학교 명예교수, 명진 스님, 박맹수 교무(원광대학교 총장), 채수일 목사(전 한신대학교 총장), 안영배 신부, 정우성·김응수 배우, 김호철 변호사(환경운동연합 대표), 김정희 아이쿱생협연합회 대표, 조완석 한살림연합 대표, 이수호 전태일재단 이사장, 박흥식 전국농민회총연맹 의장, 진영종 참여연대 대표, 신철영 경제정의실천시민연합 대표 등 학계, 종교계, 시민사회, 예술계, 소비자 단체, 농업계 등 각계각층의 인사 59명이 발기인으로 참여했다. 8개 도에서도 지역별로 각계각층의 수많은 인사들이 지역 발기인으로 참여했다. 그러나 '농산어촌개벽대행진'은 이른바 사회 지도층 인사들이 주도하는 것은 아니다. 그들의 역할은 마중물이다.

지역재생 농정대전환 3강·6략

2021년 10월 8일 서울 프레스센터에서 전국과 지역 발기인들이 모여 '국민총행복과 농산어촌개벽대행진'을 선언하고 3강·5략을 발표했다. 각계각층 59인의 발기인 그리고 지역의 2000여 명의 추진위원과 함께, 2개월 동안 전국 8개 도 18개 시·군의 대행진과 민회를 마치고, 2022년 1월 19일 서울 프레스센터에서 전국대행진을 마무리했다. 우리는 각 지역에서 개최된 민회에서 '모두가 행복한 나라로 가는 농정대전환 3강·5략'을 함께 토론했다. 그 후 3강·5략은 3강·6략으로 보완되었다. 그 주요한 내용은 다음과 같다.

첫째, 기후 위기에 대응하는 지역(농촌)이 되어야 한다

그동안 정부는 시장 개방에 대응해 '국제 경쟁력만이 살길'이라는 생산주의 농정을 추진했다. 그러나 생산주의 농정은 이산화탄소와 메탄가스 등 온실가스 배출을 늘리고, 환경과 생태계를 파괴해 왔다. 식량과 에너지의 지역자급을 높여 온실가스를 감축해야 한다. 농림어업 생산을 탈탄소 생태유기농업으로 전면 전환해야 한다.

둘째, 먹을거리 위기에 대응하는 지역(농촌)이 되어야 한다

기후 위기는 곧 세계적인 식량 위기를 초래한다. 우리나라 곡물자급률은 20%, 칼로리자급률은 35%에 지나지 않는다. 정체불명의 수입 농산물이 국민의 건강을 위협하고 있다. 국민이 건강하고 안전한 먹을거리를 언제 어디서나 안정적으로 먹을 수 있는 먹을거리 기본권을 보장해야 한다. 이를 위해서는 식량자급률을 높여 건강한 먹을거리의 국내 생산을 늘리고 식량주권을 확보해야 한다. 아울러 먹을거리 불평등을 해소하여 누구나 질 높고 풍요로운 식생활을 영위할 수 있는 먹을거리 정의를 실현한다. 친환경 공공급식을 확대하고, 지역 먹을거리 순환체계(생산-가공-유통-소비-폐기)를 구축한다.

셋째, 지역 위기에 대응하는 농촌이 되어야 한다

수도권과 대도시 중심의 경제성장은 지역소멸 위기를 초래하고 있다. 수도권에 인구의 절반 이상이 모여 사는 나라에서 국민은 행복할 수 없다. 그동안 지역균형발전과 농촌 살리기라는 미명하에 각종 지역개발사업에 막대한 예산을 투입했으나, 지역경제와 주민 삶에는 별다른 도움이 되지 않고 있다.

수도권과 비수도권의 격차가 확대되고, 지방의 수도권 의존도가 점점 높아지고 있다. 그뿐만 아니라 농촌 지역 내에서도 사람들이 면을 떠나 읍으로 몰리는 지역 내 불균형이 심화되고 있다. 농촌 주민이 떠나지 않고 천지자연의 순환의 본원인 농촌에서 행복하게 살 수 있게 해야 한다.

기후 위기, 먹을거리 위기, 지역 위기에 대응한 지역이 되기 위해서는 적어도 6개의 방략이 필요하다.

• 농촌 주민의 행복권 보장!

농촌 주민들에게 의료, 교육, 주거, 돌봄, 교통 등 기본적인 사회서비스가 제공돼야 한다. 현재 국가가 정한 최소 서비스 항목인 '농어촌 서비스 기준'과 관련해 국내 시·군의 달성 비율이 절반에도 미치지 못하는 실정이다.

• 공익적 직접지불 확대!

경쟁력 향상을 명분으로 한 기존의 농림어업 생산보조금을 줄이고, 농림어업의 생태적 발전을 위한 공익적 직접지불을 대폭 확대한다.

• 먹을거리 기본법 제정!

세계적인 식량 위기에 대비하여 건강한 먹을거리의 국내 생산을 늘려 식량주권을 확보하고, 국민 누구나 질 높고 풍요로운 식생활을 영위할 수 있는 먹을거리 기본권을 보장한다.

• **지속가능한 농어업 실현!**

농지 소유 및 이용 실태를 전수 조사해서 농지를 농민에게 돌려주고, 농민이 안심하고 농사를 지을 수 있는 농산물 가격 안정과 재해보험 등 종합적 지원체계를 구축하고, 가족농·여성농·청년농 등 지속가능한 주체를 육성한다.

• **농산어촌 주민수당 지급!**

지역개발사업 예산을 대폭 줄이고, 그 돈을 농촌 주민들에게 '국토·환경·문화·지역 지킴이 수당'으로 지급해, 빈사 상태의 농촌경제와 농촌 주민의 생활을 안정시킨다. 농촌경제가 살아나야 지역경제가 살아난다.

• **농촌 주민자치의 실현!**

농촌 주민 스스로가 농업·농촌의 다원적 기능과 공익적 가치를 높이고, 지역의 운명을 결정하고 책임지도록 한다. 5·16 군사 쿠데타 이후 중단된 읍·면·동 자치를 부활시키고, 마을자치를 활성화한다.

이 책은 '모두가 행복한 나라로 가는 농정대전환 3강·6략'을 자세히 해설한 것이라 할 수 있다. 많은 사람의 헌신적인 노력에도 불구하고 우리의 외침은 20대 대선에서 무시당했다. 20대 대선 토론에서 3농은 1초도 언급되지 않았다. 농어업·농어촌, 지역의 문제는 성장주의 공약에 무쳐 떠내려갔다. 그러나 우리는 좌절하지 않는다. 한 번의 대행진으로 '국민총행복과 농산어촌 개벽'이 실현되리라 믿을 만큼 순진하지는 않다. 우리는 대행진과 민회에서 표출된 민초들의 분노와 열망을 잊지 않는다. 앞으로 민초들의 열망이 달성될 때까지 전인권의 노래처럼 “행진, 행진, 행진”을 이어가기를 기대한다.

지역을 바꾸어 세상을 바꾸자

나는 2004년 3월 지역재단의 창립을 주도했고, 그동안 상임이사, 이사장, 상임고문 등의 직책을 맡아왔다. 지역재단이 올해 창립 20주년을 맞이했다. 창립식에서 나는 “지역을 바꾸어 세상을 바꾼다”고 했다. 그러나 마을 이장하기가 대통령하기보다 어려운 지역의 현실을 깨닫고 책상물림의 한계를 탄식했다. 나름대로 농촌 현실을 잘 알고 있다고 생각했는데 …….

나는 농촌문제 해결을 위해서는 지역개발의 패러다임을 외생적 개발에서 내발적 발전으로 전환해야 하고, 그 주체로서 ‘지역의 문제를 스스로 고민하고 해결하기 위해 노력하는 사람(조직)’으로서 지역리더의 육성(지원)을 재단의 미션으로 설정했다. 20년이 지난 지금 과연 얼마나 성과가 있었을까. 현실은 우리의 바람을 비웃듯이 ‘지방소멸’이니 ‘지역소멸’이다. 그러나 지역은 소멸할 수도 없고 소멸해서도 안 된다. ‘지역이 소멸한다’고 요란스럽게 떠들어대면서 압축도시니, 메가시티니, 중핵도시니 하면서 ‘지역소멸’을 가속하는 세태를 쳐다만 보고 있을 수는 없다. 지역에는 자기 동네를 살기 좋은 동네로 만들기 위해 어렵지만 온 힘을 다하는 지역리더가 적지 않다. 이 지역리더들에게 ‘지역소멸론’은 “어차피 없어질 동네에 헛심 쓰지 마라”는 메시지로 들린다.

‘지역소멸’이 운위되는 지역의 현실, 극단적 성장주의가 횡행하는 국가의 현실 앞에서 나를 비롯해 많은 사람이 자괴감을 느끼지 않을 수 없다. 세상은 우리 힘으로는 거스르기 어려운 조류에 따라 지그재그로 움직인다. 불의가 정의를 누르고, 있어서도 안 되고 있을 수도 없는 일들이 버젓이 눈앞에서 벌어지고 있다. 내가 농촌문제와 농민운동에 처음 관심을 갖기 시작할 때 선배들이 나에게 10년만 고생하면 세상이 바뀔 것이라고 했다. 그리고 같은 말을 내가 후배들에게 했다. 그렇게 40년, 50년 세월이 지났다. 속았다고 하는 사람도 있다.

우리는 눈앞에 벌어지고 있는 현실에 절망한다. "내가 살아 있는 동안에 세상이 달라질까?" 세상은 우리가 생각하는 만큼 달라지지는 않았지만, 일진일퇴를 하며 그래도 조금씩 나아지고 있다. 우리는 조금 더 낙관적인 자세를 가질 필요가 있다. 우리는 언젠가 성장주의를 극복하고 모두가 더불어 행복한 사회를 만들 수 있다. 사회의 변화는 개인으로부터 출발한다. 자신이 무엇을 원하고 세상에서 무엇을 할 수 있을지를 결정해야 한다. 바로 우리 자신에 의해 세상이 바뀌기 때문이다. 세상의 변화를 절실히 원하는 사람은 지쳐서는 안 된다. 버텨내야 한다. 지역리더들에게 다시 옷깃을 여미고, 신발 끈을 고쳐 매고 새로운 20년을 기약하자고 말하고 싶다.

그 답은, 그 출발점은 "지역의 문제를 스스로 해결하기 위해 고민하고 노력하는 사람(조직)"이라는 지역리더의 정의에 있다. 국가와 자본이 우리 마을을 개발하고 행복하게 만들어줄 것이라는 기대를 버려야 한다. 우리는 지역개발의 패러다임을 외생적 개발에서 내발적 발전으로의 전환을 주장했지만, 현실에서는 국가와 자본의 지역에 대한 장악력이 오히려 강화되었다.

그동안 정부 주도의 각종 지역개발사업은 지역의 내발적 발전을 위한 자원(자연 및 환경 자원, 경관 자원, 문화 자원 그리고 사회적 자본)을 파괴하였을 뿐 아니라, 내발적 발전을 위한 주체적 역량도 약화시켰다. 정부의 지역개발사업이 들어오기 전에 많은 지역에서 스스로의 힘으로 주민의 삶을 향상하기 위한 작지만 빛나는 노력들이 있었으나, 정부 사업으로 인해 오히려 망가진 경우도 적지 않다. 성과주의에 목마른 정부 관료들은 지역 스스로의 힘으로 이미 어느 정도 성과를 내고 있는 지역에 지원을 집중했고, 공모사업이라는 이름으로 지역을 줄 세웠다. "외상이면 소도 잡아먹는다", "공짜라면 양잿물도 마신다"는 못된 속담이 있듯이 어려운 농촌 현실에서 당장 수억 원 혹은 수십억 원이 들어오는 사업을 외면하기는 어렵다.

정부의 지역개발사업으로 성공한 지역은 그야말로 성공 사례로 손꼽힐 정도다. 성공한 지역은 정부의 집중적 지원 이외에 좋은 (자연)환경, 좋은 지역리더와 사회적 자본이 있었기에 가능했다. 그런데 이러한 지역이 전국에 얼마나 될까. 성공 사례는 성공 사례일 뿐이다. 우리는 성공 사례를 찾아 국내외 선진지를 견학한다. 특히 일본에 많이 간다. 일본에 우리보다 앞선 사례가 많은 것은 사실이지만, 일본의 지역개발은 총체적으로 보면 실패한 것이다. '지방소멸론'의 원조가 바로 일본이다. 지역개발과 지역의 운명을 국가와 자본에 맡긴 지역은 예외 없이 '지역소멸' 위험에 처해 있다. 선진지라는 곳도 일본 정부의 정책이 아니라 지역 스스로의 힘으로 발전한 곳들이다. 유럽의 선진지는 거의 예외 없이 협동조합 등 주민들 스스로의 힘으로 지역문제를 해결하고 있는 곳이다.

많은 지역들이 정부의 지역개발 공모사업에 참여했지만, 발전한 지역은 거의 없고, 한때 성공한 듯한 지역들도 정부 지원이 중단되면 오래 버티지 못하고 실패하고 좌절했다. 공모사업에 응모하기 위한 각종 계획은 지역 스스로 세운 것이 아니라 농어촌공사나 컨설팅 회사 혹은 중간지원조직이 멋지게 수립한 것이다. 그 대부분은 몸에 맞지 않는 옷에 지나지 않았다. 몇몇 유지들을 제외하고 대부분의 지역주민들은 계획 수립 과정에서 소외되었고, 사업의 실행 과정에서 배제되었다. 지역개발사업은 마을의 평화를 해치고 지역 내 심각한 갈등을 야기하였다. 이 과정에서 상처 입고 지역을 떠나거나 마을사업에서 손을 뗀 지역리더가 적지 않다. 지역리더는 정부 사업 추진에 온 정력을 다 쏟느라 에너지가 고갈되고 지쳐, 정작 지역 스스로 할 수 있는 사업조차 소홀히 할 수밖에 없다. 온 힘을 다해 애써 일을 잘 해놓으면 관이 생색내기로 개입해 망치기 일쑤다. 더욱이 중앙정부나 지방자치단체의 정권이 바뀌면 앞선 정부가 하던 일이 하루아침에 사라진다. 우리의 지역리더는 좌절할 수밖에 없다.

지역리더는 더 이상 중앙정부나 지방정부에 구걸하는 일은 하지 않아야 한다. 정부의 농업보조금이나 지역개발사업이 우리 지역의 문제를 해결해 줄 것이라는 생각을 버려야 한다. 농업보조금을 이용한 정부의 줄 세우기를 과감하게 거부해야 한다. 정부 주도의 지역개발은 중단해야 하고, 지역개발이라는 이름으로 행해지는 각종 지역 파괴 행위에 대해서 저항해야 한다. 주민이 스스로 할 수 없는 사업을 하면 안 된다. 지역의 실정에 맞고 주민 스스로가 계획을 세우고 주민이 주도하는 사업이 아니면 받아들이면 안 된다. 사람은 자신의 운명을 스스로 결정할 때에만 진보한다. 그리고 행복하다. 마찬가지로 지역이 자신의 운명을 스스로 결정할 때만이 진정 발전하고 지역이 행복해질 수 있다.

지역의 운명을 스스로 결정하자고 해서 지역 외부 특히 정부와의 관계를 단절하자는 것은 아니다. 국민으로서의 정당한 권리를 요구하고 쟁취해야 한다. 정부가 적지 않은 돈을 농업·농촌과 지역을 위해서 사용하고 있다. 보수언론들은 '천문학적 돈'을 "밑 빠진 독에 물 붓기"처럼 농업·농촌에 퍼붓고 있다고 비난한다. 과연 '천문학적인 돈'은 다 어디로 가고 농업·농촌의 위기는 날로 심화하는 것일까? 과연 그 많은 돈 가운데 농민과 농촌 주민에게 실제로 도움이 된 것은 얼마나 될까? 농업생산성을 높이기 위한 기계화, 현대화, 시설화, 규모화, 스마트팜 등에 막대한 돈을 사용했지만, 그 돈은 농민의 손을 잠깐 거쳐 농자재 관련 기업의 수중으로 들어간다.

지역개발사업에는 농업 부문보다 훨씬 많은 돈이 투입된다. 지역개발사업 가운데는 농어촌을 직접 타깃으로 한 것도 있고, 더 넓은 지역을 타깃으로 한 것도 있지만, 각종 사회간접자본(SOC) 사업에는 그야말로 천문학적 돈이 사용되고 있다. 그런데 이러한 지역개발 관련 사업 예산은 주민의 손을 거칠 것도 없이 바로 개발업자의 손으로 들어간다. 수백억 혹은 수천억 원이 들어가는 산업단지 건설비용은 누구의 주머니를 채워주는가? 권역당 최고 100억 원이 들어가는 농어촌마을개발사업의 예산 가운데 농어민의 주머니에 들어가는 돈은 얼마나 되는가?

예산이 얼마인지보다 중요한 것은 누구를 위한 예산이고, 누가 예산의 사용을 결정하는가 하는 것이다. 중앙정부가 예산 사용권이 있는 한 그것은 농업과 농촌을 위해 사용될 수 없다. 농민과 농촌 주민은 중앙정부가 정해준 메뉴에 따라 상향식이란 이름의 공모사업에 줄서기 이상을 할 수 없다. 지방분권을 통해 재정의 일부가 지방자치단체로 이양된다고 해도 지방의 토호들이 지배하는 현실을 보면 크게 달라질 것이 없다. 중앙정치에 농업, 농촌, 지역의 영향력을 키워야 하고, 지방자치단체의 예산 사용에 대해서도 주민들의 참여와 감시가 확대되어야 한다.

농촌은 도시의 식민지가 아니다. 지역개발이라는 미명하에 국가 예산을 낭비하며 벌어지는 각종 사업은 대폭 줄여야 한다. 지역개발이란 이름으로 자행되는 자연환경 파괴, 농지 파괴, 수자원 낭비는 단호히 거부해야 한다. 전국의 산하를 해치며 건설되는 4차선 도로와 고속도로, 철도 가운데 과연 지역에 진정으로 도움이 되는 게 얼마나 있을까? 우리나라처럼 수도권 집중이 심한 나라에서는 도로가 좋아지면 그 도로를 따라 사람과 돈이 들어오는 것이 아니라 빠져 나가는 게 현실이 아닌가? 선거철마다 도로 등 사회간접자본 건설을 약속하는 정치인들에게 더 이상 휘둘려서는 안 된다. 지역개발이란 미명하에 무분별하게 건립되고 있는 산업단지와 위락시설(골프장 등)에 대해서도 주민의 발언권을 높여야 한다.

도시의 산업폐기물과 건설폐기물, 생활폐기물이 산업단지를 통해 농촌에 반입되는 것을 막아야 한다. 심지어 수입한 유해 폐기물까지 농촌과 지방에서 처리하고 있다. 아파트 재건축 폐기물을 농촌에 가져오지 못하도록 하고 해당 지역에서 처리하게 한다면, 지금처럼 시세 차익에 눈이 멀어 멀쩡한 아파트를 마구 헐고 새로 짓는 일도 막을 수 있을 것이다. 서울 사람들이 사용할 전기를 위해 농어촌에 석탄 발전소를 세우고 원자력 발전소를 세우는 일도 막아야 한다. 원전이 정말로 안전하다면 한강 변에 원자력 발전소를 세워 서울 사람들에게 전기를 공급하면 된다. 몇백 킬로미터 먼 곳에서 전기를 생산해 고압송전선으로 실어 날라 농촌 주민과 갈등할 일도 없다. 우리나라 최초의 화력 발전소인 당인리 발전소처럼 서울 한강 변에 세워 서울 사람들에게 전기를 공급하면 된다.

지역리더는 정부의 잘못된 정책과 결별하고 지역이 스스로 자기 운명을 결정하고, 스스로 지역의 행복한 삶을 일구어가야 한다. 나는 이것을 지역리더의 '유쾌한 반란'이라고 한다.

어떤 사람은 이 책의 주장에 대해서 옳은 얘기이기는 하지만 비현실적이라 비판할 수도 있다. 그러나 우리 사회가 당면한 기후 위기, 불평등 위기, 먹을거리 위기, 지역 위기를 극복하기 위해서는 성장주의에서 국민총행복으로의 패러다임의 전환, 농정대전환을 위한 3강·6략의 실현은 필요조건이다. 물론 이것은 쉬운 일은 아니다. 그렇지만, 더불어 행복한 사회로 나아가기 위해서는 반드시 가야 할 길이라는 점에서 현실적이다.

차가운 날씨만큼이나 온 몸이 시린 추운 시절이다. 그러나 용기를 잃거나 움츠려들지 말자. '지역을 바꾸어 세상을 바꾸는' 그날까지!

지역리더의 '유쾌한 반란'을 응원한다. 이 책을 그동안 함께 해온 지역리더들에게 바친다.

미주

프롤로그

1. 박진도, 『부탄 행복의 비밀』(한울엠플러스, 2017), 38쪽.

1장 지역은 소멸하지 않는다

1. 한이철·이순미·정학성·박대식·안규미. 「인구감소 농촌 지역의 기초생활서비스 확충 방안」(한국농촌경제연구원, 2022.10).
2. 増田寛也, 『地方消滅東京一極集中が招く人口急減』(中央公論新書, 2014)[『지방소멸』, 김정환 옮김, (와이즈베리, 2015)].
3. 이상호·이나경, 「지방소멸위험 지역의 최근 현황과 특징」, ≪지역산업과 고용≫, 봄 호(2023).
4. 허문구 외, 『지방소멸 시대의 인구감소 위기 극복방안: 지역경제 선순환 메커니즘 중심으로』(산업연구원, 2022).
5. 日本国土交通省, 『2015過疎地域等条件不利地域における集落の現況把握調査報告書』(2016).
6. 日本内閣官房, 「まち·ひと·しごと創生長期ビジョン」, 「まち·ひと·しごと創生総合戦略」(2014).
7. 神野直彦, "地方は決して消滅しない", ≪西日本新聞≫, 2015.1.9.
8. 국토교통부, 『제5차국토종합계획』(2019).
9. 참여정부부터 문재인 정부까지의 지역정책에 대해서는 송우경, 『한국지역정책의 변천과 시사점』(산업연구원, 2021).
10. 행정안전부·한국지방행정연구원, 「지방소멸대응기금 투자계획 컨설팅 안내서」(2022).
11. George B. Dantzig and Thomas L. Saaty, *Compact City: A Plan for a Liveable Urban Environment*. San Francisco: W.H. Freeman.
12. 구형수 외, 「저성장 시대의 축소도시 실태와 정책방안 연구」(국토연구원, 2016).
13. Detroit City, "Detroit Future City—2012 Detroit Strategic Framework Plan"(Detroit City, 2012).
14. 박경, 「압축도시가 답은 아니다」, ≪민위방본 리포트≫, 80(2021).
15. 전영수 외, 『소멸 위기의 지방도시는 어떻게 명품도시가 되었나?』(라의눈, 2022).
16. 마강래, 『지방분권이 지방을 망친다: 지방분권의 함정, 균형발전의 역설』(개마고원, 2018).
17. 박진도, 「지방분권과 지방재정개혁」, ≪사회경제평론≫, 28(2007); 박경, 「지방시대 내발적 발전의 과제」, ≪민위방본 리포트≫, 107(2023).

18 日本総務省, 『関係人口』ポータルサイトポータルサイト, www.soumu.go/kankeijinkou/.

19 영암군, “신생아 생존보장 함께해 이룬 결과, 한 달 만에 300% 달성”, ≪고향사랑기부매거진(wezine)≫, 2023.12.27.

20 Gary Becker, “A Theory of Marriage,” in Theodore W. Schultz(ed.), *Economics of the Family: Marriage, Children, and Human Capital* (University of Chicago Press, 1974).

21 황인도 외, 「초저출산 및 초고령사회: 극단적 인구구조의 원인, 영향, 대책」(한국은행, 2023).

22 박진도,『순환과 공생의 지역 만들기』(교우사, 2011), 제1장과 제2장.

23 宮本憲一·遠藤廣一 編著, 『地域經營と 內發的發展』(農文協, 1998).

24 保母武彦, 『內發的 發展論と日本の農産村』(岩波書店, 1996).

25 鶴見和子·宇野重昭, 『內發的發展と外向的發展』(東京大學出版會, 1994).

26 제5회 전국지역리더대회 기조발제 원고 박진도, “위기의 한국농촌, 순환과 공생의 지역 만들기”(2008).

27 박진경, 「지역의 지방소멸 위기와 자생적 대응전략」, ≪지역산업과 고용≫(2022.4).

28 농본, 「산업단지, 과연 지역에 도움이 되는가」, ≪농본 정책 브리핑≫, 6(2022).

29 박진도·허헌중, 『농어촌의 분노와 희망: 국민총행복과 농산어촌개벽대행진 기록』(지역재단, 2022).

2장 지역재생을 위한 패러다임 전환: GDP 너머 국민총행복

1 Climate Home News, “South Korea leads list of 2016 climate villains,” 2016.4.11.

2 OECD, PISA 2015(2018). //확인

3 고민서, “한(韓)학생, 수학·과학 성취도 세계 상위권인데 흥미도는 만년 ‘꼴찌’”, ≪매일경제≫, 2020.12.8.

4 박진도, 「GDP 너머 국민총행복: Beyond GDP의 연구 및 실천 동향」(2023); 학현 변형윤 추모논문집 간행위원회, 『한국경제 미래를 설계하다』(한울엠플러스, 2023).

5 환경부, 「대한민국 기후변화 적응 보고서」(2023.3).

6 버나드 맨더빌(Bernard Mandeville), 『꿀벌의 우화』, 최윤재 옮김(문예출판사, 2014).

7 판카지 미슈라(Pankaj Mishra), 『분노의 시대』, 강주헌 옮김(열린시대, 2018).

8 Karl Polanyi, *The Great transformation* (1944)[『거대한 전환』, 홍기빈 옮김(길, 2009), 244쪽].

9 Deloitte, The Detoitte Global 2022 Gen Z & Millennial Survey.

10 박진도, 「GDP 너머 국민총행복: Beyond GDP의 연구 및 실천 동향」, 학현 변형윤 추모논문집간행위원회 엮음, 『한국경제: 미래를 설계하다』(한울엠플러스, 2023).

11 Rutger Hoekstra, “*Measuring the Wellbeing Economy: How to Go Beyond-GDP*”(WEALL, 2020).

12 Joseph E. Stiglitz, “GDP Fetishism,” *Project Syndicate*, 2009.9.7.

13 Jason Hickel, “tackles GDP,” *WEALL News*, 2021.1.8.

14 Robert F. Kennedy, "Remarks at the university of Kansas," March 18, 1968, John F. Kennedy Presidential Library.

15 Credit Swiss, *Global Wealth Report 2019* (2019).

16 Richard A. Easterlin, *An Economist's Lesson on Happiness* (2022)[『지적 행복론』, 안세민 옮김 (월북, 2022)].

17 Rutger Hoekstra, "This is the Moment to go Beyond GDP"(WEALL, WWF, and EEB, 2022).

18 Richard Heinberg, "Dennis Meadows on the 50th anniversary of the publication of The Limits to Growth," Resilience.org, February 22, 2022.

19 European Commission, "IMF, OECD, UN, and World Bank," *System of National Accounts 2008* (2009).

20 European Commission, "For a sustainable post-COVID recovery, this forum believes we should replace GDP with an alternative well-being indicator"(Brussels Economic Forum 2021 debate, 2021).

21 Rutger Hoekstra, *Replacing GDP by 2030: Towards a Common Language for the Well-being and Sustainability Community* (Cambridge University Press, 2019).

22 Thomas L. Friedman, "Our New Historical Divide: B. C. and A. C. – the World Before Corona and the World After," *New York Times*, 2020.4.27.

23 Yuval Noah Harari, "The world after coronavirus," *Financial Times*, 2020.4.20.

24 Sandrine-Dixson-Declève and Aileen McLeod, *21ST Century WELLBEING ECONOMICS: THE ROAD TO RECOVERY, RENEWAL RESILIENCE* (The Club of Rome, 2020).

25 Abhijit V. Banerje and Esther Duflo, *Good Economics for Hard Times*(2019)[『힘든 시대를 위한 좋은 경제학』, 김승진 옮김(생각의 힘, 2020)].

26 같은 책, 320쪽.

27 같은 책, 348~349쪽.

28 박진도, 『부탄 행복의 비밀』(한울엠플러스, 2017).

29 존 스튜어트 밀(John Stuart Mill), 『공리주의』, 서병훈 옮김(책세상문고, 2007).

30 박진도, 『부탄 행복의 비밀』(한울엠플러스, 2017).

31 같은 책, 38쪽.

32 박진도 엮음, 『농민이 행복해야 국민이 행복하다』(지역재단, 2021).

33 허헌중, 「국민의 먹을거리 기본권 보장과 농업의 역할」, 박진도 엮음, 『농민이 행복해야 국민이 행복하다』(지역재단, 2021).

34 김태연, 「생태환경보전을 위한 농업의 역할」, 박진도 엮음, 『농민이 행복해야 국민이 행복하다』(지역재단, 2021).

35 김영희, 「국민의 정서함양과 보건휴양공간으로서의 농업·농촌의 역할」, 박진도 엮음, 『농민이 행복해야 국민이 행복하다』(지역재단, 2021).

36 최인철, 『굿라이프』(21세기북스, 2018).

37 장수명, 「생태적 감수성을 지닌 창의적 인간형성을 위한 농업·농촌의 역할」, 박진도 엮음, 『농민이 행복해야 국민이 행복하다』(지역재단, 2021).

38 이창한, 「국민의 활력 있는 삶터와 농업·농촌의 역할」, 박진도 엮음, 『농민이 행복해야 국민이 행복하다』(지역재단, 2021b).

39 박진도, 「경제·사회에서 농업·농촌이 수행하는 역할」, 박진도 엮음, 『농민이 행복해야 국민이 행복하다』(지역재단, 2021).

40 W. A. Lewis, "Economic Development with Unlimited Supplies of Labour," *The Manchester School*, 2(22)(1954), pp.139~191.

41 OECD, *What Future for Our Countryside?* (1993).

42 OECD, *Cultivating Rural Amenities: an economic development* (1999).

3장 지역을 살리는 농정 혁신 가이드라인

1 Willard W. Cochrane, *Farm Prices, Myth and Reality* (Minneapolis: University of Minnesota Press, 1958).

2 Willard W. Cochrane, *The Development of American Agriculture, second edition* (University of Minnesota Press, 1993), pp.430~432.

3 D. Goodman and M. Redclift, *Refashioning Nature: Food, Ecology and Culture* (London: Routledge, 1991).

4 박진도, 「근대화 물결에 떠내려간 농촌」, 한국역사문화연구회, 『우리는 지난 100년 동안 어떻게 살았을까』 2(역사비평사, 1998).

5 이문구, 「우리 동네 최씨」, 『우리 동네』(민음사, 2003), 102쪽.

6 이정환, 『농업의 구조전환 그 시작과 끝』(한국농촌경제연구원, 1998).

7 Neil Ward, "The agricultural treadmill and the rural environment in the post-productivist era," *Sociologia Ruralis*, 33(3~4), pp.348~364.

8 Robin Maynard, *Off the Treadmill: A Way Forward for Farmers and the Countryside* (UK: Friends of the Earth, 1991).

9 佐伯尚美, 『ガットと農業』(1990)[『가트와 농업』, 박진도 옮김(비봉출판사, 1991)].

10 International Assessment of Agricultural Knowkedge, Science and Technology for Development(IAASTD 2008). South Africa.

11 박진도·허헌중, 『농어촌의 분노와 희망: 국민총행복과 농산어촌개벽대행진 기록』(지역재단, 2022).

12 송윤정, 「2021회계연도 전국 지방자치단체 공공시설운영현황 분석」(나라살림연구소, 2023).

13 하승수, 「농촌으로 밀려드는 산업폐기물, 실태와 대안」, ≪민위방본≫, 88(2021).

14 "[개발과 보전 사이, 몸살 앓는 관광 명소] 출렁다리·스카이워크 260개… '나홀로'는 어렵다", ≪중앙선데이≫, 2022.8.20.

15　이창한·송원규, 「농산어촌주민수당(농어촌기본소득)의 의의와 도입방안」(지역재단, 2021).

16　Lester R. Brown, *Tough Choices: Facing the Challenge of Food Scarcity* (1997)[박진도 옮김, 『식량대란』(한송, 1997)].

17　김철규, 「먹거리시민: 생태·문화적인 먹거리에 대한 자기결정권」, ≪살림이야기≫, 20(2013).

18　원재정, "[2023 농업결산] '농업정책'이라 쓰고 '물가대책'으로 읽는다", ≪한국농정신문≫, 2023.12.27.

19　이정환, 「한국농업·농촌의 비전과 농정의 개조」, ≪시선집중 GSnJ≫, 232(2017), 1~18쪽.

20　신명식, 「장밋빛 환상, 스마트팜의 허실」, 『농지는 부동산이 아니다: 언론인, 귀농인, 공공기관장 경험에서 나온 생생한 현장보고서』(새빛, 2022).

21　이두순 외, 「유리온실의 경영실태 분석」(한국농촌경제연구원, 1991.12).

4장　농어민이 행복해야 국민이 행복하다: 농정대전환을 위한 농정개혁 과제

1　이명헌 외, 『농식품 재정구조 개편 및 농정추진체계 재편 방안』(농어업농어촌특별위원회, 비공개 자료, 2020).

2　노용환·박진도, 「농업보조금 관련 재정사업과 조세지출 연계 방안」(국회예산정책처, 2015).

3　이유진, 「기후 위기 대응을 위한 에너지 자립과 농업·농촌의 역할」, 박진도 엮음, 『농민이 행복해야 국민이 행복하다』(지역재단, 2021).

4　김찬휘, "농촌을 살리는 길은 농민기본소득이다", ≪오마이뉴스≫, 2021.12.9.

5　이창한, 「경기도 농촌기본소득 사회실험 설계 연구와 향후 논의 쟁점」, ≪민위방본 리포트≫, 77(2021a).

6　대통령직속 농어업·농어촌특별위원회, 『국가 먹거리 종합 전략 수립 연구』(2020).

7　허헌중, 「국민의 먹을거리 기본권 보장과 농업의 역할」, 박진도 엮음, 『농민이 행복해야 국민이 행복하다』(지역재단, 2021).

8　국가 먹을거리 종합 전략과 먹을거리 기본법에 관한 대표적인 연구로는 다음 자료 참조. 대통령직속 농어업·농어촌특별위원회, 『국가 먹거리 종합전략 수립 연구』(2020), 266~275쪽.

9　국가 먹을거리 종합 전략의 중요성과 그 정책화 방안에 대해서는 황영모, 「국가 먹거리 종합전략의 추진과 정책화 방안」, ≪민위방본 리포트≫, 85(2021) 참조.

10　박진도, 「농협중앙회의 신용사업과 경제사업의분리와 농협법 개정」, ≪협동조합연구≫, 22(2)(2004), 17~42쪽.

11　박진도, 「'국민의 정부' 협동조합개혁의 한계와 극복방안」, ≪동향과 전망≫, 44(2000), 8~22쪽.

12　국회예산정책처, 「농협 경제사업활성화 평가」(2020).

13　같은 자료, 73쪽.

14　같은 자료, 99쪽.

15　같은 자료, 111쪽.

16　같은 자료, 115쪽.

17 박진도, 「농협개혁의 목표와 중앙회 신경분리 방안」, ≪시선집중 GSnJ≫, 75-2(2009), 1~23쪽.

18 ≪한국농정신문≫, 2022.12.18.

19 ≪한겨레≫, 2021.5.25.

20 박진도 외, 『위기의 농협, 길을 찾다』(한겨레신문사, 2015).

21 한주형, "정부가 땅 투기 앞장섰다?… '평당 200원' 강남 언제·왜 비싸졌나," ≪매일경제≫, 2023.11.1.

22 전강수, 『부동산 공화국』(여문책, 2019).

23 참여연대 좌담회, "LH 투기 사건 1년, 무엇이 바뀌었나?"(2022.3.15).

24 김정호. 2013. 『일본 농지제도의 변천과 최근 동향』(한국농촌경제연구원, 2013.12); 채광석, 『식량안보에 대응한 일본의 농지보전 제도』(한국농촌경제연구원, 2023.1).

25 농어업·농어촌특별위원회, '농지제도개선을 위한 국회 긴급 토론회' 자료집(2021.3.17).

26 이철승, 『쌀 재난 국가』(문학과 지성사, 2021).

27 日本農林水産省, 「令和 4年産の水田における作付状況について」(2022).

28 Jim Monke, "Farm Commodity Programs: Direct Payments, Counter-Cyclical Payments, and Marketing Loans," CRS Report for Congress(2006.3.1).

29 이정환 외, 「농산물 가격 및 농가경영안정 정책방향과 대안」(GS&J 인스티튜트, 2020).

30 이명헌 외, 『농식품 재정구조 개편 및 농정추진체계 재편 방안』, 대통령직속 농어업·농어촌특별위원회(2020.5), 비공개 자료.

31 황종규, 「한국 지방자치 역사에서 생각해본 농촌의 '면(面) 자치': 직접민주주의의 강화」, ≪마을지≫(2022).

32 2023년 12월 15일 '주민자치회 제도화 방향성에 관한 심포지엄'에서의 이기우 토론문 참조. ≪월간 주민자치≫, 2023.12.18, http://www.citizenautonomy.co.kr.

33 자세한 것은 박진도, "이런 농촌이라면 살고 싶겠죠? 어느 시골마을의 혁명", ≪오마이뉴스≫, 2021.6.27.

참고문헌

고민서. 2020.12.8. "한(韓)학생, 수학·과학 성취도 세계 상위권인데 흥미도는 만년 '꼴찌'". ≪매일경제≫.
곡성군. 2022. 『곡성군 통계연보』.
공감만세 웹사이트 '공감만세 고향사랑기부제 AtoZ'
구형수 외. 2016. 「저성장 시대의 축소도시 실태와 정책방안 연구」. 국토연구원.
국토교통부. 2019. 『제5차 국토종합계획』.
국회예산정책처. 2020. 「경제사업활성화평가」.
권인혜·나현수·손경민. 2022. 「2022 농어촌서비스기준 이행실태 점검·평가」. 한국농촌경제연구원.
김기식. 2021. 「농가 지원 재정, 조세 지출의 농민기본소득으로의 전환에 관한 정책보고서」. (재)더미래연구소.
김성아. 2022. 「국제 비교로 보는 한국인의 행복」. ≪보건복지 ISSUE&FOCUS≫, 419.
김영희. 2021. 「국민의 정서함양과 보건휴양공간으로서의 농업·농촌의 역할」. 박진도 엮음. 『농민이 행복해야 국민이 행복하다: 국민총행복의 길을 농업·농촌에서 찾다』. 지역재단.
김정호. 2013. 「일본 농지제도의 변천과 최근 동향」. 한국농촌경제연구원.
김찬휘. 2021.12.9. "농촌을 살리는 길은 농민기본소득이다". ≪오마이뉴스≫.
김철규. 2023. 「먹거리시민: 생태·문화적인 먹거리에 대한 자기결정권」. ≪살림이야기≫, 20.
김태연. 2021. 「생태환경보전을 위한 농업의 역할」. 박진도 엮음. 『농민이 행복해야 국민이 행복하다: 국민총행복의 길을 농업·농촌에서 찾다』. 지역재단.
김태연. 2021.3. 「CAP 2014년 개혁의 성과와 2021년 개혁 전망」. ≪시선집중 GSnJ≫, 288.
노용환·박진도. 2015.6. 「농업보조금 관련 재정사업과 조세지출 연계 방안」. 국회예산정책처.
노진섭. 2024.1.1. "기대수명 82년의 한국인, 17년을 골골거린다". ≪시사저널≫.
농림수산부. 1989.9. 「농어촌발전종합대책」.
농림수산부. 1991.7. 「농어촌구조개선대책」.
농림축산식품부. 2013. 「'농업·농촌 및 식품산업 발전계획」.
농림축산식품부. 2021.9. 「국가식량계획」.
농본. 2022. 「산업단지, 과연 지역에 도움이 되는가」. ≪농본 정책브리핑≫, 6.
대통령직속 농어업·농어촌특별위원회. 2021.3.17. '농지제도개선을 위한국회 긴급 토론회' 자료집.
대통령직속 농어업·농어촌특별위원회. 2020. 『국가 먹거리 종합전략 수립 연구』.
류영아. 2022.6.30. 「지방소멸대응기금 도입 및 향후 과제」. 국회입법조사처.
마강래. 2017. 『지방도시 살생부: '압축도시'만이 살 길이다』. 개마고원.
마강래. 2018. 『지방분권이 지방을 망친다: 지방분권의 함정, 균형발전의 역설』. 개마고원.

≪매일경제≫. 2020.12.8. “한(韓)학생, 수학·과학 성취도 세계 상위권인데 흥미도는 만년 ‘꼴찌’”.
맨더빌, 버나드(Bernard Mandeville). 2014. 『꿀벌의 우화』. 최윤재 옮김. 문예출판사.
미슈라, 판카지(Pankaj Mishra). 2018. 『분노의 시대: 현재의 역사』. 강주헌 옮김. 열린시대.
민경찬·김민석·유서영. 2022. 「2022 농어촌 주민 삶의 질 실태와 주민 정주 만족도」. 한국농촌경제연구원.
민보경. 2022.8.23. 「지방인구의 위기와 미래전략」. 충남연구원 국회 세미나. 『지방소멸현실화, 당면과제와 대응전략』.
밀, 존 스튜어트(John Stuart Mill). 2007. 『공리주의』. 서병훈 옮김. 책세상문고.
박경. 2021. 「압축도시가 답은 아니다」. ≪민위방본 리포트≫, 80.
박경. 2023. 「지방시대 내발적 발전의 과제」. ≪민위방본 리포트≫, 107.
박석두. 2021.3.17. 「LH사태에서 살펴본 농지제도의 문제점과 개선방안」. 농지제도 개선을 위한 국회 긴급토론회.
박석두·채광석. 2013. 『농지전용의 원인과 영향에 관한 연구』. 한국농촌경제연구원.
박진경. 2022. 「지역의 지방소멸 위기와 자생적 대응전략」. 한국고용정보원. ≪지역산업과 고용≫, 봄호, 35~49쪽.
박진도. 1998. 「근대화 물결에 떠내려간 농촌」. 한국역사문화연구회 지음 『우리는 지난 100년 동안 어떻게 살았을까』 2. 역사비평사.
박진도. 2000. 「‘국민의 정부’ 협동조합개혁의 한계와 극복방안」. ≪동향과 전망≫, 44, 8~22쪽.
박진도. 2004. 「농협중앙회의 신용사업과 경제사업의분리와 농협법 개정」. ≪협동조합연구≫, 22(2), 17~42쪽.
박진도. 2005. 『WTO 체제와 농정개혁』. 한울엠플러스.
박진도. 2007. 「지방분권과 지방재정개혁」. ≪사회경제평론≫, 28.
박진도. 2008a. 「위기의 한국농촌, 순환과 공생의 지역 만들기」. 지역재단 제5회 전국지역리더대회 발표 원고.
박진도. 2009. 「농협개혁의 목표와 중앙회 신경분리 방안」. ≪시선집중 GSnJ≫, 75(2), 1~23쪽.
박진도. 2011. 『순환과 공생의 지역만들기: 농촌지역의 내발적 발전의 이론과 실제』. 교우사.
박진도. 2017. 『부탄 행복의 비밀: 1인당 국민소득 1만 달러면 충분하다』. 한울엠플러스.
박진도. 2018. 『지방분권이 지방을 망친다: 지방분권의 함정, 균형발전의 역설』. 개마고원.
박진도. 2021. 「경제·사회에서 농업·농촌이 수행하는 역할」, 박진도 엮음, 『농민이 행복해야 국민이 행복하다』. 지역재단.
박진도. 2021.1.1. “농정 틀 전환! 감히, 누가, 어떻게?”. ≪한국농정신문≫.
박진도. 2021.1.31 “생산주의 농정의 ‘트레드밀’”. ≪한국농정신문≫.
박진도. 2021.3.7. “농정개혁 없이 농정 예산 늘릴 수 없다”. ≪한국농정신문≫.
박진도. 2021.4.4. “부동산공화국, 공권력의 농지 수탈 멈춰야 한다”. ≪한국농정신문≫.
박진도. 2021.5.2. “집 나간 농협 개혁을 찾습니다”. ≪한국농정신문≫.
박진도. 2021.6.6. “집 나간 농협 개혁을 찾습니다(2): 지역농협 개혁”. ≪한국농정신문≫.
박진도. 2021.6.27. “지역을 바꾸는 사람들 제6화: 이런 농촌이라면 살고 싶겠죠? 어느 시골마을의 혁명—곡성군 죽곡면 주민자치회 박진숙 위원장". ≪오마이뉴스≫.
박진도. 2021.8.8. "대선후보들의 시대착오 '성장 팔이', 20대 대선에도 3농은 없다?". ≪한국농정신문≫.
박진도. 2021.8.29. "국민총행복과 농산어촌 개벽 대행진". ≪한국농정신문≫.
박진도. 2021.10.10. "농산어촌개벽 대행진과 농민공익기여직불". ≪한국농정신문≫.
박진도. 2021.11.7. "국민총행복과 농산어촌주민수당". ≪한국농정신문≫.
박진도. 2021.12.5. "국민총행복과 먹을거리 기본법 제정". ≪한국농정신문≫.
박진도. 2022.1.1. "농촌은 도시의 식민지가 아니다". ≪한국농정신문≫.
박진도. 2022.5.1. "'농정을 직접 챙기겠다'는 대통령의 거짓말". ≪한국농정신문≫.
박진도. 2022.6.5. "아담 스미스는 죄가 없다 — CPTPP 중단해야". ≪한국농정신문≫.
박진도. 2022.7.3. "'지방소멸' 부추기는 지방소멸론". ≪한국농정신문≫.
박진도. 2022.8.7. "'쌀 농정' 너머 식량자급률 제고 농정 펼쳐야". ≪한국농정신문≫.
박진도. 2022.9.4. "식량안보, 식상한 '허언'이 되지 않으려면". ≪한국농정신문≫.
박진도. 2022.10.9. "벼랑 끝으로 질주하는 윤석열 성장주의 열차". ≪한국농정신문≫.
박진도. 2022.11.6. "아~ 이태원 참사, 우리에겐 정부가 없다". ≪한국농정신문≫.
박진도. 2022.12.4. "농업경제학자가 행복경제학을 찾아간 까닭은". ≪한국농정신문≫.
박진도. 2023a. 「지방시대 내발적 발전의 과제」. ≪민위방본 리포트≫, 107.
박진도. 2023b. 「GDP 너머 국민총행복: Beyond GDP의 연구 및 실천 동향」. 학현 변형윤 추모논문집간행위원회 엮음. 『한국경제: 미래를 설계하다』. 한울엠플러스.
박진도·박경. 2000. 「일본의 내발적 지역개발전략에 관한 연구」. ≪사회경제평론≫, 14.
박진도 엮음. 2021. 『농민이 행복해야 국민이 행복하다: 국민총행복의 길을 농업·농촌에서 찾다』. 지역재단.
박진도·이호중·허헌중·유정규. 2015. 『위기의 농협, 길을 찾다: 좋은농협만들기 5대 목표 15대 과제』. 한겨레신문사.
박진도·허헌중. 2022. 『농어촌의 분노와 희망: 국민총행복과 농산어촌개벽대행진 기록』. 지역재단.
서동균·권오상·한두봉. 2003. 『농업의 다원적 기능에 대한 가치평가 연구』. 농촌진흥청.
손정목. 2007. 『서울 도시계획 이야기』(1~5권). 한울엠플러스.
송우경. 2021. 『한국지역정책의 변천과 시사점』. 산업연구원.
송윤정. 2021. 「2020년 전국 지자체 공공시설 882개 791개 적자, -1.2조원」. ≪나라살림레터≫, 94.
신명식. 2022. 「장밋빛 환상, 스마트팜의 허실」. 『농지는 부동산이 아니다: 언론인, 귀농인, 공공기관장 경험에서 나온 생생한 현장보고서』. 새빛.
영암군. 2023. 「신생아 생존보장 함께해 이룬 결과, 한 달 만에 300% 달성」. ≪고향사랑기부메거진(wezine)≫.
원재정. 2023.12.27. "[2023 농업결산] '농업정책'이라 쓰고 '물가대책'으로 읽는다." ≪한국농정신문≫.
유찬희. 2021. 「농민수당·농민기본소득·공익직불제, 어떻게 바라볼 것인가?」. ≪시선집중 GSnJ≫, 287, 1~23쪽..
이두순 외. 1999. 「유리온실의 경영실태 분석」. 한국농촌경제연구원.

이명헌 외. 2020. 「농식품 재정구조 개편 및 농정추진체계 재편 방안」. 농어업농어촌특별위원회. 비공개 자료.
이상호 외. 2021. 『지방소멸 위기 극복을 위한 지역 일자리 사례와 모델』. 한국고용정보원.
이상호. 2016. 「한국의 '지방소멸'에 관한 7가지 분석」. ≪지역 고용동향 브리프≫, 봄 호. 4~19쪽.
이상호·서룡·박선미·황규성·김필. 2021. 『지방소멸 위기 극복을 위한 지역 일자리 사례와 모델』. 한국고용정보원.
이소영. 2023. 「2023년 인구정책의 전망과 과제」. ≪보건복지포럼≫, 315, 63~76쪽.
이유진. 2021. 「기후위기 대응을 위한 에너지 자립과 농업·농촌의 역할」. 박진도 엮음. 『농민이 행복해야 국민이 행복하다: 국민총행복의 길을 농업·농촌에서 찾다』. 지역재단.
이정환. 1998. 『농업의 구조전환 그 시작과 끝』. 한국농촌경제연구원.
이정환. 2016. 「한국농업 70년 (3):이제 어떻게 할 것인가?」. ≪시선집중 GSnJ≫, 215, 1~20쪽.
이정환. 2017. 「한국농업·농촌의 비전과 농정의 개조」. ≪시선집중 GSnJ≫, 232, 1~18쪽.
이정환 외. 2020. 「농산물가격 및 농가경영안정 정책방향과 대안」. GS&J. 대통령직속 농어업농어촌특별위원회.
이창한. 2021a. 「경기도 농촌기본소득 사회실험 설계 연구와 향후 논의 쟁점」. ≪민위방본 리포트≫, 77.
이창한. 2021b. 「국민의 활력 있는 삶터와 농업·농촌의 역할」. 박진도 엮음. 『농민이 행복해야 국민이 행복하다』. 지역재단.
이창한·송원규. 2021. 「농산어촌주민수당(농어촌기본소득)의 의의와 도입방안」. 지역재단.
이철승. 2021. 『쌀 재난 국가』. 문학과 지성사.
장수명. 2021. 「생태적 감수성을 지닌 창의적 인간형성을 위한 농업농촌의 역할」. 박진도 엮음. 『농민이 행복해야 국민이 행복하다: 국민총행복의 길을 농업·농촌에서 찾다』. 지역재단.
전강수. 2019. 『부동산 공화국』. 여문책.
전국먹거리연대. 2024.4.24. 『먹거리기본법 제정 발의를 위한 국회 기자회견 및 토론회 자료집』.
전영수·김혜숙·조인숙·김미숙·이은정. 2022. 『소멸 위기의 지방도시는 어떻게 명품도시가 되었나?: 지역과 미래를 되살린 일본 마을의 변신 스토리』. 라의눈.
정지우. 2014. 『분노사회』. 이경.
조성숙 외. 2023. 『먹거리 시민 양성을 위한 청소년 식생활교육 표준 프로그램의 개발』. 한국생활과학학회. 2023.
지역재단. 2022. ≪민위방본≫, 통권12(기후·먹을거리·지역 위기와 농정대전환).
지영. 2023.12.27. "신생아 생존보장 함께해 이룬 결과, 한 달 만에 300% 달성". ≪고향사랑기부 매거진(wezine)≫.
질병관리청. 2021. 「국민건강영양조사」.
참여연대 좌담회. 2022.3.15. 'LH 투기 사건 1년, 무엇이 바뀌었나?'
채광석. 2023. 『식량안보에 대응한 일본의 농지보전 제도』.
채광석 외. 2023. 『적정농지 확보계획 수립방안 연구』.
최유리. 2020.5.19. "새 전염병 발생 주기, 3년 이내로 단축될 것", ≪한겨레≫.

최인철. 2018.『굿라이프』. 21세기북스.
최정섭 외. 2011.『여건 변화에 따른 유럽연합 공동농업정책의 개혁 방향』. 한국농촌경제연구원.
통계청. 2022.『국민 삶의 질 보고서 2022』.
하승수. 2021.「농촌으로 밀려드는 산업폐기물, 실태와 대안」. 지역재단. ≪민위방본≫, 88.
한국고용정보원. 2023. ≪지역산업과 고용』≫, 봄 호.
한국농촌경제연구원. 2022a.「2022 농어촌서비스기준 이행실태 점검·평가」. 한국농촌경제연구원.
한국농촌경제연구원. 2022b.「인구감소 농촌 지역의 기초생활서비스 확충 방안」. 한국농촌경제연구원.
한국행정연구원. 2021.『2020 사회통합실태조사』.
한이철·이순미·정학성·박대식·안규미. 2022.「인구감소 농촌 지역의 기초생활서비스 확충 방안」. 한국농촌경제연구원.
한주형. 2023.11.1. '정부가 땅 투기 앞장섰다?… '평당 200원' 강남 언제·왜 비싸졌나'. ≪매일경제≫.
행정안전부. 자치법규정보시스템. http://www.elis.go.kr.
행정안전부·한국지방행정연구원. 2022.「지방소멸대응기금 투자계획 컨설팅 안내서」.
허문구 외. 2022.『지방소멸 시대의 인구감소 위기 극복방안: 지역경제 선순환 메커니즘 중심으로』. 산업연구원.
허민숙. 2021.10.「육아 패널티의 현실, 육아휴직 사용권 보장을 위한 개선과제」. 국회입법조사처.
허민숙. 2021.11.「육아휴직 소득대체율의 효과: 남성 육아휴직 사용의 조건과 과제」. 국회입법조사처.
허헌중. 2021.「국민의 먹을거리 기본권 보장과 농업의 역할」. 박진도 엮음.『농민이 행복해야 국민이 행복하다: 국민총행복의 길을 농업·농촌에서 찾다』. 지역재단.
환경부. 2023.『'대한민국 기후변화 적응 보고서』.
황영모. 2021.「국가 먹거리 종합전략의 추진과 정책화 방안」. 지역재단. ≪민위방본 리포트≫, 85.
황인도 외. 2023.「초저출산 및 초고령사회: 극단적 인구구조의 원인, 영향, 대책」. 한국은행.
황종규. 2022.「한국 지방자치 역사에서 생각해본 농촌의 '면(面) 자치': 직접민주주의의 강화」. ≪마을지≫, 9.

Arthur Young. 1909. *Travels in France during the Years 1787, 1788, 1789,* Miss Betham-Edwards(ed.). London: George Bell and Sons. The Online Library of Liberty.
Baldock D., J. Dwyer. P. Lowe, J. Peterson and N. Ward. 2001. *The Nature of Rural Development I: Towards A Sustainable Integrated Rural Policy in Europe*. IEEP: London
Banerjee, Abhijit V. and Esther Duflo. 2019. *Good Economics for Hard Times* [『힘든 시대를 위한 좋은 경제학』. 김승진 옮김(생각의 힘, 2020)].
Becker, Gary. 1974. "A Theory of Marriage." in Theodore W. Schultz(ed.). *Economics of the Family: Marriage, Children, and Human Capital*. Chicago: University of Chicago Press.
Brown, Lester R. 1996. *Tough Choices: Facing The Challenge of Food Scarcity* [『식량대란』. 박진

도 옮김(한송. 1997)].
Center on Budget and Policy Priorities. 2023.10.2. "A Quick Guide to SNAP Eligibility and Benefits".
Climate Home News. 2016.4.11. "South Korea leads list of 2016 climate villains."
Club of Rome. 1972. *The Limit to Growth.*
Cochrane, Willard W. 1958. *Farm Prices, Myth and Reality.* Minneapolis: University of Minnesota Press.
Cochrane, Willard W. 1993, *The Development of American Agriculture*, second edition. University of Minnesota Press.
Commission of European Communities. 1996. *The Cork Declaration : a living countryside.*
Credit Swiss. 2019. "*Global Wealth Report 2019*".
Dantzig, George B. and Thomas L. Saaty. 1973. *Compact City: A Plan for a Liveable Urban Environment.* San Francisco: W. H. Freeman.
Deloitte. 2022. Gen Z and Millennial Survey.
Detroit City. 2012. "Detroit Future City—2012 Detroit Strategic Framework Plan." Detroit City.
Easterlin, Richard A. 2022. *An Economist's Lesson on Happiness* [『지적행복론』. 안세민 옮김 (월북. 2022)].
European Commission, IMF, OECD, UN, and World Bank. 2009. *System of National Accounts 2008.*
European Commission. 2016. "CORK 2.0 DECLARATION — A Better Life in Rural Areas." EU.
European Commission. 2021. "For a sustainable post-COVID recovery, this forum believes we should replace GDP with an alternative well-being indicator." Brussels Economic Forum 2021 debate.
FAO. 2004. https://www.fao.org/right-to-food/guidelines.
Feng, Wang. 2023.1.30. "The Alternative, Optimistic Story of Population Decline." *New York Times.*
Fluharty, Charles W. 2003. "Toward a Community-Based Rural Polcy: Implications for Community Development." *2003 Midstates Community Development Conference.* Nebraska: South Sioux City.
Friedman, Thomas L. 2020.4.27. "Our New Historical Divide: B. C. and A. C. - the World Before Corona and the World After." *New York Times.*
Goodman, D. and M. Redclift. 1991. *Refashioning Nature: Food, Ecology and Culture.* London: Routledge.
Harari, Yuval Noah. 2020.4.20. "The world after coronavirus," *Financial Times.*
Heinberg, Richard. 2022.2.22. "Dennis Meadows on the 50th anniversary of the publication of The Limits to Growth." Resilience.org.
Hickel, Jason. 2021.1.8. "tackles GDP." *WEALL News.*

Hoekstra, Rutger. 2019. *Replacing GDP by 2030: Towards a Common Language for the Well-being and Sustainability Community*. Cambridge: Cambridge University Press.

Hoekstra, Rutger. 2020. "Measuring the Wellbeing Economy: How to Go Beyond-GDP." WEALL.

Hoekstra, Rutger. 2022. "This is the moment to go Beyond GDP." WEALL, WWF, and EEB.

IEA. 2019. TIMSS(The Trends in International Mathematics and Science Study).

International Assessment of Agricultural Knowledge, Science and Technology for Development (IAASTD 2008). South Africa.

Le Bon, Gustave. 1895. *Psychologie des Foules* [『군중심리』. 강주헌 옮김(현대지성. 2021)].

Legatum. 2019.5. *Legatum Prosperity Index*.

Lewis, W. A. 1954. "Economic Development with Unlimited Supplies of Labour." *The Manchester School*, Vol.2, No.22, pp.139~191.

Lowe, P., C. Ray, N. Ward, R. Wood and R. Woodward. 1998. *Participation in rural development: a review of European experience*. Research Report, Centre for Rural Economy, University of Newcastle-upon-Tyne.

Mandeville, Bernard. 1714. *The Fable of the Bees or Private Vices, Public Benefits* [『꿀벌의 우화』. 최윤재 옮김(문예출판사. 2014)].

Maynard, Robin. 1991. *Off the Treadmill: A Way Forward for Farmers and the Countryside*. UK: Friends of the Earth.

Maynard, Robin. 1991.9.1. *Off the Treadmill: A Way Forward for Farmers and the Countryside*. Friends of the Earth.

Mishra,Pankaj. 2017. *Age of Anger* [『분노의 시대』. 강주헌 옮김(열린시대. 2018)].

Monke, Jim. 2006.3.1. "Farm Commodity Programs: Direct Payments, Counter-Cyclical Payments, and Marketing Loans." *CRS Report for Congress*.

Musgrave, Richard A. and Peggy B. Musgrave. 1989. *Public Finance in Theory and Practice*. New York: McGraw-Hill Book Company.

Nordhaus, W. D. and J. Tobin. 1972. "Is Growth Obsolete?" *Economic Growth, National Bureau of Economic Research*, 96.

OECD. 1993. *What Future for Our Countryside?*

OECD. 1994. *The Contribution of Amenities to Rural Development*.

OECD. 1996. *Amenities for Rural Development: Policies Examples*.

OECD. 1999. *Cultivating rural amenities: an economic development*.

OECD. 2018. *PISA(Programme for International Students Assessment) 2015*.

OECD. 2020.6.5. "Building Back Better-A Sustainable, resilient recovery after COVID-19."

OECD. The Better Life Index.

Park Si-soo. 2010.2.12. "Korea becomes Angry Society." *The Korea Times*.

Polanyi, Karl. 1944. *The Great transformation* [『거대한 전환』. 홍기빈 옮김. 길. 2009].

Sandrine-Dixson-Declève and Aileen McLeod. 2020. *21ST Century WELLBEING ECONOMICS: THE ROAD TO RECOVERY, RENEWAL RESILIENCE.* The Club of Rome.

Social Progress Imperative. 2021. "2021 Social Progress Index." www.socialprogress.org.

Stiglitz, Joseph E. 2009.9.7. "GDP Fetishism." *Project Syndicate.*

UN. *World Happiness Report.*

Wang Feng. 2023.1.30. "The Alternative, Optimistic Story of Population Decline." *New York Times.*

Ward, Neil. 2008. "The agricultural treadmill and the rural environment in the post-productivist era." *Sociologia Ruralis*, Vol.33, No.3~4, pp.348~364.

World Commission on Environment and Development. 1987. *The Brundtland Report: 'Our Common Future.'*

World Economic Forum. 2023. *Global Gender Gap Report 2023.*

World Inequality Lab. 2022. *World Inequality Report 2022.*

World Values Survey. WVS 1981-2022 Longitudinal File. www.worldvaluessurvey.org.

日本国土交通省. 2015.『コンパクトシティの形成に向けて』.

宮本憲一·遠藤廣一 編著. 1998.『地域經營と 內發的發展』. 農文協.

保母武彥. 1996.『內發的 發展論と日本の農産村』. 岩波書店.

神野直彥. 2015.1.9. "地方は決して消滅しない." ≪西日本新聞≫.

日本国土交通省. 2016.『2015過疎地域等条件不利地域における集落の現況把握調査報告書』.

日本內閣官房. 2014.6.「まち·ひと·しごと創生長期ビジョン」.「まち·ひと·しごと創生総合戦略」.

日本內閣府. 2021.10.「農山漁村に關する世論調査」.

日本農林水産省. 2022.「令和４年産の水田における作付状況について」.

日本総務省.「よくわかる！ふるさと納税」. ふるさと納税ポータルサイト. https://www.soumu.go.jp/kankeijinkou/about/index.html.

日本総務省.『関係人口』ポータルサイト. https://www.soumu.go/main_sosiki/ jichi_zeisei/czaisei/czaisei_seido/furusato/about.

庄司里紗. 2016.11.8. "ココンパクトシティはなぜ失敗するのか富山, 青森から見る居住の自由." ≪yahoo ニュース特集≫.

佐伯尙美. 1990.『ガットと農業』[『가트와 농업』. 박진도 옮김(비봉출판사. 1991)].

增田寬也. 2014.『地方消滅東京一極集中が招く人口急減』. 中央公論新書[『지방소멸』. 김정환 옮김(와이즈베리. 2015)].

鶴見和子·宇野重昭. 1994.『內發的發展と外向的發展』. 東京大學出版會.

マンション売却. 2022.10. "コンパクトシティとは？失敗が多いのはなぜ? 問題点と今後の課題を分析".

지은이

소빈 박진도

서울대학교 경제학과를 졸업한 뒤 일본 도쿄 대학교에서 경제학 박사학위를 받았다. 미국 하버드 대학교와 영국 뉴캐슬 대학교에서 객원연구원으로 활동했다. 충남대학교 경제학과에서 35년간 경제발전론, 농업경제학, 정치경제학 등을 가르치며 연구했으며, 현재는 명예교수로 있다. 2004년에 지속가능한 지역사회를 만들어갈 지역리더를 양성하기 위해 지역재단(KRDF)을 설립해 2014~2019년 이사장을 지냈으며, 2020년부터 현재까지 상임고문으로 활동하고 있다.

충남발전연구원 원장으로 재직하던 2011년과 2013년 두 차례 부탄을 다녀오고 2015년에 두 달간 체류한 뒤, '국민총행복'이라는 지표를 모든 정책의 기준으로 삼는 부탄 정부의 국민총행복정책을 한국의 현실에 적용하기 위한 방안을 연구하고 있다. 대통령자문 정책기획위원회 위원, 농정연구센터 소장, 한국사회경제학회 회장, 한국농업정책학회 회장, 대통령자문 정책기획위원(농정개혁TF 위원장), 국민총행복전환포럼 이사장, 대통령직속 농어업·농어촌특별위원회 위원장 등을 역임했다.

저서로 『GDP 너머 국민총행복』(2021), 『농민이 행복해야 국민이 행복하다』(2021), 『국민총행복과 농정패러다임의 전환』(2018), 『부탄 행복의 비밀』(2017), 『위기의 농협, 길을 찾다』(2015), 『순환과 공생의 지역 만들기』(2011), 『농촌개발정책의 재구성』(2005) 등이 있다.

강요된 소멸

국민총행복을 위한 지역재생의 길

지은이 **박진도** | 펴낸이 **김종수** | 펴낸곳 **한울엠플러스(주)** | 편집책임 **최진희**

초판 1쇄 인쇄 **2024년 3월 10일** | 초판 1쇄 발행 **2024년 3월 21일**

주소 **10881 경기도 파주시 광인사길 153 한울시소빌딩 3층**
전화 031-955-0655 | 팩스 031-955-0656 | 홈페이지 www.hanulmplus.kr
등록번호 **제406-2015-000143호**

Printed in Korea.
ISBN 978-89-460-8306-6 03330

* 책값은 겉표지에 표시되어 있습니다.
* 이 책에는 코펍체, 경기천년체, 배달의민족체를 사용했습니다.